民國歷史與文化研究

九　編

第 2 冊

民國前期康區政治態勢及治理研究（1912~1928）

裴儒弟 著

花木蘭文化事業有限公司

國家圖書館出版品預行編目資料

民國前期康區政治態勢及治理研究（1912~1928）／裴儒弟 著——
初版 — 新北市：花木蘭文化事業有限公司，2019〔民108〕
目 4+242 面；19×26 公分
（民國歷史與文化研究 九編；第 2 冊）
ISBN 978-986-485-669-5（精裝）
1. 地方政治 2. 民國史
628.08 108001113

ISBN-978-986-485-669-5

9 789864 856695

民國歷史與文化研究
九 編 第 二 冊 ISBN：978-986-485-669-5

民國前期康區政治態勢及治理研究（1912~1928）

作　　者 裴儒弟
總 編 輯 杜潔祥
副總編輯 楊嘉樂
編　　輯 許郁翎、王　筑　美術編輯　陳逸婷
出　　版 花木蘭文化事業有限公司
發 行 人 高小娟
聯絡地址 235 新北市中和區中安街七二號十三樓
　　　　 電話：02-2923-1455 ／傳真：02-2923-1452
網　　址 http://www.huamulan.tw 信箱 hml 810518@gmail.com
印　　刷 普羅文化出版廣告事業
初　　版 2019 年 3 月
全書字數 222798 字
定　　價 九編 9 冊（精裝）台幣 17,000 元 版權所有‧請勿翻印

民國前期康區政治態勢及治理研究（1912~1928）

裴儒弟 著

作者簡介

裴儒弟，男，漢族，安徽蕪湖人，法學博士。現爲北京師範大學歷史學院博士後，助理研究員，主要從事藏族近現代史研究。獲得 2018 年中國博士後科學基金第 64 批面上資助，已在《中國藏學》、《中國邊疆史地研究》、《西北民族論叢》等核心期刊上公開發表學術論文數篇。

提　　要

　　清末民初，帝國主義列強侵略勢力不斷深入內地和邊疆地區，中國邊疆危機加深。康區作爲傳統的三大藏區之一，其戰略地位十分重要。清末民初先後有人不斷提出康藏建省的可行性，更有「治藏必先安康」之說，「安康」對於固川衛藏、遏制西藏上層分裂活動具有重要意義。辛亥革命後，康區政局不穩，戰事頻繁。1912～1928 年康區先後有七位主政者輪流更替，分別是尹昌衡、張毅、劉銳恒、殷承瓛、陳遐齡、劉成勳、劉文輝，他們在任期間先後陷入康藏戰爭或軍閥內鬥，康藏衝突和中英關於康藏邊界交涉活動，主導了民國前期康區政治態勢的發展。可以說，民國前期康區的主題是政治軍事活動，康區處於一種持續變亂的政治態勢，這給康區治理帶來巨大挑戰和嚴重阻礙。歷任康區執政者在康區政治、經濟、文化、教育方面採取過一些有限的治理措施，但是由於各種因素的制約，康區主政者要麼未能將治邊計劃及時付諸實施，要麼無暇經營，康區治理的整體成效不佳。民國前期康區治理存在諸多困難，也帶給我們若干反思，這些爲當今的四川藏區治理提供歷史借鑒。

本書由中央高校基本科研業務專項資金資助
項目編號：2016TS027

目

次

緒　論

一、論文選題的理由和意義

　　從研究區域來看，康區（Khams）是一個地理概念，是傳統的三大藏區之一。近代以來，藏區發生過許多重大事件都和康區有直接關係，清朝以來中央政府治理西藏更有「治藏必先安康」之說。民國前期康區處於漢藏衝突的前沿，康區發生的一系列政治軍事事件甚至對整個民國前期的國內政局都有重要的影響。因而，研究民國康藏史具有重要意義。

　　清朝雍正時期川藏開始以若干山脈爲分界線，寧靜山以東歸屬四川管轄，寧靜山以西歸屬西藏管轄。1840 年鴉片戰爭後，帝國主義侵略勢力不斷深入內地和邊疆地區，英國還先後發動了兩次侵藏戰爭，康藏危機日已顯現，清末不斷有人提出籌藏政策以及康藏建省的可行性。1906 年趙爾豐出任川滇邊務大臣，在川邊「改土歸流」，分別設立州、府、縣，以逐步使川邊政區建置同於內地，能達到擬建行省的目的，後繼任者傅嵩炑在川邊繼續實施「改土歸流」。1911 年 8 月（農曆閏六月）傅嵩炑上奏清廷正式提出在川邊建省，地域爲：「東自打箭爐起，西至丹達山頂止，計三千餘里；南抵維西、中甸，北至甘肅、西寧，計四千餘里」，建成後可以「守康境，衛四川，援西藏，一舉而三善備」，因康區在西部擬名曰「西康省」。然而，1911 年四川省保路運動興起，武昌起義隨之爆發，清王朝不久覆滅，西康建省計劃也就擱置下來。

　　民國初建，1912 年 4 月西藏地方開始發動藏軍圍攻察木多漢軍，東進川邊，又各地土司和藏民聚眾起事，隨後清末川滇邊務轄區之波密、定鄉、稻城、理塘等地均被藏軍佔領，川邊局勢危急。1912 年 6 月中央政府命令川滇

軍西征，9 月川滇軍收復清末川滇邊務轄區所屬除南路之科麥、察隅，北路之丁青、碩般多、拉里、江達等 6 縣以外的全部失地，康區局勢隨後稍緩下來。9 月 25 日北洋政府任命四川都督尹昌衡兼任川邊鎮撫使，1913 年 6 月 13 日，尹昌衡改任川邊經略使，直接由中央節制，邊餉責成四川接濟，裁撤鎮撫使，置軍務廳，統軍務、軍械、軍需、軍法四課，置政務廳，統內務、財政、教育、實業四科。11 月尹昌衡被召入京，後遭囚禁。1914 年 1 月，北洋政府設立川邊鎮守使，鎮守使一般設於全國重要的位置，以綏靖地方。4 月北洋政府正式劃立川邊特別行政區，類似的還有綏遠、熱河、察哈爾特別區相繼成立。1925 年北洋政府改川邊特別區為西康特別行政區，川邊鎮守使改設為西康屯墾使，由劉成勳接管康區。1927 年 6 月，劉成勳的部隊被劉文輝擊敗，隨後南京國民政府任命劉文輝為四川省長，兼任西康邊防總指揮，劉文輝正式接管西康，1928 年西康建省被中央政府批准後，西康歷史進入新的階段。

　　民國前期康區作為行政區域，即今天西藏昌都市、四川甘孜藏族自治州〔註1〕。由於清末民初康藏區域的變遷，康區在民國文獻先後出現過「川邊」、「西康」、「康藏」、「藏邊」、「邊藏」等名稱。

　　從學術史方面來看，目前學界對民國前期康區治理的研究關注不夠。民國前期康區局勢不穩，歷任康區執政者忙於軍閥混戰、擴大地盤，社會生產滯後，因而少有建樹，這段時期一般當作西康建省的過渡期，甚至被稱為停滯期。那麼，民國前期康區治理有哪些成功經驗和失敗教訓，對此學界專門研究較少。

　　從研究視角來看，學界對民國康區歷史的研究，多傾向於西康建省、傳教士在康區的活動、康藏三次糾紛、康區與內地的交流活動等專題。目前還沒有相關論著全面梳理民國前期康區的政治、經濟、文化、教育治理狀況。

　　康藏衝突和中英關於康藏邊界交涉活動構成了民國前期康區政治軍事的核心內容，康藏邊界爭端也一直是民國前期中英關於藏事交涉的重點內容，民國前期康藏邊界爭端研究對於民國康藏史研究具有重要意義。民國前期歷任治邊者在康區實施過一些治理措施，對於康區社會政治、經濟、文化、教育均產生過一定影響，對鞏固和保護西南邊疆起到過積極作用，並有力挫敗無中生有的「大藏區」謬論。通過研究民國前期康區政治態勢及治理情況，我們具體可以得出以下幾點：

〔註 1〕　任乃強：《「朵甘思」考略》，《中國藏學》，1989 年第 1 期。

　　一、康區地理位置獨特，是藏族文明東向發展的重要區域，中央政府設立川邊特別行政區，後改爲西康特別行政區，再到西康建省，對於固川衛藏、鞏固西南邊疆具有重要意義。康區有治藏「依託」之說，然而民初康區並非持續穩定，沒有完全達到「安康」之目的，所以康藏關係數次交惡，可以深刻反映出民國時期的康藏關係史。

　　二、康區介於漢藏之間，少數民族雜居，土司和寺院遍佈康區，在這樣一個複雜的環境下，清末民初中國由傳統帝制向現代民族國家轉型過程中，康區被中央政府納入和內地同等建置。1912～1928 年在康區近現代史上甚至一度被稱爲停滯期或逆轉期，是否在某些方面取得過成績，又有哪些困難和經驗教訓。研究民國前期康區的政治、經濟、文化治理，有助於增強我們對民國前期康區治理成效的全面認識。

　　三、民國前期康區的政治治理與清末康區的政治治理方式不同，清末實施趙爾豐在川邊實施「改土歸流」，民國前期康區主政者在川邊實施「土流並置」。鑒於土司的影響力，有的土司被委以官員，土司身份得以轉變。「土流並置」是民國前期康區政治治理的重要特點。因此，詳細探討民國前期康區「土流並置」，對於認清清末民初「邊疆內地化」過程中的康區政治治理具有重要意義。除了上述政治治理特點，康區治理還表現在經濟和宗教方面，而民國前期康區的教育表現衰退。經濟治理主要表現爲賦稅徵收、烏拉治理等內容；康區宗教治理主要表現爲保護寺院、成立邊藏佛教總會等內容。

　　四、民國前期政治軍事活動是康區的主題，康藏衝突不斷，川邊還發生多次地方軍事事件，如 1913 年張煦兵變，1914 年陳步三兵變，1916 年傅青雲兵變，1920 年巴塘事件等，這些事件均在康區產生一定的影響。除康藏衝突以外，學界對這些事件關注不夠，本書將推進對民國前期川邊地方軍事事件的研究。

　　五、川邊鎮撫使尹昌衡學界研究較多，而對於川邊鎮守使、西康屯墾使研究學界關注較少。民國前期川邊鎮守使作爲康區最高領導，先後有四人擔任，歷屆川邊鎮守使的在任表現對於康藏邊界局勢和康區治理有直接的影響。本書對川邊鎮守使的研究，有助於深化我們對川邊鎮守使治邊成效的認識。

　　六、通過對北洋政府時期康區政治態勢及治理的研究，對於維護好今天的漢藏關係和四川藏區的穩定具有借鑒價值，也爲當今治藏治邊政策提供歷史依據，這些具有一定的現實意義。

二、國內外關於該課題的研究現狀及趨勢

　　相對於衛藏研究，康藏研究還是顯得薄弱，但是民國康藏史研究的層次、角度在不斷豐富，宏觀和微觀研究也在不斷深入。目前民國康藏史研究多集中於康區傳教士、康藏糾紛和西康建省等專題，對於民國前期康區治理關注較少。下面將圍繞本書研究主題，分別以民國前期康藏邊界爭端和交涉，康區政治、經濟、文化、教育治理等內容爲專題，對國內外相關研究成果加以梳理。

（一）國內研究情況

1. 關於民國前期康藏邊界爭端和交涉的研究成果，學界已取得顯著成績。

　　關於康藏邊界爭端和交涉的綜合性著作有：周偉洲主編的《西藏通史·民國卷》（中國藏學出版社，2016 年），李志農的《民國時期西藏政治格局研究》（雲南大學出版社，2009 年），喜饒尼瑪的《近代藏事研究》（西藏人民出版社，2000 年），郭卿友的《民國藏事通鑒》（中國藏學出版社，2008 年），呂昭義的《英帝國與中國西南邊疆（1911～1947）》（中國藏學出版社，2001年），張雲的《西藏歷代的邊事邊政與邊吏》（社會科學文獻出版社，2015 年）等等。上述專著對第一次康藏糾紛、第二次康藏糾紛、西姆拉會議、中英藏事交涉內容都有涉及，是值得借鑒的重要成果。另外，臺灣地區也有相關研究成果：呂秋文的《中英西藏交涉始末》（臺北商務印書館，1974 年），孫子和的《西藏研究論集》（臺北商務印書館，1989 年）、《西藏史事與人物》（臺北商務印書館，1995 年），馮明珠的《中英西藏交涉與川藏邊情（1774～1925）》（中國藏學出版社，2007 年），利用大量的臺灣館藏涉藏檔案和第一手材料，對民國川藏邊情做了深入分析，有較高的參考價值。

　　關於康藏邊界爭端和交涉的專題論文有：佘貽澤的《藏軍犯康述略》（《禹貢》1937 年第六卷第十二期康藏專號）對民國七年藏軍犯康作了較爲詳細的分析；韓光鈞的《民國七年漢藏構兵停戰交涉記實》（《邊政》，1931 年第 7 期），

以及劉贊廷《民六民七康藏戰事及交涉之實況》(《康藏前鋒》，1934 年第 2 卷第 1 期)，他們以第二次康藏戰爭親歷者的視角，對 1917～1918 年康藏戰爭的過程做了詳細描述；王海兵《康藏邊疆政治格局演進中的戰爭與權力——1912～1939 年康藏糾紛考察》(四川大學博士學位論文，2008 年)，對 1912～1939 年間發生在康藏邊疆地區的一系列大小戰事進行論述，進一步探討了民國中央政府、西南軍閥、康區本土精英及西藏地方政府在康藏邊地複雜的地緣政治格局中的權力互動；周偉洲的《民國時期三次康藏戰爭研究》(《西北民族論叢》，2015 年第 1 期)，根據中國及英國的檔案資料，論述 1912 年、1917～1918 年、1930～1933 年康藏三次戰爭的起因、經過和結果，揭示英國在戰爭中干涉中國內政、試圖充當「調解人」的活動，並對三次康藏戰爭的歷史根源、性質和影響作了分析；黃天華的《國家建構與邊疆政治：基於 1917～1918 年康藏糾紛的考察》(《社會科學研究》，2007 年第 3 期)，探討了當時的北京政府，四川、川邊、西藏等地方當局以及英印政府之間的互動博弈，進而分析近代中國在向民族國家轉型的過程中，如何應對東西方列強的侵略與干涉，尋求重新整合以前的藩屬和土司領地，以組成一個眞正「合漢、滿、蒙、回、藏爲一家」的民族國家；趙艾東的《美國傳教士史德文在 1917～1918年康藏糾紛中的活動與角色》(《西藏研究》，2008 年第 6 期)，利用《史德文傳記》，得出史德文促成了邊軍駐巴塘分統劉贊廷與藏方營官色新巴於江卡議和，其後又赴昌都治療漢藏傷兵，這意味著此次康藏糾紛中的康藏合談始於史德文，他爲彌合康藏關係起了一定作用；馮明珠的《川青藏邊域史地察——近代中英康藏議界之再釋（上）、（下）》(分別載於《中國藏學》2007 年第4 期、2008 年第 1 期)，以自然環境與經濟條件重新檢討民初（1913～1919）中英西藏議界之爭。

2. 關於民國前期康區的治理研究，學界對此關注較少，其中關於民國康區治理政治、經濟、文化、教育等方面的研究成果主要以專題形式出現。

關於民國前期康區治理的綜合性研究成果。民國學人的著作可以作爲基礎性參考書目，早期民國康藏史研究的代表性著作有：民國西康藏族人劉家駒的《康藏之過去與今後建設》(南京建業印刷社，1932 年)，對康藏過去之政治、黨務、教育、軍事進行簡要論述。任乃強的《康藏史地大綱》(雅安健康日報社，1942 年)、《西康圖經》(南京新亞細亞學會，1933 年) 這兩本著

作是研究民國康藏史的重要參考文獻，裏面有描寫康藏地區的重要史料，涉及政治、歷史、文化民俗等，多爲描述性質的內容。陳志明的《西康沿革考》（南京拔提書店，1933 年）從行政建置變化的角度對西康省進行分析。還有梅心如的《西康》（南京正中書局，1933 年），賀覺非的《西康紀事詩本事注》（《中國邊疆學會叢刊》，1945 年），陳重爲的《西康問題》（南天書局有限公司，1930 年），楊仲華的《西康紀要》（商務印書館，1937 年）等等，都涉及西康歷史，論述較爲簡略。當代關於民國康區的綜合性著作有：格勒的《甘孜藏族自治州史話》（四川民族出版社，1984 年）內容涉及到民國康區的歷史，該書主要對甘孜藏族自治州的歷史和文化作比較全面的描述，補充了不少新資料。王川的《西藏昌都近代社會研究》（四川人民出版社，2006 年）、《西康地區近代社會研究》（人民出版社，2009 年），兩書以專題論文集的形式，內容涉及到近代昌都以及康區的政治、經濟、文化、宗教等方面。吳彥勤的《清末民國時期川藏關係研究》（雲南人民出版社，2007 年），分別從清末和民國時期研究川藏關係，加強了對近代康區政治地位的認識。黃天華的《邊疆政制建置與國家整合：以西康建省爲考察中心（1906～1949）》（人民出版社，2014 年），將西康建省置於國家與邊疆關係、政治整合與國家統一的視角加以研究。

關於民國康區政治治理的研究成果。擔任過西康特區委員的陳啓圖，作爲親歷者對西康治理有全面的認識，其幾篇刊載於民國報刊的文章具有重要的參考價值，如《廿年來康政得失概要》（署名啓圖，《康導月刊》，1938 年創刊號）、《三十年康政之檢討》（《康導月刊》，1944 年第 6 卷第 1 期）、《十二年藏事見聞錄》（《康導月刊》，1938 年第 1 卷第 3 期），涉及到川邊鎮守使張毅、劉銳恒、殷承瓛、陳遐齡等人在康區的治理情況，史料價值較高。陳東府（即陳啓圖）《治康籌藏芻議》（《康導月刊》，1939 年第 1 卷第 5 期）對康藏歷史進行梳理和治理康藏提出對策；劉文輝的《西康過去經營之得失與建省之經過》（《康導月刊》，1945 年第 6 卷第 5、6 期）對川邊鎮守使在康區的治理也有簡要闡述；孫宏年的《中國西南邊疆的治理》（湖南人民出版社，2015 年）一書包含廣西、雲南、四川、西康的治理，其中涉及民國前期川邊治理主要爲政治治理；賀覺非的《整理康南與建省》（《戌聲週報》，1936～1937 年第 1～30 期合訂本）、任漢光的《康南的土頭世界》（《康導月刊》，1941 年第 3 卷第 5～7 合刊），對康南地區的匪患活動以及康南地區治理混亂原因作出詳細

探討。當代關於民國前期康區政治治理的論文有：黃天華的《民初川邊治理及成效》（《四川師範大學學報》，2012 年第 3 期），文中沒有對 1912～1928 年康區治理展開具體分析，只是簡要把歷屆康區主政者接任史實連在一起，最後探討一下治理川邊的困難；王娟的《流官進入邊疆：清初以降川邊康區的行政體制建設》（《中南民族大學學報》，2014 年第 1 期），涉及到民國康區「土流並置」，目的是換取土著領袖對地方政務的支持；孫明明的《近代康區政治權力結構演變研究》（中央民族大學博士學位論文，2012 年），研究側重近代康區政治權力結構的演變，分析各種權力主體在康區政治變遷中所起的作用。

　　關於民國康區的經濟研究成果。較早的有華若飛的《從歷史上看西康烏拉問題》（《邊事研究》，1941 年第 12 卷第 5～6 期），對歷史上康區的烏拉差徭的定義、起源和種類進行梳理，分析了烏拉制的積弊，提出了改善烏拉制的方案；馬毓英的《差徭問題通論：西康烏拉問題》（《康導月刊》，1940 年第 2 卷第 5 期），分析烏拉制度之社會根據、歷史任務、烏拉制度積弊，提出了改善烏拉制度辦法；孫林的《康區烏拉制》（《西南民族學院學報》，1981 年第 2 期），胡曉梅的《康區烏拉制度研究》（四川大學碩士學位論文，2003 年），涉及民國康區的烏拉制度歷史和現狀；王川的《清末、民國時期西康地區農業改進及其實際成效》（《民國檔案》，2004 年第 4 期），對清末民國康區的農業改進進行論述；劉君的《康區近代商業初析》（《中國藏學》，1990 年第 3 期），楊健吾的《民國時期康區的金融財政》（《西藏研究》，2006 年第 3 期），涉及民國前期的康區商業、金融業，內容較爲簡略。

　　關於民國康區的文化、教育研究成果。呂建福的《中國密教史》（中國社會科學出版社，1995 年）、于凌波的《中國近現代佛教人物志》（北京宗教文化出版社，1995 年），法尊法師的《現代西藏》（漢藏教理院，1937 年），這些著作涉及大勇法師率領學法團赴藏活動。周偉洲的《民國時期漢藏佛教文化交流及其意義》（《藏學學刊》第 5 輯，2009 年），王海燕的《民國時期漢藏佛教界文化交流的歷史進程》（《西北民族研究》，2009 年第 1 期），探討了赴藏學法團入藏活動，並對其影響進行評述。張萬根的《西康教育之回顧》（《康藏前鋒》，1935 年第 2 卷第 10～11 期），周應奎的《西康教育沿革》（《康導月刊》，1939 年第 1 卷第 12 期），這些文章較早地對康區的教育歷史進行了記述。劉先強的《20 世紀上半葉康區師範教育發展述論》（《西藏研究》，2007 年第 1 期），對 20 世紀上半葉康區師範教育發展的背景進行了較爲全面的考察，對

康區師範教育發展概況作了詳盡的梳理；劉先強的《20 世紀上半葉康區學校教育研究》（四川大學博士學位論文，2008 年），從康區學校教育的初創時期（1907～1911）、學校教育的衰退與恢復時期（1912～1939）、學校教育的復興時期（1939～1949）三個歷史階段對 20 世紀上半葉康區的學校教育發展進行整體考察與討論；馬廷中的《論民國時期甘孜地區的學校教育》（《西南民族大學學報》，2008 年第 5 期）探討了各級政府比較重視發展甘孜地區的近代學校教育，並採取了一些政策和措施，得出甘孜地區的近代學校教育有了一定的發展。

3. 關於民國前期康區其他內容的研究成果

關於民國康區治理過程中邊界變遷的研究成果。任乃強的《康藏圖書志——西康地圖譜》（《康導月刊》，1943～1945 年第 5～6 卷），對西康各縣區域變化有較明確的記述，史料價值較高；胡吉盧的《西康疆域溯古錄》（上海商務出版社，1928 年）對西康所轄縣域變遷歷史做詳細敘述，記述時間截止爲 1925 年；騰蛟的《西康領域伸縮之史蹟》（《康藏前鋒》，1936 年第 3 卷第 11 期），對西康境域的歷史變遷、伸縮軌跡、政治消長、名稱更易等作了較爲明晰的分析和描述。

關於民國時期西康建置沿革的研究成果。周振鶴主編，傅林祥、鄭寶恒著《中國行政區劃通史·中華民國卷》（復旦大學出版社，2007 年）以及《民國時期政區沿革》（湖北教育出版社，2000 年），對川邊特別區域建置有一定的描述，並用較爲系統的歷史地理學方法來闡述，不足之處是對川邊特別區域變遷過程缺乏詳細梳理；彭曉丹的《晚清民國時期西康區域變遷研究》（復旦大學碩士學位論文，2012 年），對晚清民國時期西康區域多次調整進行梳理，探討西康區域變遷及省域的確立過程，並探究邊疆省份成省過程中政治力量博弈情況及其對於地理區域的影響。

與川邊鎮守使相關的民國職官和政治制度研究成果。郭卿友主編的《中華民國時期軍政職官志》（甘肅人民出版社，1990 年），該書上限起於 1911 年辛亥革命，下限於 1949 年中華人民共和國時期，內容包含了北洋政府時期川邊鎮守使職官任免；錢端升的《民國政制史》（上海書店出版社，1989 年），該書對鎮守使組織和職權有詳細介紹，如對鎮守使署內鎮守使、鎮守副使、參謀長、副官長、軍醫官等組成一一介紹；劉壽林的《民國職官年表》（中華書局，1995 年），該書也涉及川邊和西康特別行政區職官任命情況。

關於民國傳教士在康區的活動的研究成果。代表性的論文有：趙艾東《1846～1919 年傳教士在康區的活動考述》（《貴州民族研究》，2011 年第 5 期），對 1846～1919 年傳教士在康藏地區的活動劃分爲三個階段並進行梳理，得出傳教士進入康區的原因、傳教士面臨的挑戰和活動性、西方科學技術和物種引起康區等；趙艾東的《1846～1919 年西方人在康藏活動之基本認識》（《樂山師範學院學報》，2015 年第 11 期），對 1846～1919 年西方人在康藏活動提出了六點基本認識；趙艾東的《從西方文獻看 19 世紀下半葉中國內地會在康區的活動及與康藏社會的互動》（《西藏大學學報》，2010 年第 2 期），力圖展現 19 世紀下半葉內地會在康區活動的具體情況及與康藏社會的互動，認爲在康區官僧排斥西人進入康區的時代背景下，內地會傳教士與康區社會之間仍有許多友好互動情形；鄧前程的《試論清末至民國康區外國教會》（《民國檔案》，2006 年第 3 期），梳理了康區外國教會的傳播與發展，認爲康區外國教會在本質上無疑扮演著西方列強侵略康藏地區先鋒角色，但開辦文化教育、醫療等事業等，又在客觀上有積極的作用。徐君的《近代天主教在康區的傳播探析》（《史林》，2004 年第 3 期），對近代天主教傳教士進入康區傳教的歷史情況加以考證，描述其基本發展脈絡，並對其信仰狀況進行了一些探討等等。

（二）國外研究情況

民國康藏史國外研究成果相對較少，其中相關研究主要集中在康藏糾紛和交涉方面，較少人關注到民國康區的社會治理研究。較早的研究論著有康區法國傳教士古純仁（Francis Goré）的《川滇之藏邊》（《康藏研究月刊，1947 年第 15 期～1949 年第 29 期》，分十一期連載），該書出版於 1923 年，作者在康區待了 15 年，學會了漢藏文，本書是其對 1923 年前的康區做全面的考察和記述，歷史部分包含政治、經濟、宗教內容，區域性考察包括打箭爐、霍爾、瞻對、理塘、巴塘、維西等地區各方面的情況，此史料對於研究 1923 年前的民國康區社會治理具有重要的參考價值。英國駐康定領事官臺克滿（Teichman）的《西藏東部旅行記》（*Travels in Eastern Tibet*, Cambridge: University Press, 1922）（《康藏前鋒》，1934 年第 8 期～1936 年第 3 卷第 89 期，分十二期連載），作爲第二次康藏糾紛的參與人對事件談判過程有詳細描述。駐巴塘的美國傳教士謝爾頓（又譯名史德文）（Shelton）的《西藏曆險》（Pioneering in Tibet. New York: Fleming H. Revell Company, 1921），主要記述

了謝爾頓在巴塘地區行醫和傳教的過程，他也參與了第二次康藏糾紛的談判過程。

英國駐錫金官員查爾斯·貝爾（Charles Bell）的《西藏的過去和現在》（*Tibet, Past and Present*, Oxford, 1924）（漢譯本宮廷璋譯，上海商務印書館，1934 年）、《十三世達賴喇嘛傳》（*Portrait of the Dalai Lama*, London: Collins, 1946）（馮其友譯，西藏社會科學院西藏學漢文文獻編輯室，1985 年），駐亞東商務委員麥克唐納（Macdonald）的《旅藏二十年》（*Twenty Years in Tibet*, London, 1932）（漢譯本孫梅生譯，上海商務印書館，1935 年），英國官員黎吉生（Richardson）的《西藏簡史》（*A Short History of Tibet*, New York, 1962）（李有義譯，中國社會科學院民族研究所，1979 年），貝爾、麥克唐納、黎吉生三位都是英國侵藏分子中的主角，其著作中也包含了康藏糾紛和交涉的內容，其觀點爲英國殖民利益服務，需要辨別開來。英國學者蘭姆（Lamb）的《藏東與英中談判》（《中國邊疆史地研究》，胡岩譯，1998 年第 4 期）、《臺克滿 1917～1919 年在昌都和絨壩岔的活動》（《國外藏學研究譯文集》第十六輯，胡岩譯，西藏人民出版社，2002 年），作者客觀地闡述了英國駐打箭爐領事官臺克滿在 1917～1919 年參與康藏糾紛的過程和表現。

進入新世紀，國外關注民國康藏史的相對來說，也取得一些進展。代表性的有亞歷克斯·麥凱（Alex.McKay）主編的 3 卷本《西藏史》（*The history of Tibet*, Vol.III,London: Routledge Curzon, 2003），第三卷涉及民國康藏史，書中收錄了事件親歷者的記錄，具有一定的史料價值。溫迪（Wendy Palace）的《英帝國與西藏》（*The British Empire and Tibet(1900~1922)*, Routledge Curzon, 2005），以及散·馮·謝克（Sam van Schaik）的《西藏史》（*Tibet: a history*, Yale University Press, 2010）和少數西方反華勢力一樣，站在流亡藏人的立場，對中國存在偏見，閱讀值得警惕。對民國康藏史研究較爲深入的有美國藏學家艾普斯坦（Epstein）的《康巴歷史：民族、地方和權威的視野》（*Khams Pa Histories: Visions of People, Place, and Authority*, Leiden: Brill, 2002）、范·斯本根（Van Spengen）的《東部藏區歷史研究》（*Studies in the History of Eastern Tibet*: Proceedings of the Eleventh Seminar of the International Association for Tibetan Studies 2006），這兩篇論文集分別對民國「康南問題」以及康區的歷史進行探討，是國外民國康藏史專題研究的代表性成果。Joseph D. Lawson 在《亞洲研究雜誌》（*The Journal of Asian Studies*）上發表《*Warlord Colonialism: State*

Fragmentation and Chinese Rule in Kham, 1911~1949》（*The Journal of Asian Studies*, Vol. 72, Issue 02, May 2013, pp 299~318），文中涉及北洋政府時期康區政治史，內容較爲簡略。

以上這些都是值得參考的學術成果，不足之處是國外大部分學者對漢文資料的運用不夠，部分人論著中還出現立場不夠客觀公允，帶有殖民思維的傾向。

三、研究方法、相關概念界定和說明

（一）研究方法

本文以歷史唯物主義理論和辯證法爲指導，擬採用歷史文獻法、比較法，以及歷史地理研究方法，並結合民族學、政治學、經濟學等相關學科方法進行綜合研究，廣泛收集和閱讀國內外中、英、藏文歷史文獻材料以及藏學研究相關學術成果。另外，借鑒西方史學理論和研究方法，史論結合，力求歷史書寫的客觀公正。

（二）相關概念界定和說明

1. 康區。「康」（Khams），又譯作喀木，據藏族學者根敦群培解釋，「康」是「邊地」的意思〔註2〕，有人認爲「康」爲邊地或外地之意〔註3〕，也有人認爲「康」爲「大地」之意〔註4〕。

康區是藏族傳統的三大區域之一，在清朝以前並無固定邊界。元、明漢文史籍中的「朵甘思」，與藏文史籍中的「多康」，所指地域並不完全一樣，也不能指實其地，詳其所以，與現今的「康區」、「西康」更有差別。《元史》中的朵甘思地區即爲藏文史籍中的「多堆」地區，而藏文史籍中的「多堆」僅指今安多藏區的西部，即青海藏區的大部分；而《元史》中的「朵甘思」不僅包含安多上部地區，還包括今天的康區（四川甘孜藏族自治州及西藏昌都地區）。〔註5〕雍正年間，川藏於寧靜山劃界，並將維西、中甸、阿墩子劃歸雲南省，以確定川、滇、藏分界線，這樣就將「康」與安多地區劃分開來，

〔註2〕　根敦群培：《白史》，法尊譯，西北民族學院研究所，1981年，第6頁。

〔註3〕　格勒：《康巴史話》，四川美術出版社，2014年，第9頁。

〔註4〕　任乃強：《西康圖經》（境域篇），載《任乃強藏學文集》（上），中國藏學出版社，2009年，第43頁。

〔註5〕　任乃強：《「朵甘思」考略》，《中國藏學》，1989年第1期。

成爲隸屬四川的一單獨行政區。清末川滇邊務大臣趙爾豐借軍事力量，將丹達山以東之藏區全劃入「川邊」行政區內，1911 年代理川滇邊務大臣付嵩炑在康區劃定區域擬建西康省，辛亥革命爆發，西康建省被擱置。「雖然康區的境域在歷史上多有變遷，但作爲一個明確的行政區域，當以清代籌建的西康省境域爲準。」〔註6〕傅嵩炑所擬定的西康，即今天的昌都市和甘孜藏族自治州境域，不再包含有青海南部和雲南迪慶州之地。也就是通常所說的「康區」，它比「多康」境域小得多。〔註7〕

　　1912 年川滇軍西征後，恩達以西、八宿以南地方，完全失守，瓦合山以西不受川軍控制。1914 年中央政府劃定川邊特別行政區，下轄 33 個縣。1917～1918 年第二次康藏戰爭後，川邊是由藏軍和邊軍分別控制，邊軍實際控制區域僅限金沙江以東區域，直到 1932 年德格、白玉、鄧科、石渠才被川軍收回。

　　本文康區作爲行政區域，主要指的是川邊特別行政區（1925 年改爲西康特別行政區），爲當今的西藏自治區昌都市和四川省甘孜藏族自治州。

　　2. 川邊、西康、康藏。清末民國時期根據康區行政力的伸縮關係，這一區域在民國文獻中出現過的不同稱謂，如川邊、藏邊、康藏、西康等。〔註8〕「川邊」一般認爲是 1906 年川滇邊務大臣的設立而得名，實際上 1903 年「川邊」二字已經在北洋官報上開始使用，題目爲《奏議錄要：署川督錫奏覆陳川邊屯墾商礦能否試辦情形摺》。〔註9〕1912 年北洋政府設立川邊鎮撫使，加「川邊」二字，意在「由征藏而縮小其範圍曰川邊，意在只守西康即止耳。」〔註10〕1914 年北洋政府在川邊設立特別區，袁世凱認爲西康之名起於清末付嵩炑，現省未建成，應將西康之名撤銷，其地本爲四川邊隅之地，仍改稱川邊。因川邊小於省而大於道，若建立爲省，則條件不夠，頗費經營，於是與熱河、察哈爾、綏遠一起建爲特別區，川邊特別區因而得名。〔註11〕1925 年川邊特別行政區改爲西康特別行政區，「川邊」二字被正式取代。

〔註6〕　任新建：《康巴歷史與文化》，巴蜀書社，2012 年，第 72 頁。

〔註7〕　任乃強：《「朵甘思」考略》，《中國藏學》，1989 年第 1 期。

〔註8〕　王海兵：《康藏邊疆政治格局演進中的戰爭與權力——1912～1939 年康藏糾紛考察》，四川大學博士學位論文，2008 年，第 18 頁。

〔註9〕　《北洋官報》，1903 年第 194 期。

〔註10〕　陳志明：《西康沿革考》，拔提書店，1933 年，第 78 頁。

〔註11〕　馮有志：《西康史拾遺》，1994 年，第 77 頁。

　　「西康」作爲地名，最早由代理川滇邊務大臣 1911 年 8 月（農曆閏 6 月）奏請擬建西康行省中出現〔註 12〕，但清末民初官方一直使用「川邊」，1925 年中央設立西康特別行政區，「西康」正式取代「川邊」。

　　「康藏」一詞在民國時期一般用來指康屬藏區〔註 13〕，和清末的「川邊」、民初的「川邊特別行政區」、後來的「西康」含義一致，只不過期間名稱變化的同時，所轄區域也在變化。〔註 14〕

　　3. 康藏戰爭。相同的概念有好幾個，有「康藏糾紛」、「川藏糾紛」、「川藏戰爭」等等，早在民國時期相關論著中均有人使用過這幾個稱謂，民國時期康藏之間總共發生過三次戰爭，民國前期有兩次。

　　關於第一次康藏戰爭起始時間。第一次康藏戰爭起於 1912 年初，3 月十三世達賴喇嘛發動藏軍東犯康區，北洋政府於 6 月下令川滇軍西征，9 月北洋政府又命令川滇軍停止西征，一般認爲 9 月底爲第一次康藏戰爭結束時間。實際上此時川滇軍只是停止西征，《中國近代戰爭史》指出 1912 年底到 1913 年春川軍擊退藏軍第二次進攻，1913 年 2 月川軍成立攻鄉司令部，進剿鄉城，直到 1914 年上半年第一次康藏衝突才算結束，康藏邊界基本恢復平靜狀態。

　　4. 本文時間跨度。本文討論的時間跨度定爲民國前期，即 1912～1928 年，相當於整個北洋政府時期。清末趙爾豐「改土歸流」時期爲近代康區的興盛時期，1912～1928 年爲康區變亂時期，康區局勢動盪，康區執政者陷入康藏衝突和內地混戰，導致康區主政者和地方縣知事更替頻繁，治邊成績不佳，康區的社會發展低迷。在此時間段內康區政治態勢如何，康區執政者在政治、經濟、文化、教育方面具體做了哪些措施，成效如何等等，這些值得深入探討。1928 年西康由劉文輝接管，西康正式被批准建省，西康政局逐漸得以好轉。另外，1928 年 12 月東北易幟，北伐完成，國民黨完成形式上的全國統一，正式結束北洋政府統治。

　　5. 治理主體。治理主體包括三個層面：中央政府、川邊政府、縣公署。其中，本文以川邊政府治理的視角爲主，中央政府和縣公署爲輔助治理，他們都對康區的治理產生推力和重要影響。康區歷任執政者是直接治理康區的

〔註 12〕　付嵩炑：《西康建省記》，臺北成文出版社，1968 年，第 118 頁。
〔註 13〕　王海兵：《康藏邊疆政治格局演進中的戰爭與權力——1912～1939 年康藏糾紛考察》，四川大學博士學位論文，2008 年，第 18 頁。
〔註 14〕　孫明明：《近代康區政治權力結構演變研究》，中央民族大學博士學位論文，2012 年，第 23 頁。

最高權力主體，提出的治理措施最爲具體；中央政府治理康區主要是設立康區官員，劃定川邊特變行政區（後爲西康特別行政區），參與中英關於康藏邊界交涉等等；縣知事主要是服從康區主政者的命令和安排。

四、創新點和本文擬解決的問題

（一）創新點

1. 新視角

學界對民國前期康藏糾紛和康藏問題交涉有大量研究成果，但對於民國前期康區的治理關注較少，且對近代康區的治理研究多集中在清末趙爾豐時期和民國後期劉文輝時期。本文主題爲民國前期康區的政治態勢及治理研究，從兩方面把握：一是通過對康藏邊界衝突、交涉以及地方軍事事件的梳理和分析，從而較全面地反映民國前期康區的政治態勢；另一方面是探討民國前期康區的治理，側重於政治、經濟、文化、教育方面。民國前期康區的政治態勢是持續變亂的，給康區治理帶來諸多影響，康區主政者要麼難以將治邊計劃及時付出實施，要麼無暇經營，故康區治理整體成效不佳，帶給我們諸多教訓和反思。民國前期康區治理處於艱難期，既不同於清末趙爾豐川邊「改土歸流」時的情形，趙爾豐憑藉強大的武力和雄厚的財力支持，在治理康區取得豐碩成果，也不同於劉文輝西康建省時期，康區政局逐步好轉。

民國前期康區治理有其自身的表現形式。民國前期康區土司出現兩次復辟高潮，政治治理表現爲「土流並置」，這是民國「安康」的一項創新舉措；康區經濟表現在「農業試驗場」的開辦、「烏拉治理」和「賦稅徵收」方面。「農業試驗場」進一步促進了康區的近現代化。因康區山勢崎嶇，條件惡劣，康區交通烏拉必不可少。康區主政者屢次發佈烏拉相關禁令，但成效不佳，未能徹底根治烏拉積弊；川邊軍費主要來自四川接濟，政費靠康區就地徵收，其中賦稅主要以地糧和牲稅爲大宗，康區主政者也頒佈過相關章程規範賦稅徵收，但成效不顯著；康區文化主要表現爲寺院宗教文化，川邊政府對寺院採取保護措施，還成立了「邊藏佛教總會」，民國前期康區漢藏佛教文化交流進一步增強；教育主要表現爲增加若干學校，康區普遍視讀書爲學差，經費不足，師資困難，學校教育處於衰落狀態。

2. 創新空間

當前此選題中關於康區的治理，學界關注較少，似乎只有黃天華的論文《民初川邊治理及成效》（《四川師範大學學報》，2012 年第 3 期）和孫宏年的專著《中國西南邊疆的治理》（湖南人民出版社，2015 年），兩者都對歷屆康區主政者在任情況簡要做了論述，沒有對民國前期康區治理展開具體分析。

學界對於康區的烏拉制度、西康建省、康藏糾紛等內容有專題研究，其中關於民國康區治理研究主要集中在劉文輝建省時期，涉及到川邊時期的較為簡略，所以全面梳理和討論民國前期康區治理還有較大創新空間。

3. 新材料

本文使用較多的新材料為民國報刊，如關於 1914 年 9 月鄉城陳步三兵變和 1916 年 8 月康定傅青雲叛亂，根據《東方雜誌》、《申報》等記載，確定了陳步三兵變和傅青雲叛亂的具體時間、經過和影響；關於 1918～1919 年鄂羅勒默札布入藏，根據《申報》記載，補充了鄂郡王赴昌都和拉薩的活動內容；關於川邊財政廳歷史沿革，根據《政府公報》、《申報》記載，補充了歷屆川邊財政廳長的任命情況等等；關於代理川邊鎮守使，根據《申報》記載，1924年 5 月陳遐齡敗退川邊後，委任建昌道孫兆鸞為代理川邊鎮守使，因劉成勳進逼陳遐齡原部屬孫涵旅長，以爭奪川邊，孫兆鸞一直在成都逗留，孫涵實際代理川邊鎮守使，1925 年 2 月劉成勳擔任西康屯墾使，撤銷川邊鎮守使，孫兆鸞回任建昌道尹，不久孫涵軍隊被劉成勳收編，孫涵被任命為西康邊防總司令。

4. 新觀點

（1）關於第一次康藏戰爭結束時間。1912 年 9 月北洋政府令川滇軍停止西征，據《中國近代戰爭史》（第三冊）認為 1912 年底到 1913 年初春川軍擊退藏軍第二次進攻，另外 1912 年川滇軍停止西征時，鄉城還沒有得以平定，鄉城一帶還有藏軍三四千人，1913 年 2 月成立攻鄉司令部，1914 年初鄉城完全平定，5 月才撤銷攻鄉司令部。因此第一次康藏戰爭結束時間為 1914 年上半年。

（2）關於川邊鎮守使劉銳恒被解職的原因。《甘孜藏族自治州軍事志》、《西康史拾遺》等著作認為，劉銳恒被撤職是由於 1916 年 8 月康定傅青雲叛亂引起的，而實際上傅青雲叛亂事件發生在 1916 年 8 月 31 日，而劉銳恒於1916 年 8 月 13 日已被解職，殷承瓛被任命為川邊鎮守使。1916 年護國戰爭

正起，滇、黔軍入川，四川都督陳宦離川時電調劉銳恒赴成都，劉銳恒不安其位，於是赴省辭職。

（3）關於民國前期康區治理的困難和教訓。民國前期康區治理的困難有：惡劣的康區自然條件和災害，動盪的川邊政府，內亂不已的北洋政府，時常失治的康南，土司、頭人和寺院喇嘛勢力；民國前期康區治理的教訓有：中央權力式微，國力不濟，中央政府對西藏和川邊地方控制不力，英國趁機插手西藏事務，使得中央政府在康藏邊界交涉中長期處於妥協、退讓的地位，從而是中央政府對西南邊疆治理力不從心。另外，康區主政者治邊缺乏決心和恒心，川邊欠餉沒有得到妥善解決，川邊將領各懷私心爭權奪利，這些都不利於川邊的穩定等等。

5. 本文具體創新內容

第一，關於第一次康藏戰爭。1912 年 9 月底川滇軍只是停止西征，康藏戰爭並沒有停止，不久川軍擊退藏軍第二次進攻，1914 年上半年第一次康藏戰爭基本結束。對 1912 年後康藏戰事的補充，有助於我們更加全面認識第一次康藏戰爭。

第二，關於 1913～1916 年康區三次兵變。這三次兵變是民國康藏史上的重要事件，學界對此研究薄弱。通過對這三次兵變的研究，深化對民初川邊軍事事件的認識。

第三，關於鄂羅勒默札布入藏。在甘肅代表團入藏前，新疆蒙古郡王鄂羅勒默札布作為西藏調查員已成功赴藏，因其成效不大，故相關記載較少。實際上 1918 年鄂羅勒默札布先赴察木多調停，後於 1919 年赴藏，中間鄂郡王向中央呈報川邊和西藏意見，具有一定的參考價值。對鄂羅勒默札布入藏的研究，以深化我們對民國時期中央政府與西藏地方關係的認識。

第四，關於民國前期康區的政治、經濟、文化、教育治理。民國前期康區政治治理主要表現為「土流並置」；經濟治理集中表現在「農業試驗場」的開辦、賦稅徵收和烏拉改革方面，文化治理體現在寺院保護和成立「邊藏佛教總會」；民國前期康區主政者疏於治理，相對於政治、經濟治理，教育治理陷入低谷。對康區政治、經濟、文化、教育治理狀況和成效的梳理、分析，進而展現出民國前期康區治理的全貌。

第五，關於民國前期康區的治理的困難和反思。民國前期康區治理成效不大，因而探究康區治理的困難因素有其重要歷史意義。另外，對民國前期

「治藏必先安康」戰略在康區的歷史實踐進行總結，對當今康區治邊治藏政策提供歷史依據和現實參考。

第六，對川邊鎮守個人相關研究，目前學界關注較少，筆者嘗試去探討一下，以加深對川邊鎮守使治邊活動的認識。

第七，本書將有助於我們認清所謂的「大藏區」是英帝國主義一手炮製出來的本質，也爲藏族同胞和祖國各族人民維護國家統一、民族團結提供借鑒。

（二）本文擬解決的問題

本文擬解決的問題爲民國前期康區的政治態勢和治理狀況如何，可將此細化成具體問題如下：

1. 民國前期康區的政治態勢。這集中反映在一系列康藏邊界衝突、交涉和地方軍事事件中，全面深化我們對民國前期康區政治態勢的認識。擬解決的具體問題爲：辛亥革命前後康區局勢，兩次康藏戰爭形成和影響以及之間異同點，西姆拉會議與康藏邊界交涉的過程和影響，甘肅代表團、貝爾使團入藏對康藏邊界的影響，中英關於康藏邊界後期交涉過程、結果，康區發生哪些地方軍事事件。

2. 民國前期康區的治理。擬解決的具體問題爲：一是探討清末民初中國在向現代國家轉型過程中，民國前期川邊當局在政治、經濟、文化、教育方面各有哪些治理措施，成效如何；二是民國前期康區治理的困難有哪些，民國前期「治藏必先安康」的歷史實踐如何，以及還有哪些教訓值得當今借鑒。

第一章　辛亥革命前後康區局勢

第一節　清末民初康區局勢

一、趙爾豐川邊「改土歸流」

　　1903～1904 年，英國乘日俄戰爭之際，沙俄無暇顧及西藏時，派遣榮赫鵬發動侵藏戰爭，迫使噶布倫和三大寺代表簽下城下之盟，使西藏處於十分危急的境地。西藏與川滇唇齒相依，《西康建省記》記載：「譬之藏爲川滇之毛，康爲川滇之皮，藏爲川滇之唇，康爲川滇之齒，且爲川滇之咽喉也。」〔註1〕西藏的安危與川滇息息相關。在西藏和四川之間的川邊藏區，主要處於土司封建割據狀態，交通閉塞、生產落後，要達到「固川衛藏」的目的，就必須經營好川邊藏區。1904 年的拉薩事件對清政府震動很大，7 月清廷派遣駐藏幫辦大臣鳳全迅速入藏善後，徹底解決川藏之間土司、頭人盤踞的局面，實施「改土歸流」，以收回川邊地區的治權，加強對西藏地方的控制。〔註2〕早在 1903 年清政府在川邊改革已經拉開序幕，1903 年 9 月 6 日（農曆 7 月15 日）光緒諭示軍機大臣曰：「有人奏川藏危急，請簡員督辦川邊，因墾爲屯，因商開礦等語。著錫良察看情形，妥籌具奏。」〔註3〕

〔註 1〕　傅嵩炑：《西康建省記》，中華印刷公司，1932 年，第 3 頁。
〔註 2〕　馮明珠：《中英西藏交涉與川藏邊情：1774～1925》，中國藏學出版社，2007 年，第 186 頁。
〔註 3〕　四川民族研究所：《清末川滇邊務檔案史料》（上冊），中華書局，1989 年，第 3 頁。

另外，川邊土司、寺院喇嘛眾多，分散割據，儼然許多個獨立王國。其中，瞻對問題最爲緊要，四川總督鹿傳霖、錫良以及駐藏幫辦大臣鳳全相繼上奏朝廷，力主收回瞻對，清政府均沒有同意採取措施。瞻對關係川藏大局，也是川邊改革的對象之一。鳳全、趙爾豐川邊改革和清末全國新政是一脈相承的，1901 年辛丑新政在全國開始，晚清政府在政治上採取了裁減冗衙、改革刑律等措施，因主要針對中央政府機關，對邊遠地區影響不大。晚清政府自上而下的籌邊改制之策，是整個清末腐敗政治中最值得稱道的精彩之作。籌邊改制的主要對象就是邊疆諸地區，在邊疆地區改革行政體制，加強中央對邊疆地區的直接行政權力，以穩邊圍，這得到邊疆大吏的積極響應，取得了良好效果。〔註4〕

1905 年巴塘發生鳳全事件，這直接促成趙爾豐在川邊「改土歸流」。鳳全，字莆堂，滿洲鑲黃旗人，1873 年（同治十二年）以舉人入貲爲知縣，銓四川。1903 年（光緒二十九年），四川總督岑春煊以「明決廉能，胸有經緯」請開邛州直隸州缺，以道員留川補用。1904 年 5 月 21 日（光緒三十年四月乙卯），駐藏大臣桂霖以目疾解職，鳳全接替桂霖，「賞四川候補道鳳全副都統銜，爲駐藏幫辦大臣」。〔註5〕7 月英軍侵入拉薩，西藏形勢危急，10 月 3 日清廷諭軍機大臣等：「近日英兵入藏，迫協番眾立約，情形叵測，亟應思患預防補救，籌維端在開墾實邊，練兵講武，期挽利權而資抵禦，放足以自固藩籬。前有旨命鳳全移駐察木多。所有西藏各邊，東南至四川、雲南界一帶，著鳳全認眞經理。」〔註6〕

9 月 17 日鳳全由川啓程，11 月 5 日抵達打箭爐，招募土勇，原奏擬募土勇一千名，在邊訓練後，帶至察木多。但到打箭爐後，只募到土勇兩百名，令隨行之警察兵五十名留下作教練，自帶五十名前進。11 月 18 日鳳全出關，1904 年 12 月 24 日（農曆十一月十八）行抵巴塘。清廷本讓鳳全駐察木多，而鳳全認爲察木多土地貧瘠，少可開之地，巴塘土壤肥沃，宜於耕作，察木多人素桀驚，無可招募之人，且里塘盜風未戢，亟應設法整頓。10 月 31 日清廷上諭：「西藏危急，請經營四川各土司並及時將三瞻收回內屬等語。著錫良、

〔註4〕 馬菁林：《清末川邊藏區改土歸流考》，巴蜀書社，2004 年，第 102～103 頁。
〔註5〕 《德宗實錄》卷 529，載《清實錄》第 59 冊，中華書局，1987 年，第 44 頁。
〔註6〕 《德宗實錄》卷 534，載《清實錄》第 59 冊，中華書局，1987 年，第 117 頁。

有泰、鳳全體察情形，妥籌具奏。」〔註7〕清廷飭收三瞻〔註8〕內屬，事機亦刻不容緩，巴塘距離瞻六百里，旬日可達，察木多距瞻一千數百里，動多窒礙。

1905 年 2 月，鳳全奏請更改駐地，建議駐藏幫辦大臣留駐巴塘、打箭爐各半年，以切實籌辦屯墾練兵。清廷沒有同意鳳全的提議，下旨鳳全仍駐察木多。然而，鳳全仍駐巴塘開展墾務，從鳳全抵達巴塘到 4 月 5 日（農曆三月初一）被殺，總共只有四個月，他在川邊經營時間較短。川邊整頓主要集中在巴塘墾務和教務，其中擴大開墾、改土歸流，強購糧食、多索烏拉，侵犯了土司的利益，鳳全限制喇嘛寺廟人數，「暫禁喇嘛剃度二十年，大寺留五百人，中寺三百人，小寺百人，餘勒令還俗，俾資長養。」〔註9〕這侵犯了寺廟切身利益，引起喇嘛寺的極大不滿，也忽視了川邊的特殊情況，沒有切實尊重當地的宗教文化傳統。1905 年 4 月 5 日（農曆三月初一）鳳全率隊離開巴塘，準備返回打箭爐，在行抵巴塘東方 20 里的一處名叫鸚哥嘴（或叫紅亭子）的地方，遇伏被害，隨行一共五十人皆被殺害。鳳全操之過急的川邊改革終於以犧牲生命爲代價，首當其衝的成爲川邊「改土歸流」的犧牲者，這也加速了清廷對川邊改革的推行。

川邊大規模的「改土歸流」是從 1906 年趙爾豐擔任川滇邊務大臣開始。1905 年「鳳全事件」後，四川總督錫良認爲：「此案巴塘喇嘛等焚毀教堂，戕害大臣，情罪重大。近日詞多狂悖，不惟土司、番民附和甚多……然不申天討，終無以剪凶逆，而昭法紀。現在遵旨派建昌道趙爾豐辦理爐邊軍務，迅速馳往，會同提臣馬維騏相機妥辦。」〔註10〕巴塘土司、喇嘛聞訊，出而抵禦，節節關隘，扼險設伏，誓死抵抗。1905 年 7 月 13 至 15 日（農曆六月十一至十三日），馬維騏親率五營，次第開拔，分道並進。20 日（農曆十八日）師抵二郎彎，22 日進駐三壩，26 日各營克復巴塘，丁林寺勢不能支，舉火自燔，餘眾渡河，拆橋而逃。28 日馬維騏抵達巴塘臺署，追查倡亂本末，安撫

〔註7〕　四川民族研究所：《清末川滇邊務檔案史料》（上冊），中華書局，1989 年，第39 頁。

〔註8〕　三瞻即瞻對，因瞻對習慣上分爲上中下三部，故稱三瞻。收復瞻對，有泰力阻，後作罷。

〔註9〕　查騫：《邊藏風土記》（卷二），中國藏學出版社，1990 年，第 2 頁。

〔註10〕　四川民族研究所：《清末川滇邊務檔案史料》（上冊），中華書局，1989 年，第54 頁。

被難商民，解散脅從，後將正副土司羅進寶、郭宗扎保正法，又將戕害鳳全之主犯一一捕獲定罪。8 月馬維騏被調回川省，趙爾豐帥師繼進，經營善後。

趙爾豐，字季和，漢軍正藍旗人，兄爾震、爾巽、弟爾萃皆成進士，爾豐獨屢仕不舉，後受錫良重任，錫良由熱河都統遷四川總督，趙爾豐隨調入川。1903 年（光緒二十九年），署永寧道，1904 年任建昌道，1905 年適逢巴塘鳳全事件，任命爲爐邊善後督辦，1906 年 8 月被任命爲川滇邊務大臣。1908 年任駐藏大臣兼川滇邊務大臣，因藏人堅決反對，1909 年專任川滇邊務大臣，駐紮巴塘，清廷將察木多撥爲其管轄，藉爲藏援。

趙爾豐會同馬維騏善後鳳全事件，1905 年 9 月起趙爾豐派兵剿平七寸溝亂民，清理戶口田賦，派員徵收，後又進討里塘所屬鄉城、桑披寺、稻壩及貢嘎嶺等地，設官治理。1906 年 7 月 25 日（光緒三十二年六月初五）趙爾豐向錫良呈報巴塘善後情況，並提議改土歸流建議：「巴塘正副土司羅進寶、郭宗隆保（即郭宗扎保）已於軍前正法，里塘土司四郎占兌、桑披寺逆僧普仲乍娃戰死，百姓無歸。先設流官管理分治，以巴安、鹽井、三壩、理化、稻城、貢噶嶺、河口八縣隸屬於川。如川邊將來建省，以爲改土歸流之基。」〔註11〕此時改土歸流的建議還只是包含西至巴塘、貢噶嶺，北至霍爾五家區域〔註12〕，縱橫各數千里。四川總督錫良聽取趙爾豐的建議，開始經略川滇，上奏增設川滇邊務大臣，仿照寧夏、青海之例，駐紮巴塘練兵，以爲西藏聲援，整理地方爲後盾。「川、滇、邊、藏聲氣相同，聯爲一致，一勞永逸，此西南之計也。」〔註13〕趙爾豐川邊改革正式開始。

在清末趙爾豐「改土歸流」前的川邊藏區，「土司管轄區域爲十分之五，界於呼圖可圖者十分之一，流爲野人者十分之三，自清而賞給西藏者十分之一。」〔註14〕1906 年 8 月 22 日（光緒三十二年農曆七月初三），趙爾豐奉旨任川滇邊務大臣，直到 1911 年 6 月 28 日（農曆六月二十二日）入川，趙爾豐在川邊進行了轟轟烈烈的近五年改革。1906 年下半年趙爾豐會同川、滇兩

〔註11〕 四川民族研究所：《清末川滇邊務檔案史料》（上冊），中華書局，1989 年，第 90 頁。

〔註12〕 霍爾，是藏族對北方民族之通稱，五家爲：章谷、朱窩、麻書、孔撒、白利土司區域。

〔註13〕 四川民族研究所：《清末川滇邊務檔案史料》（上冊），中華書局，1989 年，第 90 頁。

〔註14〕 傅嵩炑：《西康建省記》，中華印刷公司，1932 年，第 1～2 頁。

督，奏陳改土歸流，議練兵、開墾、採礦、修路、設棧、興學等六事。清廷准撥開發費銀百萬兩。常費餉由川省濟。〔註 15〕縱觀趙爾豐的改土歸流措施，主要集中在政治、經濟、教育、習俗、喇嘛寺院等方面，其頒佈的《巴塘善後章程》中有詳細的規定〔註16〕。趙爾豐在巴塘、里塘改革的基礎迅速推行到全康區，其中政治制度改革包括：永遠革除土司之職，改土歸流，勿論漢人蠻人，皆為大皇上百姓。從前所設馬璋、協廠、更占、百色、古喚等名目，一概裁撤不用。地方上政務、錢糧及訴訟等一切權力，統歸新設流官管理。原土司轄區劃分為縣，縣設委員一人，縣下分若干保、村，保設保正，村設村長，保正、村長由百姓分舉等等；經濟制度改革包括：無論漢藏僧俗，皆應納正糧，土地為大皇帝所有，耕種土地的百姓，不為某土司或喇嘛之百姓，只為佃戶。關於烏拉章程規定，無論官兵人等，因事支用烏拉，一概照章按站發給腳價，不准絲毫擾及人民。同時規定一切所用柴草，須照市價買用，不准令百姓上納等等；教育包括：不論漢蠻，凡小兒至五六歲，皆送入學堂讀書，設立關外學務局，培訓師資，普遍設立官話學堂，凡人口較多的縣，增設初等、高等小學堂等等；習俗包括：提倡「一夫一妻制」和「漢藏通婚」，在改土歸流章程中規定了葬親、剃髮、淨面、冠服、著褲、糞除、廁所、墳墓等等；喇嘛寺院僧人數量規定包括：一座寺廟不得超過三百人，已過三百者以後不准續添，無稽之廟，概不准修建，喇嘛有願還俗者，聽其自便等等。

趙爾豐經營川邊，陸續奏請川邊改土歸流，設 2 道、3 府、10 廳、30 縣、8 設治委員、二理事官及舊屬四川之爐霍屯與瀘定橋巡檢地，共為 25 縣區。察木多以西地方，因駐藏大臣聯豫反對劃給川邊，尚未進行改流。〔註17〕1911 年 5 月 6 日（宣統三年四月初八），傅嵩炑接任代理邊務大臣〔註18〕，趙爾豐從巴塘起程，傅嵩炑同行至打箭爐，中途所到之地陸續改流。6 月 28 日趙爾豐入川，7 月 24 日傅嵩炑再次出關（打箭爐），改流其他地方，8 月

〔註15〕　任乃強：《康藏史地大綱》，載《任乃強藏學文集》（中冊），中國藏學出版社，2009 年，第 509 頁。

〔註16〕　四川民族研究所：《清末川滇邊務檔案史料》（上冊），中華書局，1989 年，第 95～103 頁。

〔註17〕　任乃強：《西康圖經》（境域篇），載《任乃強藏學文集》（上冊），中國藏學出版社，2009 年，第 31 頁。

〔註18〕　傅嵩炑（1869～1929），字華封，隨趙爾豐入川，任邊務大臣總文案（秘書長）。

10 日（農曆閏六月十六）傅嵩炑奏請建設西康省，擬設 21 縣。不料 10 月 10 日辛亥革命起，隨後清廷被推翻，西康建省計劃被擱置下來。趙爾豐、傅嵩炑川邊「改土歸流」的成果瞬間丟失，川邊陷入動亂狀態。1911 年趙爾豐任署理四川總督，同年 12 月被四川都督尹昌衡殺害。

趙爾豐留給後人最爲詬病的是其在保路運動中鎮壓革命黨人。其次，趙爾豐在川邊改革中殺戮過重、手段殘酷，有「趙屠夫」之名，對寺院喇嘛限制數量引起喇嘛嫉恨，沒有因地制宜。另外，土司雖廢，多冠以保正和村長之名，權力仍在，這也是日後喇嘛、土司容易反彈的重要因素。但趙爾豐川邊「改土歸流」客觀上來說也取得了不小成績。趙爾豐川邊「改土歸流」是清政府在康區揮灑濃墨重彩的最後一筆，加強了清政府對川邊的直接統治，化邊地爲腹地，設立府縣與內地建制相同，這奠定了民國川邊特別區以及西康建省的基礎；趙爾豐川邊「改土歸流」對於抵抗西藏分裂國家領土具有重要意義，英印勢力不斷入侵西藏，並煽動藏軍東犯康區，趙爾豐奏請康藏邊界設於江達，以及傅嵩炑奏請丹達山爲康藏界限，爲後期康藏邊界交涉帶來重要依據；趙爾豐川邊「改土歸流」使得內地人去邊地開墾，促進了漢藏人民之間的交流。有人對趙爾豐川邊「改土歸流」的成果較爲中肯地評價道：「雖鄂爾泰之改流，左宗棠之開疆，與之相較，應無愧色。然有一短：過任用夏變夷之術，干涉土民習俗太甚。尤以輕侮喇嘛，蹂躪佛法，大失康藏之心。」〔註19〕

二、1911～1912 年康藏局勢

辛亥革命前後，康區和內地一樣經歷了的巨大變革。一面是康區的漢藏百姓和土司喇嘛不斷反抗清政府的腐朽統治，各地出現暴動；一面是部分土司趁機復辟。趙爾豐、傅嵩炑在川邊改革的成果付之一炬，西康建省計劃被擱置，康區陷入動亂。

1911 年 5 月至 9 月，四川發生保路運動。1911 年 5 月 9 日清朝皇族內閣悍然頒發了「鐵路國有」政策，5 月 20 日郵傳部大臣盛宣懷奉旨同四國銀行團在北京正式簽訂了借款合同二十五款，合同規定借款總額爲六百萬英鎊，利息五釐。清政府爲換取帝國主義的借款，假借「國有」之名，將商辦川漢、粵漢這兩條重要的鐵路幹線置於帝國主義控制之下，奪百姓之路，抵借外人

<hr />

〔註19〕 任乃強：《康藏史地大綱》，載《任乃強藏學文集》（中冊），中國藏學出版社，2009 年，第 513 頁。

之錢。當時護理四川總督王人文承認：「借款合同乃舉吾國之國權、路權，一畀之四國，而內亂外患，不可思議之大禍，亦將緣此合同，循環發生。」〔註20〕此後湖南、湖北、廣東先後出現群眾性的政治鬥爭，將保路運動推向高潮，其中四川保路運動聲勢最大。6月17日四川保路運動會成立，8月24日成都群眾開展罷課罷市鬥爭，迅速形成席捲全川的風潮。9月7日趙爾豐在成都製造血案，瘋狂鎮壓保路同志會成員和無辜百姓，保路運動隨之轉換成保路同志會的起義。四川保路運動是全國辛亥革命的導火索，加速了全國革命的到來。

　　四川保路運動期間，四川總督趙爾豐急傳代理川滇邊務大臣傅嵩炑，速派部隊駐打箭爐，等候調遣。1911年8月27日趙爾豐致電傅嵩炑電文：「省中因路事罷市、罷課，省外亦多繼起效尤，望速派三營駐紮打箭爐聽調。」〔註21〕9月13日傅嵩炑擬率兵回川支持，自9月8日西康與四川已文報不通，9月25日，傅嵩炑轉致聯豫的電文中得出，邊地所剩軍隊減少，「查邊兵共八營及衛隊兩百名。六月奏派共剿波密四營半，七月川中調去三營，甫入爐關。邊地數千里，只有衛隊兩百人，防軍兩百餘名。且邊地謠傳，川路讓與外人。蠻民驚恐，已有蠢動之勢。川事一時不靖，邊地立即險危。」〔註22〕邊地防務空虛，其中巴塘、江卡、乍丫、察木多、里塘、德格、白玉、同普、三瞻、河口等處各只有衛隊數十名。1911年10月10日武昌起義打響，十月（農曆）傅嵩炑回川救援，在雅安被圍困，12月13日（農曆十月二十三日），「清邊務大臣傅華封率西兵由藏至雅（駐軍小學校），聞成都已反正，遂逗遛不進，蓋欲以一軍保障西南也。十一月十七日（農曆）傅華封所部聞省兵已至姚橋，欲與戰，傅兵大敗。」〔註23〕這也是民初藏軍得以東犯無阻、藏民就地起義的重要因素。

　　辛亥革命前後反清風暴也迅速波及川邊，傅華封抽調邊軍入關後，川邊開始陷入動亂。首先是1911年8月道塢（道孚縣）漢藏人民聯合舉行武裝起

〔註20〕　隗瀛濤：《四川保路運動史》，四川人民出版社，1981年，第203頁。

〔註21〕　《趙爾豐致電傅嵩炑：速派三營駐打箭爐聽調》，《邊務檔案資料》（第一分冊），載任新建、何潔主編：《尹昌衡西征史料彙編》，四川大學出版社，2010年，第9頁。

〔註22〕　四川民族研究所：《清末川滇邊務檔案史料》（下冊），中華書局，1989年，第1095頁。

〔註23〕　隗瀛濤、趙清：《四川辛亥革命史料》（下冊），四川人民出版社，1982年，第156頁。

義，焚毀法國天主教堂，攻佔清朝地方政府的衙門，殺死了法國司鐸〔註24〕熊德隆，擒獲道孚設治委員楊宗漢和法國譚司鐸，起義很快波及康定、爐霍。〔註25〕9月，泰寧馬委員到康定稟報：「明正土司聯合孔撒、麻書、魚科牛廠千餘人，約十六分路攻城，泰寧、長壩一帶路斷，見漢官民必殺等語」〔註26〕。1911年10月8日理化糧務委員陳廉稟報：「明正土司叛亂，河口失守，毛丫、崇喜也圖謀不軌，請速派守……業諭保正、村長等傳知各該商民，大兵即到，照常安靜，毋得造謠干咎。」〔註27〕宣統三年，傅嵩炑改土歸流完成時崇喜已繳出土司印信，後看到毛丫、曲登土司緩交印信獲准，後悔再三索要印信，不被批准，又被明正土司煽惑而作亂，10月10日，「崇（喜）急索印，臺（里塘糧臺）民恐慌。糧署只三槍適用，焦急盼兵。」〔註28〕不久得榮兵變，演化成民眾反抗地方官員，原因是兵不取信於委員，而官復不能約束於百姓。12月7日（農曆十月十七日），得榮新軍發生兵變，新軍左營前後兩哨駐紮得榮，搶劫糧署，該處喇嘛、百姓尋求自保，拘禁設治委員丁成信，不久喇嘛、百姓群起驚慌越聚越多，25日齊集浪藏寺，26日聚眾攻擊弁兵。〔註29〕

　　1912年春，反清浪潮繼續蔓延川邊藏區，定鄉（鄉城）人民起義，由於趙爾豐在鄉城改土歸流已埋下隱患，趙爾豐在鄉城實施苛政報復，對全縣1000多戶人家，每年固定徵收「地糧」3400餘石，鄉城人民怨聲載道。〔註30〕5月3日，以彭錯大吉（中鄉城人）為首率眾千餘人圍攻理化（理塘），擊潰了駐理化的清軍一營，打死理化糧務委員陳廉，駐軍營長顧福慶倉促撤走，鄉城人將原理塘宣

〔註24〕　司鐸，亦譯「司祭」，天主教神父的正式品位職稱，為七品。在中國天主教最初音譯為「撒責爾鐸德」，簡稱「鐸德」，後採用《周禮・天官・小宰》「司政教時振木鐸」的說法，改譯為「司鐸」。

〔註25〕　格勒：《甘孜藏族自治州史話》，四川民族出版社，1984年，第191頁。

〔註26〕　四川民族研究所：《清末川滇邊務檔案史料》（下冊），中華書局，1989年，第1106頁。

〔註27〕　《陳廉詳報傅嵩炑：河口失守後里塘布置情形》，《邊務檔案資料》（第一分冊），載任新建、何潔主編：《尹昌衡西征史料彙編》，四川大學出版社，2010年，第34～35頁。

〔註28〕　四川民族研究所：《清末川滇邊務檔案史料》（下冊），中華書局，1989年，第1117頁。

〔註29〕　四川民族研究所：《清末川滇邊務檔案史料》（下冊），中華書局，1989年，第1133～1134頁。

〔註30〕　四川省甘孜軍分區《軍事志》編纂委員會：《甘孜藏族自治州軍事志》，四川人民出版社，1999年，第170頁。

撫司房縱火焚燒，獲得趙爾豐的槍支數百支，銀數十萬兩，並佔據理塘城。〔註31〕巴安（巴塘）藏漢人民也聞風而動，並派人到鹽井、得榮、定鄉等地聯絡，集結萬人，曾兩度圍困縣城，但因組織不善，武器缺乏，未克縣城。此外，雅江、德格、三宕、得榮、丹巴等地人民也將清廷官員和清軍圍困或驅逐。〔註32〕

　　辛亥革命前後的康藏地區反清鬥爭的性質與內地不完全一致，相同的是康區漢藏民眾聯合起來反抗清政府壓迫而進行的革命起義，不同的是還有康區土司、喇嘛反抗「改土歸流」而趁機發生暴亂、復辟運動。川邊藏區人民起義和內地人民一樣是全國辛亥革命的重要組成部分，清政府在川邊的統治遂告瓦解。民國成立之時，康區局勢繼續惡化，再加上西藏地方發生嚴重的「驅漢」事件，藏軍不斷向東推進，西南邊疆危機重重，這不得不引起西南軍閥和新成立的北洋政府的高度重視，整頓川邊的軍事行動迫在眉睫，西征計劃很快被提上日程，第一次康藏戰爭拉開了序幕。

第二節　第一次康藏戰爭

一、第一次康藏戰爭背景

　　康藏的歷史邊界自清代雍正時期已明確分界，但是清末西藏地方政府一直認為藏地區域向東直達四川邛州〔註33〕。1726 年（雍正四年），康藏以寧靜山立碑為界，寧靜山以東隸屬四川，寧靜山以西歸西藏。直到近代，英國勢力插入西藏，康藏局勢變得複雜化，川邊改土歸流時趙爾豐所屬兵力至江達（工布江達），1910 年趙爾豐奏請清政府以江達為界，劃分邊藏界線。當時趙爾豐認為：「英人未一日忘藏，將來如有利益均霑之事，必將要索前後藏，凡屬藏之地，皆將入其範圍之內，早收回一處，即將來少失一處……所以此時將邊地所到之地，皆收歸邊務大臣管轄。」〔註34〕後清廷下旨曰：「奉旨飭外務部議，部商駐藏大臣聯豫查覆。」〔註35〕曾在民國康區長待過的法國傳教士古純仁，視趙爾

〔註31〕　鄉城縣志編纂委員會：《鄉城縣志》，四川大學出版社，1997 年，第 10 頁。

〔註32〕　四川省人民政府文史研究館編：《四川保路風雲錄》，四川人民出版社，1981年，第 116 頁。

〔註33〕　「光緒三十四年秋，藏人呈請駐藏大臣聯豫代奏，妄稱藏地直抵四川邛州」，見傅嵩炑：《西康建省記》，中華印刷公司，1932 年，第 4 頁。

〔註34〕　四川民族研究所：《清末川滇邊務檔案史料》（中冊），中華書局，1989 年，第594 頁。

〔註35〕　傅嵩炑：《西康建省記》，中華印刷公司，1932 年，第 55 頁。

豐在川邊改革如同建立行省，且在傅嵩炑提出西康建省前，趙爾豐主張康藏分界爲江達，「此行省（西康）新定疆界，使中國統治之境遠及於江達，離拉薩僅八日程耳。」〔註 36〕1911 年閏六月（農曆），代理邊務大臣傅嵩炑奏請以丹達山爲康藏分界，擬設西康省，後清廷被推翻而無果。民元之後，川、藏雙方都視康藏地區爲自己的地盤，西藏地方趁辛亥革命後內地政局不穩，製造「驅漢」事件，意圖獨立，又在英人的煽動下，藏軍極力向東擴張。康區的戰略重要性顯而易見，四川以及雲南政府一直視康爲川滇之屏障，且清末川軍在康區所達區域已成事實。所以，川、藏之間第一次爭奪康區的戰爭已注定不可避免。

　　第一次康藏戰爭發生的背景與辛亥革命後西藏的局勢緊密相關。辛亥革命傳到西藏，駐藏清軍〔註 37〕在拉薩發生內亂，緊接著導致漢藏衝突，然後事態演變成「驅漢」事件，同時十三世達賴喇嘛發動藏軍東犯康區。

　　1911 年全國掀起了轟轟烈烈的保路運動，後武昌起義爆發，數日後消息傳到西藏，駐藏官兵先後以「勤王」和「大漢革命」爲旗幟，駐藏清軍發生內亂。直到 1912 年 3 月，拉薩內亂演變成漢藏衝突，十三世達賴喇嘛在英國勢力的唆使下趁機發動驅逐駐藏陸軍官兵的活動，1912 年初的《告民眾書》中有比較清晰的「驅漢」內容：

> 內地各省人民，刻已推翻君王，建立新國，嗣是以往，凡漢人遞到西藏之公文政令，概勿遵從，身著藍色服者，即新國派來之官吏，爾等不得供應，惟烏拉仍當照舊供給。漢軍既不能保護我藏民，其將以何方法鞏固一己之地位，願我藏人熟思之。……苟其地具有漢人，固當驅除淨盡，即其地未居漢人，亦必嚴爲防守，總期西藏全境漢人絕跡，是爲至要。〔註 38〕

實際上，十三世達賴喇嘛在印度期間，就已經萌發了「驅漢」思想。1904 年英軍入侵拉薩，十三世達賴喇嘛被迫出逃，北上庫倫。1908 年 9 月 28 日（農曆

〔註 36〕　〔法〕古純仁：《川滇之藏邊》，李哲生譯，載於《康藏研究月刊》，1948 年第15 期。

〔註 37〕　1911 年駐藏清軍包括西藏駐藏大臣聯豫新建陸軍和 1910 年鍾穎率領入藏的川軍，共計 3000 餘人。見陳慶英、高淑芬主編：《西藏通史》，中州古籍出版社，2003 年，第 522～523 頁。

〔註 38〕　朱繡：《西藏六十年大事記》，鉛印本，1925 年，第 27 頁。《告民眾書》是馮明珠在《中英西藏交涉與川藏邊情（1774～1925）一書中首先提出的，詳見該書第 258 頁。朱繡《西藏六十年大事記》並無此名稱，李志農在《民國時期西藏政治格局研究》中稱此爲文告，詳見該書第 56 頁。筆者沿用《告民眾書》。

九月初四）十三世達賴喇嘛進京，後拜見了慈禧太后和光緒皇帝，他目睹了晚清日薄西山、搖搖欲墜的情景，期間也沒有獲得直接向上奏事的權力，遂於12月21日離京，直到1909年12月21日到達拉薩。清末趙爾豐川邊改革波及西藏，期間清朝駐藏大臣張蔭棠、聯豫也在藏改革遙相呼應，這些使十三世達賴喇嘛意識到自己的政教地位受到嚴重威脅。駐藏大臣聯豫爲了改革順利，奏請清王朝派兵入藏，1909年清朝派川軍協統鍾穎〔註39〕領兵入藏，此時達賴喇嘛正在返回拉薩途中，他除令藏軍在康區設防，阻攔川軍入藏外，還積極與英、俄等國聯繫，企圖借外部力量來阻止川軍入藏。1910年2月12日由張鴻升統帶下的馬隊首先行抵拉薩，其餘三營也在隨後幾日陸續抵達拉薩。2月12日聯豫派衛隊相迎，不料卻與西藏地方爆發衝突，拉薩情勢失控，十三世達賴喇嘛恐遭不測，遂挈其左右出逃印度。十三世達賴喇嘛在印度期間與英人深入接觸，後被英人不斷引誘和利用，思想隨之發生了變化，由「抗英」變成了「親英」。據《十三世達賴喇嘛年譜》記載：「1910年3月14日，十三世達賴喇嘛拜會印度總督明托（Minto）〔註40〕，對印度政府的關懷和給予食宿的方便感激至深。謂1908年的「英藏通商條約」，望予承認，保護西藏應得權益，如當年五世達賴喇嘛及上世歷輩所處之地位，立即將漢兵驅逐西藏。〔註41〕

　　1912年春，印度總督哈丁（Hardinge）〔註42〕與十三世達賴喇嘛會見密談後，十三世達賴喇嘛立即派遣親侍達桑占東返回西藏。1912年3月，亞東、江孜商務代辦處月報：「駐拉薩清軍進攻色拉寺、清軍與藏軍的衝突。〔註43〕」另有關於駐藏川軍圍攻色拉寺時的記載：「本年三月二十三號，復又勾結營隊，攻

〔註39〕　鍾穎（？～1915年），滿洲鑲黃旗人。歷任四川清軍協統，1909年6月奉命統帥川軍2000人（也有說1700人）入藏，1910年2月抵達拉薩。1912年5月鍾穎被北京政府任命爲駐藏辦事大臣。1913年4月鍾穎被驅逐出藏，1915年3月鍾穎被袁世凱下令處決。見張憲文主編：《中華民國史大辭典》，江蘇古籍出版社，2001年，第1379～1380頁。

〔註40〕　明托（Minto），印度總督，在任時間爲1905年11月18日～1910年11月23日。

〔註41〕　《第十三世達賴喇嘛年譜》，載西藏自治區政協文史資料研究委員會：《西藏文史資料選輯》（第11輯），民族出版社，1989年，第119頁。

〔註42〕　哈丁（Hardinge），印度總督，在任時間爲1910年11月23日至1916年4月4日。

〔註43〕　《麥克唐納致印度政府外交部副部長第41－C機密文件》（1912年4月11日），L／P&S／10／218P.Z.1209／1912，《英國印度事務部檔案館有關西藏檔案題解及選譯》，中國藏學研究中心歷史所，2005年，第3頁。

劫色拉寺，未曾攻破，已釀成巨案，達賴隨藉此反抗，凡屬漢族，無分良莠，預盡驅逐，隱思脫離，自成獨立。〔註44〕」拉薩駐藏川軍圍攻色拉寺失敗，江孜也發生驅漢暴動，4 月 3 日江孜駐軍在英國駐亞東商務代表麥克唐納（MacDonald）和廓爾喀（尼泊爾）駐藏官員噶卜典的「調停」下，江孜駐軍被迫撤離西藏。1912 年 6 月，亞東、日喀則駐軍先後被用同樣的方法，由英方麥克唐納和尼泊爾代表噶卜典出面「調停」，向藏族官員繳械，並離開藏境。

同年 6 月，在十三世達賴喇嘛自噶倫堡返藏前，英人麥克唐納轉告印度總督哈丁給十三世達賴喇嘛的信函，內容包含：「只要條約義務得到充分的執行及西藏與印度的密切關係得到維護，印度政府希望的是，維持西藏在中國宗主權之下，實行內部自治，不受中國的干預〔註45〕」。這封信函對於鼓動十三世達賴喇嘛驅逐中央駐藏官兵起到了推動作用。1913 年 4 月鍾穎被逼迫由靖西離藏，14 日下午越過邊界〔註46〕，自此中央政府派遣的駐藏官員及軍隊均被驅逐出西藏。

西藏地方發生「驅逐駐藏陸軍官兵」事件的同時，十三世達賴喇嘛派遣藏軍東犯，前面已提及西藏地方一直視康地為所轄之地，民初邊地空虛，藏軍在川邊行動勢如破竹。「達賴密檄康地僧徒，嗾蠻民仇漢。而邊務大臣又久無人，於是康所有州縣遂以次陷沒矣。〔註47〕」1912 年 3 月，藏軍陷鄉城，川軍統領丁幫帶戰敗而逃，陳糧員死之。藏軍再陷稻壩、貢戛嶺。於是川藏路被阻，川軍不能歸，「時南墩僧番得藏軍軍火，相繼叛變，復進陷稻城、江卡、乍丫、三壩、南墩等處，拘道塢守使。〔註48〕」時川軍駐打箭爐，有一

〔註44〕 《民元藏事電稿 藏亂始末見聞記四種》，《西藏研究》編輯部，西藏人民出版社，1983 年，第 115 頁。

〔註45〕 FO.355／15，India Office to Foreign Office，No.116，14 June 1912，轉周偉洲：《西藏通史·民國卷》，中國藏學出版社，2016 年，第 21 頁。柏爾的《西藏的過去和現在》（宮廷璋譯，商務印書館，1935 年，第 80～81 頁），對此也有記載，但是沒提信函，而內容基本一致。陳慶英在《西藏通史》中描述這段是：「英印政府向達賴喇嘛遞交了一份《送別文告》，內容也基本一致，詳見陳慶英、高淑芬：《西藏通史》，中州古籍出版社，2003 年，第 536 頁。

〔註46〕 中國第二歷史檔案館、中國藏學研究中心合編：《西藏亞東關檔案選編》（下冊），中國藏學出版社，1996 年，第 1206 頁。

〔註47〕 《西藏研究》編輯部：《民元藏事電稿 藏亂始末見聞記四種》，西藏人民出版社，1983 年，第 139 頁。

〔註48〕 《西藏研究》編輯部：《民元藏事電稿 藏亂始末見聞記四種》，西藏人民出版社，1983 年，第 139 頁。

鎮兩標，因軍餉稀缺，只能坐視不救。「7月，理塘、河口、鹽井均陷，巴塘、昌都被圍數重，爐城大震。」〔註49〕川邊未被攻陷的只剩下11縣，具體為北路：道孚、瞻化、爐霍、甘孜、德格、鄧柯、石渠、昌都；南路瀘定、康定、巴安。〔註50〕西藏和川邊局勢很快引起川滇兩省的強烈反應，其他省區軍閥也紛紛提出藏事對策，川滇軍西征計劃就在這樣的背景下醞釀產生。

二、第一次康藏戰爭過程、影響

（一）第一次康藏戰爭過程

隨著西藏局勢惡化和藏軍不斷東進的形勢，另外還有康區地方出現叛亂和暴動，作為鄰省的四川政府和雲南政府很快反應強烈〔註51〕。首先是來自逃亡印度的靖西同知馬師周、江孜關監督史悠明、護理駐藏辦事長官陸興祺，自加爾各答相繼發電向中央和川滇報告西藏實情，請求援助。惟中央正值革命後之混亂時期，「民國初建，國庫空虛，迨亦無法應付」。〔註52〕不久，滇省都督蔡鍔向中央呼籲，1912年4月30日蔡鍔電請政府，提出：「漢藏交戰甚巨，請及早規劃，查今春藏兵至察木多，近逼川界，曾電商川貴都督共商辦法。嗣得川貴都督電，以藏事自當獨任其難，故滇軍不復過問。〔註53〕」同時在電文中指出：「西藏為我國雄藩，外人垂涎已久，非亟早經營，則藏衛終非我有，西防一撤，後患何窮，應請大總統早為規劃，以固邊圉。」〔註54〕此時西藏和川邊局勢都加劇了川滇兩省軍閥對西南邊防的強烈關注。

5月6日蔡鍔再電袁世凱：「查藏衛西藩，關係大局，一有破裂，則滇川

〔註49〕《西藏研究》編輯部：《民元藏事電稿 藏亂始末見聞記四種》，西藏人民出版社，1983年，第139頁。

〔註50〕外交部政務司編：《藏案紀略》，載張羽新、張雙志編：《民國藏事史料彙編》（第十六冊），學苑出版社，2005，第483頁。

〔註51〕1912年4月～6月，四川都督尹昌衡、江西都督李烈鈞、雲南都督蔡鍔、重慶總司令熊克武均先後電告中央政府，呼籲發兵救藏。

〔註52〕孫子和：《西藏的史事與人物》，臺灣商務印書館，1995年，第203頁。

〔註53〕川、滇軍在辛亥革命時期就有齟齬，在整個西征過程中伴隨著籌餉、出兵路線、防地等發生爭論。《西藏研究》編輯部：《民元藏事電稿 藏亂始末見聞記四種》，西藏人民出版社，1983年，第1頁。

〔註54〕《西藏研究》編輯部：《民元藏事電稿 藏亂始末見聞記四種》，西藏人民出版社，1983年，第1頁。

有覆亡之慮。現藏事危急至此，不能不早爲之圖。〔註 55〕」5 月 11 日尹昌衡
又電文袁世凱，聲稱由專差得知，達賴行文傳知邊藏四百餘處喇嘛，一起起
事，以牽制邊軍，惟邊軍太單，舊日得力之兵，寥寥無幾，「雖有堪任戰事之
朱、彭、牛三營，而朱營防地廣袤，遠在二十餘站；彭營駐防察木多，又爲
前藏要關；且二軍威望久孚，各番正值觀望，一經調遣，必有他虞。惟道塢
牛營差可移調，然亦獨木難支。」〔註 56〕尹昌衡還提出：「前後藏均已危殆萬
分，當有昌衡、培爵籌撥陸軍一支隊，隨同籌邊宣慰使克期入藏，一面電催
熊總司令克武迅速西來籌商大舉。」〔註 57〕當時情形可見，邊軍尚不能與藏
軍抵抗。但是，邊藏危急，尹昌衡等屢次電呈大總統請示遵辦。〔註 58〕民國
總統袁世凱對於西征顧慮重重：「一怕西征消耗款項；二是怕川滇乘機擴大軍
備，不利於他借退伍裁軍之機削弱革命黨人勢力；三是怕川滇軍隊進入川滇
藏區後爭奪地盤，再起衝突。然而最重要的是他害怕引起外國干涉，不利於
其政府求得列強的支持。〔註 59〕」

在全國西征呼聲日益高漲和西藏、川邊局勢日益惡化的情況下，6 月 14 日
北洋政府電令尹昌衡率師西征，考慮到英國的懷疑，又令外交總長陸徵祥面告
英使：「川兵入藏，全爲平亂，至希英國嚴守局外中立。」〔註 60〕6 月 16 日四
川西征軍從成都出發，英國駐華公使朱爾典向外交部提出質疑〔註 61〕。6 月 22
日外交部除備文答覆英國外使，並由外交部總長陸徵祥赴使館向英使說明出征
西藏之理由，陸徵祥曰「派遣軍隊入藏，乃爲保護中外商民，以綏撫爲主，並

〔註 55〕 《西藏研究》編輯部：《民元藏事電稿 藏亂始末見聞記四種》，西藏人民出版
社，1983 年，第 3 頁。

〔註 56〕 《西藏研究》編輯部：《民元藏事電稿 藏亂始末見聞記四種》，西藏人民出版
社，1983 年，第 5 頁。

〔註 57〕 《西藏研究》編輯部：《民元藏事電稿 藏亂始末見聞記四種》，西藏人民出版
社，1983 年，第 6 頁。

〔註 58〕 《西藏研究》編輯部：《民元藏事電稿 藏亂始末見聞記四種》，西藏人民出版
社，1983 年，第 6 頁。

〔註 59〕 周偉洲主編：《西藏通史·民國卷》，中國藏學出版社，2016 年，第 12～13 頁；
周偉洲：《民國時期三次康藏戰爭研究》，載周偉洲主編：《西北民族論叢》（第
11 輯），社會科學文獻出版社，2015 年，第 77 頁。

〔註 60〕 朱繡：《西藏六十年大事記》，鉛印本，1925 年，第 28 頁。

〔註 61〕 朱爾典（John Newell Jordan，1852～1925 年），英國人，1906 年任英國駐華
公使，1911 年被推選爲北京公使團領袖公使。1920 年 3 月 1 日退休回國，1921
年出席華盛頓會議。

非正式戰爭，切勿疑慮。」〔註62〕7月5日邊軍統領顧占文伏擊來犯藏軍，解巴塘之圍，乘勝收復里塘。7月10日尹昌衡率師出征西藏，本日率軍隊2500人出發，合前自成都出發者共5000人，並電請總統飭令各省協助餉項。7月29日尹軍抵達打箭爐。〔註63〕8月尹昌衡率川軍分成兩路：「北路由劉瑞麟向道孚、爐霍、德格西進，支持察木多（昌都）；南路由朱森林向河口、里塘進軍，進佔巴塘，南北兩路擬在察木多回合。在川軍進軍川邊之際，滇軍西征軍在殷承瓛司令員率領新軍一混協、防軍十九營，從滇西北取道鹽井支持巴塘。〔註64〕」

圖一：川滇軍西征示意圖

(1912年7月—1913年6月)

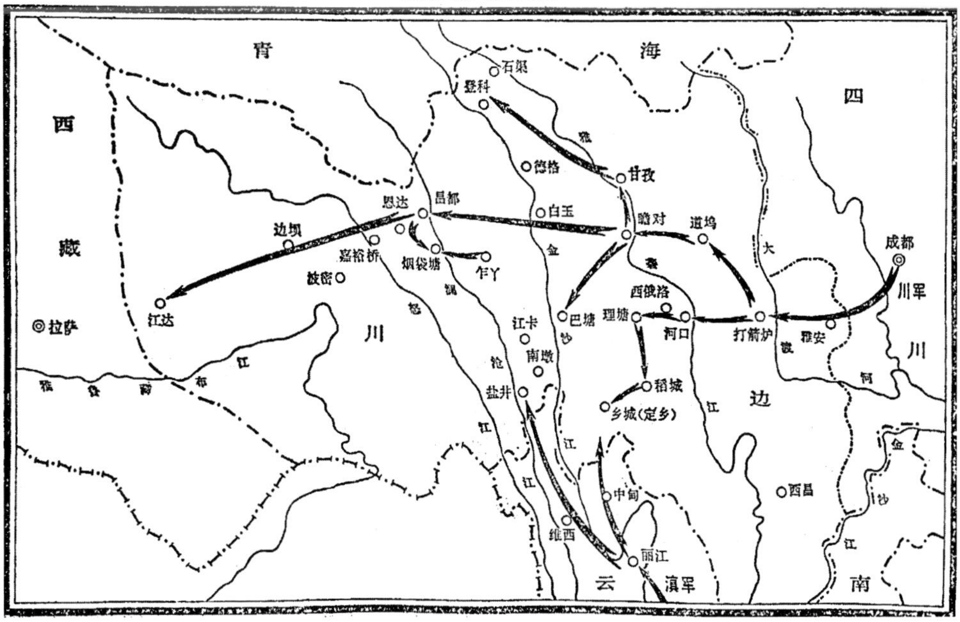

資料來源：軍事科學院《中國近代戰爭史》編寫組：《中國近代戰爭史》（第三冊），
　　　　　軍事科學出版社，1985年，第336頁。

　　就在川滇軍節節取勝之時，英人主動插手川滇軍西征。英人當時已將十三世達賴喇嘛籠絡到手，見川滇軍擬就大舉入藏，萬一勝利，英人變西藏為「緩衝國」的圖謀會徹底失敗。於是英人藉口調停，出面干涉。1912年8月17日，

〔註62〕　孫子和：《西藏的史事與人物》，臺灣商務印書館，1995年，第204頁。
〔註63〕　孫子和：《西藏的史事與人物》，臺灣商務印書館，1995年，第204頁。
〔註64〕　任新建、何潔主編：《尹昌衡西征史料彙編》，四川大學出版社，2010年，第242頁。

英國駐華公使朱爾典（John Newell Jordan）向北洋政府送交節略一件，提出五點備忘錄，主要內容包含：「英國不承認中國在西藏的主權，不允許西藏改爲行省的建議，反對川滇軍入藏，有條件的接受中華民國的承認，在藏事解決之前斷絕印藏交通等等。」〔註65〕袁世凱受到英國勢力的脅迫，於1912年8月30日致電尹昌衡，決定暫時先平復川邊，藏事再議，電文曰：「該督但能先復川邊，藏中震懾，屆時呈擬辦法，候再與英使切確商論，當易結束，切不可冒昧輕進，致釀交涉，搖動大局。」〔註66〕9月12日國務院再電尹昌衡，令察木多之隊切勿過該處轄境，「藏事迭經英使商阻進兵，尚未解決，刻國務籌議辦法。該軍已到察木多，務飭切勿過該處轄境，致釀外釁，牽動大局。〔註67〕」此時尹昌衡派遣張茂林直入昌都，再準備據江達等待後令，9月16日川軍佔據昌都。

此時西藏形勢危急，駐藏川軍仍希望西征軍速進，在印度的馬師周電告中央政府：「務懇大總統電催川軍兼程前進，以救藏急，迫切待命。」〔註68〕至9月23日，尹昌衡率師直攘巴塘，里塘、察木多各要隘，縱橫數千里，未及兩月，邊情及已大定，而後請示北洋政府，袁世凱令尹昌衡籌劃川邊善後辦法，再剿撫鄉城、稻城一帶藏匪。9月25日，國務院電令尹昌衡爲川邊鎮撫使〔註69〕，迨至10月，寒氣漸烈，兩軍隨完全休戰焉。〔註70〕計出關不到三月，打箭爐、理塘、巴塘、昌都皆定。尹昌衡乃令顧占文守巴安，劉瑞麟守昌都，分援江卡、察雅、鹽井，營長鄒衍貴清河口餘寇，朱森林駐巴塘。不久，江卡、察雅、鹽井、鄉、稻、甘登、南墩諸境皆定，惟鄉城未下。至此，尹昌衡收復除南路科麥、察隅，北路之丁青、碩督、拉里、太昭等六縣外，餘均陸續克復。〔註71〕而滇軍於11月抵達麗江，在川邊部分地段留有駐

〔註65〕 朱爾典備忘錄詳細內容，見《會議前英國要挾中國派員開議之經過》，載中國藏學研究中心、中國第二歷史檔案館合編：《元以來西藏地方與中央政府關係檔案史料彙編》（6），中國藏學出版社，1994年，第2385頁。

〔註66〕 《西藏研究》編輯部：《民元藏事電稿 藏亂始末見聞記四種》，西藏人民出版社，1983年，第31～32頁。

〔註67〕 《西藏研究》編輯部：《民元藏事電稿 藏亂始末見聞記四種》，西藏人民出版社，1983年，第45頁。

〔註68〕 《西藏研究》編輯部：《民元藏事電稿 藏亂始末見聞記四種》，西藏人民出版社，1983年，第49頁。

〔註69〕 《申報》第14225號，1912年9月27日。

〔註70〕 朱繡：《西藏六十年大事記》，鉛印本，1925年，第35頁。

〔註71〕 外交部政務司編：《藏案紀略》，載張羽新、張雙志編：《民國藏事史料彙編》（第十六冊），學苑出版社，2005，第483頁。

防，由張鎭、賈大隊長節制。川軍留下來駐守川邊，而直擊拉薩的計劃就此破滅。

　　1912 年 9 月底，川滇軍雖停止西征，但是康藏戰爭並沒有終止。《中國近代戰爭史》認爲：「1912 年底到 1913 年初春川軍擊退藏軍向川邊的第二次進攻。〔註72〕」1912 年 12 月，川邊戰事又起，藏軍經波密竄至川邊，再次向川軍發動進攻，乍丫、江卡、鹽井等地番民四處滋擾，籌邊處總理黃煦昌調集巴塘、昌都、貢覺方面防軍，分途進擊，斬首兩千餘級。〔註73〕巴塘守軍糧食已絕，正欲撤退，尹昌衡令嵇廉支持，川藏軍激戰十餘次，乍丫、江卡、南墩之圍隨解。藏軍戰敗後，退至嘉裕橋以西密佈碉卡，駐紮重兵，進行防禦，並派人四處煽動藏民，準備伺機再行進攻。1913 年初春，藏軍連續向嘉裕橋、江卡發動進攻，均被川軍擊敗，遂退守煙袋塘（乍丫西），並繼續增兵。劉瑞麟見藏軍勢眾，遂調昌都彭日升、時傳文兩營向西北方向，傅青雲、牛運隆兩營向乍丫方向，對煙袋塘藏軍實行夾攻。3 月 3 日，彭、時率部與傅、牛兩營會師，將煙袋塘之藏軍擊潰。3 月 4 日，十三世達賴喇嘛復令駐紮東部之番兵，「圍攻江卡（寧靜縣）、鹽井各處之華軍，以致連日戰鬥。」〔註74.〕藏軍又進佔類烏齊與三十九族地，全族總管噶日家族率族人百餘人隨漢軍避亂，逃入昌都。〔註75〕黃煦昌至乍丫，與顧占文合兵夾擊，大破之，斬首兩千級，藏軍始退，乍丫、江卡、南墩再次平定。

　　川軍擊退藏軍第二次進攻後，鄉城、稻城剿撫計劃開始提上日程。鄉城一帶仍爲藏軍控制，藏軍有三四千人，主要是步騎兵，還有少量炮兵。鄉城地處巴塘、里塘之南，靠近雲南邊界，周圍皆山，城西有桑披寺爲天然屏障，城東的無即河水流湍急，不便舟楫航行。馬鞍山、冷龍灣、阿都、下窪、門坎山、八格等處，均爲險要之地，也是進攻鄉城必由之路。趙爾豐攻取鄉城後，趙氏復定以較重之糧差，自是定鄉人民窮愁不堪，惟懾於趙氏之威，而不敢自逞。民元鼎革，時局變易，駐軍進調入關，鄉城民眾乃乘機出巢，搶

〔註72〕　軍事科學院《中國近代戰爭史》編寫組：《中國近代戰爭史》（第三冊），軍事
　　　　　科學出版社，1987 年，第 340 頁。
〔註73〕　《西藏研究》編輯部：《民元藏事電稿 藏亂始末見聞記四種》，西藏人民出版
　　　　　社，1983 年，第 109 頁。
〔註74.〕　朱繡：《西藏六十年大事記》，鉛印本，1925 年，第 44 頁。
〔註75〕　《北京政府蒙藏院檔案》，中國第二歷史檔案館，全宗號 1045，共 941 卷，第
　　　　　402 號，轉引郭卿友：《民國藏事通鑒》，中國藏學出版社，2008 年，第 35 頁。

掠燒殺，即從開始。〔註76〕鄉城人民之剽悍，殺官劫府之行為，在得榮、稻城各縣之上，民元以來開始搶劫生活。1913年2月14日攻鄉司令部成立。4月2日孫紹騫在里塘接替嵇廉為攻鄉總指揮，4月4日劉成勳率混成支隊到達理塘，於是進攻鄉城的部署確定如下：劉成勳率領步兵三個營、炮兵兩個連、機關槍一個排為左路，由理塘經稻城向鄉城進攻；孫紹騫率步兵一營和朱森林、周尚赤的兩個步兵營及炮隊、衛隊等為右路，由喇嘛椏〔註77〕經火珠鄉向鄉城進攻。5月10日左路軍攻佔了稻城，藏軍向鄉城退卻。5月25日袁世凱發佈邊藏永遠相安令，「所有川邊區域，應守前清末年界限，軍隊所駐，勿過江達以西。」〔註78〕6月25日右路軍攻佔了冷龍灣和門坎山，後向定鄉進攻，下午孫紹騫、劉成勳兩陸軍攻佔定鄉。

1913年7月國內「二次革命」打響，四川熊克武舉兵響應，劉成勳支隊奉調返回成都。西藏少數親英分子又乘機唆使和支持各地暴亂，川邊形勢再度吃緊。8月，成都來電提到：「鄉城藏人復圖進攻邊界一帶，已復開戰」〔註79〕。孫紹騫為了應付危局，一面令各營分紮各要地，以保糧道，一面對下鄉城一帶的藏軍進行招撫。由於親英分子的阻擾和破壞，招撫工作未見成效。1913年10月西姆拉會議在印度召開，西姆拉會議期間，川、藏軍之間依然衝突不斷。10月31日藏軍數千人分三股圍攻定鄉。孫紹騫率部堅守二十餘日，在得到運糧隊的增援後，實施反擊，才得以解圍。〔註80〕1914年1月9日下鄉城完全佔據，稻城之危不戰而解。〔註81〕

1914年2月昌都又告急，據2月7日的《申報》記載，川邊統領彭日升發電打箭爐，電文曰：「現有藏軍四千餘名進逼昌都，所帶快槍俱係英式，已將我前哨偵察隊擊退，奪取糧餉器械甚多，沿途所雇烏拉駝隻也被驅掠一

〔註76〕 佚名：《治理康區意見書》，載趙心愚、秦和平、王川：《康區藏族社會珍稀資料輯要》（上），巴蜀書社，2006年，第382頁。

〔註77〕 也稱「喇嘛丫」、「喇嘛埡」。

〔註78〕 《袁世凱飭邊藏永遠相安令》，載中國藏學研究中心、中國第二歷史檔案館合編：《元以來西藏地方與央政府關係檔案史料彙編》（6），中國藏學出版社，1994年，第2375頁。

〔註79〕 《申報》第14569號，1913年8月28日。

〔註80〕 任新建、何潔主編：《尹昌衡西征史料彙編》，四川大學出版社，2010年，第247頁。

〔註81〕 孫紹騫：《平鄉紀事》，載趙心愚、秦和平、王川：《康區藏族社會珍稀資料輯要》（上），巴蜀書社，2006年，第264頁。

空，現我軍餉械缺乏，不能前進，請鎮守使速接濟」〔註82〕。1914 年 3 月 27 日，蒙藏事務局調查員周文藻又報告，在西姆拉會議期間，藏軍已「麇集昌都下噶茹、桑多、打堆各處，彭日升統領分兵防堵，彼潰此張，應接不暇，傷亡慘重。」〔註83〕4 月，藏軍圍攻昌都與察雅間的噶備、巴貢等地，斷絕昌、雅糧道。不久，據 4 月 29 日的《申報》記載，彭日升統領在桑加楚擊敗藏軍〔註84〕。

1914 年初，川軍先後收復了下鄉城、丹巴及三十九族地區，從而穩定了川邊局勢。〔註85〕5 月 21 日，嵇廉奉四川都督胡景伊令來鄉城，雲上、中、下鄉城現經克復，地面肅清，總指揮孫紹騫久戍邊地，勤勞卓著，應調省休息，另候任用，攻鄉司令部即行取消，所有征鄉陸軍著改編邊軍第一旅，即任嵇廉為旅長〔註86〕。1914 年夏，藏軍攻三十九族，彭日升敗退昌都，三十九族復陷，類烏齊仍為漢軍駐守。於是漢藏兩軍，緣瓦合山脈佈防，不復相犯者，閱時三年〔註87〕。至此，第一次康藏戰爭完全結束，川邊局勢穩定下來，後面則處於漢藏交涉和平解決藏事階段。

隨著川邊局勢的緩和，川邊駐軍除陸軍尚知紀律外，邊軍十一營開始紀律敗壞，由於素乏教育，從未整頓，在川邊騷擾藏民，毀壞寺廟，一度引起西藏地方的交涉和抗議，袁世凱責令川邊鎮守使張毅嚴查，隨時重懲不約束之官。1914 年 7 月 3 日北洋政府蒙藏院致十三世達賴喇嘛電文中表達了川軍恪守和平之意，電文中提到：「大總統嚴令，只准恪守暫駐地點，不得西進……總之，川藏同為民國領土，中央毫無歧視，惟欲奠安川藏之民，息兵保境，所有宗教等均加意維持固護，一以復舊為歸，想貴喇嘛仁慈素普，道法高深，必能深體中央之意，恪守和平，傾誠歸向，以保教民也」〔註88〕。1914 年 12

〔註82〕　《申報》第 14723 號，1913 年 2 月 7 日。

〔註83〕　《北京政府蒙藏院檔案》，中國第二歷史檔案館，全宗號 1045，共 941 卷，第 374 號，轉引郭卿友：《民國藏事通鑑》，中國藏學出版社，2008 年，第 63 頁。

〔註84〕　《申報》第 14804 號，1913 年 4 月 29 日。

〔註85〕　任新建、何潔主編：《尹昌衡西征史料彙編》，四川大學出版社，2010 年，第 247 頁。

〔註86〕　孫紹騫：《平鄉紀事》，載趙心愚、秦和平、王川：《康區藏族社會珍稀資料輯要》（上），巴蜀書社，2006 年，第 264 頁。

〔註87〕　任乃強：《康藏史地大綱》，載《任乃強藏學文集》（中冊），中國藏學出版社，2009 年，第 522 頁。

〔註88〕　《北洋政府蒙藏院致達賴喇嘛電》（1914 年 7 月 3 日），載《1899～1949 有關西藏專題歷史檔案彙編》（上），第 187 頁。

月，碩板多噶倫喇嘛派人送達賴致川邊鎮守使函，及噶倫喇嘛稟各一件，函內稱：「鎮守使赴藏交涉，和平定議，漢番依舊和睦。」〔註89〕1915年1月，碩板多噶倫喇嘛派遣番官六品第巴等，隨同司務長馬鴻皋，到打箭爐投遞文件，並陳述請願退兵情形。6月1日，川邊宣慰委員李福陵由洛隆宗報告，今年4月隨同馬司長接見噶倫及各番官，宣佈中央綏遠柔邊德意，並稱「漢藏隔閡現已疏通，若漢軍勿妄動，則番軍絕不侵越等語。迄今已屆半載，風鶴無驚。」〔註90〕此報告雖有點過於樂觀川邊形勢，但川邊局勢確實是已有半年的安定狀態。至此，恩達以西、八宿以南地方，完全失守，漢軍駐守類烏齊、恩達、浪蕩橋、俄洛橋、昌都、煙袋塘、察雅、梨樹、寧靜、古樹、南墩、中岩、鹽井等處，瓦合山以西地方不屬於川邊控制。

　　通過上述可得，第一次康藏戰爭的直接起因有三點，一是民初西藏發生「驅漢」事件〔註91〕，中央政府駐藏陸軍官兵陸續被驅逐出西藏，英國還切斷了中央派員赴藏經由印度的通道，中央政府和西藏地方的聯繫暫時被中斷，隨著清末駐藏大臣聯豫和民國西藏辦事長官鍾穎部相繼出走，西藏地方已無中央政府駐藏官員，十三世達賴喇嘛準備返回拉薩〔註92〕，意圖「自立」，西藏局勢危急；二是藏軍東犯康區，最後川邊只剩下11縣未被佔領，川邊局勢直接影響川滇兩省，再加上英國勢力的插手，這不得不引起川滇兩省以及北洋政府的高度重視；三是因為康區和西藏的宗教關係，康區的土司在清末又被趙爾豐「改土歸流」過，寺院喇嘛和土司的利益均被觸動，正伺機恢復。清末民初國家鼎革之際，趙爾豐「改土歸流」成果付之一炬，十三世達賴喇嘛派遣代表唆使康區部分土司、喇嘛趁機復辟。康區民眾被煽動，參與地方暴動，鄉城、稻城等地設治官員被殺被趕，數縣處於無政府狀態，這也是川滇軍停止西征後極力剿撫鄉城、稻城的重要原因之一，北洋政府對康區的整頓亟待解決。以上三點促使了新建的民國政府不得不下令川滇軍西征，最終

〔註89〕《打箭爐張鎮守使電》（1914年12月29日），載《1899～1949有關西藏專題歷史檔案彙編》（上），內部資料，第189頁。

〔註90〕《川邊鎮守使張毅關於派員會晤噶倫喇嘛宣佈中央德意及約定雙方軍隊互不侵擾致北洋大總統政事堂諮呈》（1915年6月8日），載《1899～1949有關西藏專題歷史檔案彙編》（上），第189頁。

〔註91〕1912年3月漢軍圍攻色拉寺開始，導致漢藏衝突升級，同時，十三世達賴喇嘛發佈《告民眾書》，宣佈驅逐一切漢人，可視為「驅漢」事件的開始。

〔註92〕1912年6月十三世達賴喇嘛從印度進入西藏，1913年1月22日（藏曆十二月十六日）抵達拉薩。

有效地遏制了西藏上層親英分子意圖獨立的勢頭，康區也基本恢復了趙爾豐時期的控制範圍。

（二）第一次康藏戰爭的影響

首先，引發了英國直接出面干涉中國西藏事務的醜劇。1912 年 8 月 17 日正當川滇軍取得節節勝利之時，英國駐華公使朱爾典拋出五點備忘錄，英政府要將備忘錄中幾點訂成條約，條約成立之後方能承認中華民國，這也是英國一手操縱西姆拉會議能夠召開的重要起因。由於英國勢力的阻擾，川滇軍失去進軍拉薩的最好時機，使得駐藏官兵陷於孤立無援的絕境，以鍾穎為首的駐藏官兵最終被驅逐出藏，導致了民國時期中央政府與西藏地方不正常關係的開始。1913 年 2 月藏曆新年之際，在英國勢力的支持下十三世達賴喇嘛發佈《水牛年文告》，意圖「西藏獨立」。文告宣稱「西藏全體臣民勇士最終把駐紮在衛藏地區的中國軍隊驅逐出境，我也安全地回到自己的故鄉，在康區還有一些殘餘軍隊尚得繼續驅趕〔註93〕」，這也是川滇軍停止西征後藏軍繼續進攻康區的印證。

其次，康區部分土司勢力得以恢復。第一次康藏戰爭后土司大面積復辟，「況前清追繳各土司之印信號紙，民初經略使尹昌衡欲見好夷民，曾有一度發還之議；各土司皆欲恢復舊日權勢，且因改流未久，土司之職守名號，暗中也未減削。」〔註94〕尹昌衡西征停止後，在川邊設治 25 縣知事，並委任土司以保正、村長職務，其土司勢力仍在，地方政府藉以土司的影響力徵糧交稅，維護治安。

另外，第一次康藏戰爭直接結果是川邊實際控制線東移。趙爾豐時期，川邊兵力達工布江達，尹昌衡雖置太昭、嘉黎、碩督等縣，沒有付諸實踐，而俄洛、色達以北之地，未置經營，較傅嵩炑主張退縮兩千餘里，恩達以西、八宿以南相繼失守，川藏軍隊在瓦合山一帶對峙。這也給西姆拉會議期間中方關於康藏劃界帶來不利局面，因為藏方實際控制區域已經從清末江達東移到類烏齊地界，中方在康藏劃界中很難再以江達或丹達山為界，致使中方在康藏劃界中處於極其被動的狀態。

〔註93〕　多傑才旦主編：《元以來西藏地方與中央政府關係研究》，中國藏學出版社，2005 年，第 858 頁。
〔註94〕　胡巨川：《西康土司考》，《西北問題季刊》，1936 年第 2 卷第 12 期。

　　最後，第一次康藏戰爭爲第二次康藏戰爭埋下了隱患。漢藏兩方在恩達、類烏齊、察雅、昌都一帶駐紮部隊對峙，這樣雙方很容易擦槍走火。且川滇軍停止西征後，邊軍開始紀律敗壞，川邊派系林立，分紮各地，各不統屬。1914 年張毅任川邊鎮守使時，同意邊軍統領顧占文辭職，將邊軍分爲三統，以北路督戰官劉瑞麟全軍統領駐巴塘，以代理邊軍統領劉贊廷爲分統駐寧靜，以彭日升爲幫統駐昌都。將朱森林、張煦兩團編爲川邊陸軍第一旅，以參謀長稽廉爲旅長。邊軍、陸軍混雜，互相爭權奪利，這些都嚴重削弱了邊軍的整體實力，一旦爆發漢藏衝突，邊軍很難得到支持。

　　第一次康藏戰爭從 1912 年 3 月開始，到 1914 年夏才結束，第一階段是 1912 年 3 月到 6 月，十三世達賴喇嘛發動藏軍東犯，川邊駐紮的只有顧占文統帥的原來趙爾豐時期的幾個營，這很難應付藏軍的全面進攻，藏軍在川邊勢如破竹，直逼打箭爐。第二個階段是 1912 年 7 月至 1912 年 9 月底，中央政府命令川滇軍西征，川滇軍節節取勝，由於英國的阻擾，川滇軍直搗拉薩的目標中途夭折，最終雙方對峙於瓦合山。第三階段是 1912 年 12 月至 1913 年 3 月，川軍與藏軍反覆在江卡、乍丫、鹽井、南墩等處發生戰鬥，川軍擊退藏軍第二次進攻。第四階段 1913 年 4 月至 1914 年初，川軍重點剿撫鄉城、稻城等處，剿撫鄉城的時間跨度較大，這與鄉城易守難攻，藏軍持續支持鄉城，鄉城人剽悍兇猛等因素有關。1914 年夏，第一次康藏戰爭完全結束，川邊歸於平靜，然後川藏雙方派遣使者進入請求和平協商階段，1915 年上半年川藏雙方一致同意停戰，各守邊界。

第二章　西姆拉會議前後的康藏邊界爭端與邊情

第一節　西姆拉會議與康藏邊界爭端

一、西姆拉會議前的康藏歷史邊界

　　西姆拉會議之前，康藏邊界就曾發生過糾紛，康藏邊界在歷史上已發生數次變動，這也是民國時期康藏戰爭的歷史根源。康區正式劃定行政區域，始於元朝，元朝在整個藏族地區設置三個地方最高行政機構，分別是吐蕃等路宣慰使司都元帥府、吐蕃等處宣慰使司都元帥府、烏斯藏納里速古魯孫等三路宣慰使司都元帥府。吐蕃等路宣慰使司都元帥府，因其轄境主要是朵甘思地區也簡稱朵甘思宣慰司。明末厄魯特蒙古固始汗征服青藏高原，始分四區，其一為巴爾喀木，省稱「喀木」，即西康，此時四部沒有明確疆界〔註1〕。青海厄魯特固始汗時，勢力達到打箭爐。到清朝時，清政府在軍事平定西南邊陲的過程中，逐步將川邊劃為四川管理。1700年（康熙三十九年），西爐之役發生，西藏駐打箭爐營官昌側集烈殺明正土司奢扎察巴，並佔據大渡河以東烏泥、若泥、嵐州、櫻道等地，四川提督唐希順率兵討之，1701年清廷平定了打箭爐藏亂，青海勢力退至河口以西，喀木東境退至雅礱江西岸。這是川藏糾紛較早的例證之一。

〔註1〕 任乃強：《西康圖經》（境域篇），載《任乃強藏學文集》（上冊），中國藏學出版社，2009年，第5頁。

　　1723 年（雍正一年），青海蘿蔔藏丹津叛亂，1724 年清廷派大軍討平青海，喀木諸部相繼投誠。1725 年，清政府劃中甸、維西、阿墩子地方屬雲南，設中、維二廳以治之。同年（雍正三年），松潘鎮總兵周瑛勘定界址，立界碑於巴塘西之寧靜山，以山嶺之東歸屬四川管轄，以山嶺之西歸屬西藏管轄。〔註2〕1731 年，西寧總理夷情散秩大臣達鼎，奏請川、陝派員勘定界址，分定管轄。1732 年川、甘、藏三方派員會同勘定：近西寧者，歸西寧管轄；近西藏者，暫隸西藏。當拉山東南，怒江上游，直抵類烏齊地之三十九族，劃屬西藏。結古（亦作界谷，今玉樹）東南雜曲卡（即石渠縣）、上納奪，劃歸四川。〔註3〕至此，川、滇、青、藏邊界得以明確下來，這樣康藏邊界維持了較長時間的安定。

　　直到同治年間，瞻對發生叛亂，康藏邊界重新發生糾紛。1852 年咸豐年間，工布朗結兼併五瞻對，有並西康東部、內抗清廷、外抗西藏之志。同治初年，藏人由打箭爐運茶回藏，道經康地，為工布朗結所劫。藏人要求駐藏大臣具奏，請由川、藏派兵會剿，有旨允行。當時川省有石達開之亂，川督駱秉章不暇兼顧，而藏軍已經抵達瞻對，後藏軍攻克瞻對，誅殺工布朗結父子，藏軍索賠兵費 20 萬，四川都督駱秉章未允，藏人索地，駱請與之。瞻對遂為西藏屬地。瞻對百姓承受藏官暴斂橫征，1894 年（光緒二十年）瞻對民眾逐殺藏官而獨立。經過川督鹿傳霖派兵撫平，準備將瞻對與霍爾、德格一併改流，駐藏大臣文海及成都將軍恭壽與鹿傳霖不睦，妒忌其功，密疏劾鹿，後瞻對仍舊給藏管理〔註4〕。鹿傳霖、駐藏幫辦大臣鳳全、四川都督錫良等多次提議收復瞻對，因為種種原因而屢議無果，直到清末川滇邊務大臣趙爾豐在川邊改土歸流時，瞻對歸屬問題才得以解決。1911 年夏，趙爾豐協同代理邊務大臣傅嵩炑率兵入瞻，將瞻對收回內地管轄。瞻對的歸屬持續了近半個世紀，瞻對是西藏地方政府在川邊的重要據點，瞻對藏官趁機和其他土司勾結，擴大其在川邊的勢力，時不時出現反叛活動。所以瞻對被收復，對於康藏邊界的穩定具有重要意義。

　　1903 至 1904 年英兵入侵西藏，十三世達賴喇嘛出逃外蒙古，西南邊疆危

〔註2〕《衛藏通志》記載時間為 1725 年（雍正三年），見何寧修：《衛藏通志》（卷二疆域），臺灣文海出版社，1965 年，第 193 頁；《清世宗實錄》記載時間為 1726 年（雍正四年），見《清世宗實錄》卷三八～四三。

〔註3〕松筠：《衛藏通志》卷 15，三十九族條。載《西藏研究》編輯部編：《西藏志 衛藏通志》，西藏人民出版社，1982 年，第 505～509 頁。

〔註4〕傅嵩炑：《西康建省記》，中華印刷公司，1932 年，第 47 頁。

機引起了清廷的重視，「中國欲更求統治力之貫徹，改定以察木多爲界。」〔註5〕1905 年巴塘事變後，趙爾豐隨即入主川邊，區劃其地，設立縣治。清末康藏歷史邊界的變動與趙爾豐川邊改土歸流有重要關係，尤其在 1910 年正月，趙爾豐爲聲援川軍進藏，派遣邊軍越丹達山直抵江達，後趙爾豐奏請於江達（工布江達），劃分邊藏界限。朝廷飭駐藏大臣聯豫覆查，聯豫以爲不可。1911年代理邊務大臣傅嵩炑奏請設立西康省，康藏邊界以丹達山爲界，此提議由於國內辛亥革命暫時擱置。1912 年達賴發動藏軍東犯康區，第一次康藏戰爭打響，北洋政府命令尹昌衡率領川軍西征，滇軍協同作戰。1912 年 9 月底，尹昌衡被迫停止西征，川軍駐防之地爲類烏齊、恩達、昌都、煙袋塘、察雅、梨樹塘、寧靜、南墩、中岩、鹽井、巴安，藏軍駐守恩達以西，如洛隆宗、碩板多、邊壩、八宿、察哇龍、門空、桑昂、雜瑜各部，康藏實際界線即瓦合山脈。尹昌衡經略川邊時，增設太昭、嘉黎、碩督、科麥、察隅 5 縣，知事皆未蒞任而陷，而俄洛、色達以北之地，未置經營，康藏歷史邊界北邊疆域較傅嵩炑主張退縮兩千餘里。近世國人所繪之《西康地圖》，「仍以太昭屬康，而不知其確界，漫於當拉嶺至喜馬拉耶間劃一直線以爲界。」〔註6〕

　　直到 1913 年西姆拉會議前，漢藏雙方對康藏邊界的聲索區域都是不一致的。藏方要求所轄區域直達打箭爐，而川邊政府認爲其西界是以趙爾豐時期江達爲界，由於清末趙爾豐、傅嵩炑均已將康藏邊界推至江達、丹達山，民國川邊鎮撫使尹昌衡兵力雖然實際未達到恩達以西，委任知事也未到任太昭，但已佔據怒江與瀾滄江之間的以東區域，在後期的西姆拉會議中怒江是中方讓步的底線。新一輪康藏邊界爭端在民國第一次康藏戰爭中已經顯現，而第一次康藏戰爭並未解決康藏邊界糾紛。因此，在 1913 年西姆拉會議上，康藏邊界交涉成爲中英藏三方交涉的重點內容。

二、西姆拉會議與康藏邊界交涉

（一）西姆拉會議召開的背景

　　民國初建，國內混戰不斷，中央政府對邊疆治理缺乏有效措施，西藏地

〔註 5〕　〔法〕古純仁：《川滇之藏邊》，李哲生譯，《康藏研究月刊》，1948 年第 15 期。

〔註 6〕　任乃強：《西康圖經》，載《任乃強藏學文集》（上冊），中國藏學出版社，2009 年，第 100 頁。

方利用國內形勢不穩的情況下企圖獨立，並要求將境域擴大到川青地帶，康藏邊界衝突隨之發生。然而，西藏地方未能達到上述目的，不久英國試圖通過中英藏三方會議來解決「西藏問題」，中英藏三方圍繞康藏劃界將要進行新一輪的政治博弈。

西姆拉會議得以召開的直接原因是朱爾典拋出的《八一七備忘錄》，據蒙藏委員會檔案記載：「元年七月，川滇兩軍進敗藏兵於巴塘、里塘之間，藏兵逐漸敗退。英人當時一面已將達賴籠絡到手，一面聞川滇軍大舉攻藏，萬一勝利，則藏將仍入我手，英人對於西藏之野心必遭極大之挫折，於是藉口調停，出而干涉〔註7〕。」1912 年 8 月 17 日，英國駐華公使朱爾典（John Newell Jordan）向北洋政府提交節略一件，即《朱爾典備忘錄》，也稱《八一七備忘錄》，提出五項聲明如下：

1. 英政府雖正式承認中國對於西藏擁有上邦之權，然不能承認中國有干涉西藏內政之權。緣按照條約，西藏內政應歸西藏官吏自行處理，且一千九百○六年中英續訂印藏條約（即北京藏印續約）第一條曾經聲明，遇有應行設法之時，彼此隨時設法將該約內各節切實施行。

2. 按照此種根據，英政府對於中國官員近兩年在藏占奪行政權限之事，概不承認。即袁大總統四月二十一日所發命令，謂西藏與內地各省平等，又謂西藏地方一切政治俱屬內務行政範圍各語，均不能承認。英政府茲特正式宣佈，不能承認此宗對待西藏之政策，並勸告中華民國不得再任官吏有上言干預西藏內政之事。

3. 中國選派代表，隨帶相宜護衛，駐紮拉薩，勸導西藏外交事宜之權，英政府固願承認。惟中國於拉薩或西藏駐無限制兵隊一節，英政府不能承認。

4. 英政府力請將上言各節，訂成條約。此項條約成立後，方能承認中華民國。

5. 現時印藏之交通，對於華人應作切實斷絕。俟此項條約成立之後，英政府探奪情形，酌量開放。惟此宗辦法，與現時駐紮拉薩

〔註7〕 中國藏學研究中心等編：《元以來西藏地方與中央政府關係檔案史料彙編》（6），中國藏學出版社，1994 年，第 2385 頁。

之中國兵隊無關。緣本館已告知袁大總統，所有拉薩中國兵隊，如
願退出，均可假道印度遄歸中國。

以上各節，應請貴部見復爲荷。等語。〔註8〕

朱爾典備忘錄是英國赤裸裸地干涉中國西藏事務的罪證，《八一七備忘錄》第
四條，明確表達了要召開西藏會議，簽訂一個條約以承認中華民國。英使朱
爾典一再要求北洋政府回覆八月十七日節略，12 月 23 日北洋政府送交英國駐
京公使朱爾典節略一件作爲正式答覆，內容委婉回拒了英方所提的要求：「中
國之西藏確有全權，並無改西藏爲行省之意，中英所定條約繼續有效，實無
訂立新約之必要等語。〔註9〕英使對於北洋政府的答覆不滿意，聲稱無法討
論，1913 年 6 月朱爾典與北洋政府外交總長陸徵祥交涉，提出：「若不使西藏
與議，恐將來不能實行。去年八月十七日節略，實爲將來商議西藏問題之根
據，業經迭次聲明。〔註10〕」可見，英方堅持《八一七備忘錄》爲中英商議
西藏問題之依據，並邀請藏方參與其事，設伏了後來西姆拉會議中、英、藏
三方並列，營造「西藏獨立」的政治陰謀。〔註11〕

除上述因素之外，還有其他因素導致西姆拉會議召開：

其一是英國急於實現西藏作爲「保護國」的圖謀。這要從英國和俄國對
中亞後擴大到西藏的爭奪講起，19 世紀末英國先後將喜馬拉雅南麓國家變爲
殖民地，之後魔抓很快伸向西藏，1888 年、1904 年英國爲了搶佔侵略西藏先
機，發動了兩次侵藏戰爭。之後，英國對俄國有所顧慮，1907 年英國與俄國
簽訂《西藏協定》，英國爲防止俄國滲透西藏，減少俄國在藏取得的優勢，由
於受到《西藏協定》的限制，英國無法在西藏攫取更多利益。1912 年 11 月，
俄國與蒙古在庫倫簽訂了《俄蒙協約》，爲了獲取英國對其在蒙古權益的認
可，就必然在西藏問題上向英國讓步。朱爾典認爲：「當今《俄蒙協約》的締
結似乎送來了談判修訂我們同俄國的西藏協定的良機。」〔註12〕但是俄國並

〔註8〕　中國藏學研究中心等編：《元以來西藏地方與中央政府關係檔案史料彙編》
　　　　（6），中國藏學出版社，1994 年，第 2386 頁。
〔註9〕　中國藏學研究中心等編：《元以來西藏地方與中央政府關係檔案史料彙編》
　　　　（6），中國藏學出版社，1994 年，第 2387～2388 頁。
〔註10〕　中國藏學研究中心等編：《元以來西藏地方與中央政府關係檔案史料彙編》
　　　　（6），中國藏學出版社，1994 年，第 2389 頁。
〔註11〕　郭卿友：《民國藏事通鑒》（上冊），中國藏學出版社，2008 年，第 37 頁。
〔註12〕　FO.535, India Office to Foreign Office, No.296, 3 December 1912.轉引周偉洲：
　　　　《西藏通史・民國卷》，中國藏學出版社，2016 年，第 44 頁。

沒有給出積極回應。不久，1913 年 1 月 11 日《蒙藏條約》在庫倫簽訂，意味著俄國勢力可以通過蒙古進入西藏，間接破壞了《西藏協定》對俄國的牽制。英國一心想要將西藏置於單獨控制之下，並將西藏變為印度的「緩衝國」，這些因素加快了英國迫切尋求召開中英藏三方會議的步伐。

其二是西藏地方意圖「獨立」的傾向。自從內地辛亥革命後，英國勢力迅速介入西藏，1913 年 4 月駐藏陸軍官兵基本被西藏地方驅逐出境，中央政府駐藏辦事長官赴藏路線也被英印政府切斷，1913 年正月十三世達賴喇嘛又向藏族僧俗各界發佈了《水牛年文告》，其中內容提到：「漢藏關係僅僅是供施關係，互相間未曾有過隸屬關係」〔註 13〕。西藏地方上層勢力的種種舉動表明了「西藏獨立」的傾向十分明顯，十三世達賴喇嘛及西藏地方政府為了鞏固實力、派出異己，只有繼續依賴英國。倫欽夏札認為：「（辛亥革命後）由於對漢方難信賴，如果沒有一個大國居中調處，則所有一切決定亦必成為鏡花水月，因而迭函英國政府請其居中調處，以成和議。」〔註 14〕所以，西藏對於召開西姆拉會議也是積極支持的。

其三是袁世凱的妥協和屈從。由於 1912 年民國剛成立，根基未聞，國庫空虛，中央政府實力孱弱。1913 年春國內又發生宋教仁事件，袁世凱急需要善後大借款發動戰爭。1913 年 7 月「二次革命」打響，這樣在內外交困的情況下，袁世凱急於得到列強的承認，乃於 8 月 2 日任命陳貽範為西藏議約全權專員，並於 8 月 7 日照會英使館，同意 10 月 6 日參加中英藏西姆拉會議，後「初六又不成會，則又改期於十三日」〔註 15〕。

（二）西姆拉會議上的康藏邊界交涉

1913 年 10 月 13 日中英藏三方會議在印度西姆拉（Simla）召開，在會議中中英藏三方圍繞的分歧主要有三點：一是西藏與中央政府的關係，英方承認中國在西藏有宗主權。藏方夏札否認西藏與中央政府的關係，他認為：「今後漢藏雙方對彼此權力互不干涉，並確定西藏為獨立國」〔註 16〕。而中方強調西藏是中國的一部分，可以不改西藏為行省；二是中國官員駐藏問題，英

〔註 13〕　夏格巴・旺秋德丹：《西藏政治史》，李有義譯，1978 年，第 206 頁。
〔註 14〕　周源整理：《1914 年「西姆拉會議」資料彙編拉魯家族及本人經歷》，中國藏學研究中心歷史研究所，2003 年，第 2 頁。
〔註 15〕　《西藏交涉始末記》（紀錄二），《時事彙報》，1914 年第 2 期。
〔註 16〕　周源整理：《1914 年「西姆拉會議」資料彙編拉魯家族及本人經歷》，中國藏學研究中心歷史研究所，2003 年，第 5 頁。

方准許中國派代表駐拉薩勸導外交事務，但限制中國軍隊進駐西藏。藏方主張只有在他們允許的情況下，中國人才能進入西藏。中方強調延續清代駐藏大臣制度，中央委派駐藏官員，隨駐拉薩部隊不超過兩千六百人；三是川藏劃界問題，西藏方面根據英方的指導，要求川藏邊界：「劃定中藏邊界，其界線盡括青海全部及川邊各地」，包括了所有西藏人居住的地區向東北直到青海，向東直到打箭爐」。〔註17〕康藏邊界劃分是中藏分歧最難解決的，最後成爲西姆拉會議中三方交涉的焦點。

西姆拉會議之前中英關於康藏邊界交涉已經開始。1913 年 1 月 30 日，中英有關西藏問題的會談中，英使朱爾典堅持西藏問題另立新約，並首次提出川藏劃界問題，朱爾典稱：「中國雖不改藏爲行省一語，然鑒於四川之設西康省，其西部純係藏境，將來立約不能不規定藏境，明分川藏疆界，以免川省侵略其地。」〔註 18〕外交總長陸徵祥大感意外，提出《八一七備忘錄》裏面沒有提及川藏劃界，朱爾典辯稱此節略定稿在八月間，而川省侵略西藏在後，西藏不能不解釋其範圍，並對川藏劃界補充到：「川藏之間有界碑，在巴塘附近，將來約中可略爲提及，然後派員會同劃界，亦無不可。」〔註 19〕英方的主張也成爲西姆拉會議上康藏劃界問題的死結。1913 年 11 月 18 日，西姆拉會議進行了第二次會議，中方代表陳貽範提出先議其他條款，再來解決界務問題。陳貽範的提議被英國全權代表麥克馬洪〔註 20〕拒絕，麥克馬洪認爲中藏雙方所談內容，懸殊太大，從其性質來說，是難於就其全部問題提出一個總的解決方法來的，應暫先就「中藏疆界問題」進行解決。於是，康藏邊界之爭在西姆拉會議上持續了近四個多月。

1914 年 2 月 17 日，英國代表麥克馬洪就康藏劃界問題提出一個所謂的「折中」方案，仿照蒙古地區將藏族所居住的所有區域劃分爲「內藏」和「外藏」兩個地區，即金沙江以西爲「外藏」，中國政府不干涉其內政，讓西藏人實行「自治」；以金沙江以東的包括青海、甘肅、四川、雲南等省藏族地區稱爲「內

〔註17〕　陸興祺：《西藏交涉紀要》（下編），1931 年，第 20 頁，載張羽新、張雙志編：《民國藏事史料彙編》（第十五冊），學苑出版社，2005 年，第 303 頁；夏格巴・旺秋德丹：《西藏政治史》，李有義譯，1978 年，第 211 頁。

〔註18〕　孫子和：《西藏史事與人物》，臺灣商務印書館，1995 年，第 217 頁。

〔註19〕　孫子和：《西藏史事與人物》，臺灣商務印書館，1995 年，第 218 頁。

〔註20〕　麥克馬洪（Henry McMahon，1862～1949 年），出生於西姆拉，印屬印度軍官兼外交官，1906 年被封爲爵士，1909 年晉升爲中校。

藏」，由中央和西藏共管。麥克馬洪仿照俄國劃分內外蒙古的伎倆，企圖分裂西藏，將外藏像外蒙古一樣自治，作為中國與印屬印度的「緩衝地」。除了仿照蒙古，西姆拉會議七年後，貝爾在拜見十三世達賴喇嘛時透露「內、外藏」還有其他目的：「中國想給西藏靠近中國的部分安上中國名字，並把它們當作中國省份來對待。我們商定把它們叫內藏，因而保住了它們的藏名。以後，如果你的軍隊強盛到足以維持西藏的主權時，你就可以名正言順地收回貴國的這一部分領土。如果藏名丟了，就不好辦了。〔註21〕」袁世凱政府對於英國拋出「內、外藏」的「折中」方案只能屈從，只是對「內、外藏」的邊界範圍進行爭論。

在西姆拉會議期間康藏劃界交涉中，中方先後做了四次讓步〔註22〕，中方提出康藏劃界第一次讓步（3月18日）：「以怒江迤東已設郡縣之地完全歸中國治理，怒江以迤東西至江達保存前清舊制，達木蒙古與三十九族亦仍舊制〔註23〕；第二次讓步（3月28日）：「川藏以丹達為界，怒江以西至丹達不改舊制，不設郡縣〔註24〕」；第三次讓步（4月3日）：「川藏以怒江為界，怒江以東歸中國完全治理，怒江以西對西藏自治範圍，但聲明西藏為中國領土與外蒙一律，青海及三十九族均歸中國，亦聲明三十九族照舊不設郡縣〔註25〕」；第四次讓步（4月20日）：「當拉嶺以北青海原界及阿墩孜、里塘、巴塘各地仍照中國內地完全治理，怒江以東暨德格、瞻對、察木多、三十九族各地仍沿克木（喀木）名，定為特別區域。〔註26〕」對此，英國在康藏劃界上也有兩次讓步，英方第一次讓步（4月17日）：「將亨色脫嶺東北之青海地及金川、打箭爐、阿墩孜劃出內藏，全歸中國；瞻

〔註21〕　查爾斯・貝爾：《十三世達賴喇嘛傳》，馮其友譯，西藏社會科學院西藏學漢文文獻編輯室，1985年，第196頁。

〔註22〕　也有記載是讓步五次，見馮明珠：《中英西藏交涉與川藏邊情：1774～1925》，中國藏學出版社，2007年，第310頁。

〔註23〕　陸興祺：《西藏交涉紀要》（下編），1931年，第31頁，載張羽新、張雙志編：《民國藏事史料彙編》（第十五冊），學苑出版社，2005年，第306頁。

〔註24〕　陸興祺：《西藏交涉紀要》（下編），1931年，第31頁，載張羽新、張雙志編：《民國藏事史料彙編》（第十五冊），學苑出版社，2005年，第306頁。

〔註25〕　陸興祺：《西藏交涉紀要》（下編），1931年，第32頁，載張羽新、張雙志編：《民國藏事史料彙編》（第十五冊），學苑出版社，2005年，第306頁。

〔註26〕　陸興祺：《西藏交涉紀要》（下編），1931年，第32～33頁，載張羽新、張雙志編：《民國藏事史料彙編》（第十五冊），學苑出版社，2005年，第306～307頁。

對、德格劃入內藏〔註27〕」；第二次讓步是 4 月 27 日誘迫陳貽範簽約的同時，麥克馬洪提出：「凡白康普陀嶺、阿美馬頃嶺東北之地統劃歸青海。〔註28〕」這樣，中方對康藏界線的讓步由江達為界到丹達為界，再退到怒江為界。當時川軍駐軍在恩達以西，以怒江為界已是中方讓步康藏劃界的底線，而中國的讓步與英國的所謂讓步差距甚大，也注定了西姆拉會議終究會破產。7 月 3 日，西姆拉會議最後一次會議召開，陳貽範代表中國政府，以「不能擅讓領土、改變疆域」為理由，拒絕簽押，而英、藏代表單獨簽訂了《西姆拉條約》。至此，歷時近八個月的西姆拉會議以失敗而告終。7 月 6 日，中國外交部致朱爾典照會強調：「中國政府不能擅讓領土，致不能同意簽押，並不能承認未經中國承諾之英藏所簽之約或類似之文牘。〔註29〕」

另外，1914 年 7 月 3 日在西姆拉會議最後一次會議中，英國議約代表麥克馬洪與西藏噶倫夏札背著中方，秘密簽訂了《英藏新立通商章程》和私劃了「印藏邊界」。《英藏新立通商章程》對中國和西藏地方的損害和影響巨大，其中章程沒有稅則與報關規定，英國貨物進出藏域似乎全行免稅，英印貨物源源不斷地充斥西藏市場，尤其是印茶逐漸取代川茶，嚴重削弱了康藏之間的經濟貿易往來，再加上邊事日多，康區商業日漸蕭條。而麥克馬洪與夏札私下換文劃定「印藏邊界」，製造了一條非法的「麥克馬洪線」，這條非法的界線是無效的，中國歷屆政府從未予以承認。

（三）西姆拉會議的影響

西姆拉會議是民國康藏史上的重大事件，是英國一手策劃的非法會議，給中央政府與西藏地方關係帶來深遠影響。西姆拉會議是在一系列複雜的背景下得以召開的，英國利用民國實力孱弱的特點和袁世凱的心理，為把西藏變為印度的「緩衝國」，步步緊逼新生的民國政府參加西姆拉會議，這是英國一手策劃的旨在把西藏從中國分裂出去的險惡會議。事實上，英國並不樂意支持西藏完全「獨立」出去，這會導致劇烈的國際間的矛盾，嚴重妨礙英國

〔註27〕　外交部政務司編：《藏案紀略》，第 15 頁，載張羽新、張雙志編：《民國藏事史料彙編》（第十五冊），學苑出版社，2005 年，第 478 頁。

〔註28〕　外交部政務司編：《藏案紀略》，第 15 頁，載張羽新、張雙志編：《民國藏事史料彙編》（第十五冊），學苑出版社，2005 年，第 478 頁。

〔註29〕　《西藏議約案》第五函，第十九冊（民國三年七月一日至七月三十一日），民國三年七月六日外部致英使照會。轉引馮明珠：《中英西藏交涉與川藏邊情：1774～1925》，中國藏學出版社，2007 年，第 310 頁。

同中俄兩國關係，損害英國的在華利益。英國在西姆拉會議上支持西藏，希望西藏成為「在大不列顛監護下、名義上隸屬於中國的、擁有高度自治權的西藏〔註30〕」。最終，西姆拉會議在全國各族人民的強烈反對下，中方代表沒有正式簽約，西姆拉會議宣告破裂，英國圖謀分裂西藏的意圖以失敗而告終。

西姆拉會議最終沒能解決康藏邊界爭端，漢藏雙方在川邊持續對峙的局勢沒有改變，康藏界線還是維持在尹昌衡時期的狀態，漢藏軍隊分別在瓦合山脈一帶佈防，隨後康藏邊界保持了近三年的穩定狀態〔註31〕。在西姆拉會議最後日期，由於英、藏雙方私自簽訂了協議，會後藏方一心想要實現西姆拉會議上所提出的區域，伺機東窺川邊，此時十三世達賴喇嘛也在西藏改革和購買英式武器，藏軍實力大幅提升，西藏地方不斷向康區增兵，這也為第二次康藏戰爭埋下了隱患。

西姆拉會議是英、藏狼狽為奸迫使中方參加的一次非法會議，是民國初期英國對中國強權政治的鐵證，會議帶來的餘毒深遠，影響至今。當今達賴集團以及西方反華人士利用「西姆拉條約」中所謂的「大藏區」等「西藏問題」混淆視聽，蠱惑人心，製造各種分裂言論。另外，西姆拉會議期間英國代表麥克馬洪（McMahon）與西藏代表夏札私下秘密換文，炮製了一條非法的「麥克馬洪線」，侵佔了我國西南近 9 萬平方公里領土，這條非法的邊界線給當今中印兩國邊界勘定帶來了惡劣影響。

第二節　1913～1916 年康區三次兵變

一、張煦兵變

1913 年 3 月袁世凱一手策劃了「宋教仁事件」，後向英、法、德、日、俄五國銀行團借款 2500 萬英鎊，作為他發動內戰、鎮壓革命的經費。6 月袁世

〔註30〕　梅‧戈爾斯坦：《喇嘛王國的覆滅》，杜永彬譯，中國藏學出版社，2005 年，第 31 頁。

〔註31〕　臺克滿在其《一位領事官在西藏東部的旅行》一書中提到：「The truce between China and Tibet from 1914 to 1917, the resumption of hostilities and the Tibetan advance in 1918」，見 Eric Teichman, *Travels of a Consular Officer in Eastern Tibet: Together with a History of the Relations between China, Tibet and India*, Cambridge University Press, 1922, in The History of Tibet, Vol. III, Alex McKay,(ed.), London: RoutledgeCurzon, 2003, PP. 244.

凱相繼下令解除了江西、安徽、廣東三省國民黨人都督李烈鈞、柏文蔚、胡漢民的職務。於是，革命黨人武力倒袁的「二次革命」全面爆發。四川省第五師師長熊克武，響應孫中山的號召，積極進行反袁活動。6月13日，胡景伊爲四川都督，尹昌衡爲川邊經略使。熊克武爭取受袁世凱排斥的尹昌衡，同自己一道舉兵，特派呂超、傅常、章武赴雅安面見尹昌衡。尹昌衡既想回任都督，又不願與國民黨合作。7月3日袁世凱令尹昌衡兼任川邊都督〔註32〕，以安撫尹昌衡。7月江西、江蘇、安徽、廣東等省相繼宣佈獨立，8月4日熊克武在重慶宣佈獨立。除聯繫尹昌衡，熊克武還與尹昌衡部下川邊護衛團團長張煦取得聯絡，盼其從川邊回師以襲成都。〔註33〕張煦隨後附和，乘尹昌衡返省之際，在打箭爐宣佈獨立。

　　張煦，字午嵐，四川瀘縣人。1900年他加入興中會，武昌起義後與張培爵等在重慶宣佈獨立，張煦是張培爵之侄，任守衛軍統軍。成都、重慶兩軍政府合併，張煦改任四川都督府守衛團團長。1912年他隨四川都督尹昌衡西征，任軍法局局長兼護衛團團長。

　　1913年張煦在爐城宣佈獨立時，尹昌衡正在雅州赴打箭爐的路上。尹昌衡在雅州時，其隊長任某勸尹昌衡獨立，尹昌衡不同意，給予路資，讓任某去別處。任某不甘心，乃假借尹昌衡函，專差通知張煦，稱尹昌衡已在雅安獨立，令其從丹巴速回爐城起事。8月15日駐雅軍隊被鼓動，強迫尹昌衡即時獨立，「昌衡仍懇切開導，繼之以泣，卒能消患無形」〔註34〕，後起行赴邊。尹昌衡在雅安時隨行衛隊三連，以一連護送家屬先行，以一連一排分兩次押餉續發，又因道途不靖，留兵一排駐雅督運，尹昌衡左右僅餘衛兵四十人，隨員數人。8月25日張煦在爐城擁兵獨立，「攻撲觀察使署，擊斃衛兵，並傷觀察使顏鐔額角，公私財產，一掠無遺，文武官員，盡被脅迫，〔註35〕」全邊震動。張煦與趙城、王明德召集駐爐舊部及渝中黨羽三千餘人，編成一混成旅。張煦自稱川邊大都督和北伐司令兼領全旅，趙城爲副都督兼第一團團長，王明德爲招討使兼第二團團長。張煦封鎖住宅，扣留尹昌衡家眷，將其

〔註32〕　周開慶：《民國川事紀要》（1911～1936年），（臺北）四川文獻研究社，1974年，第61頁。

〔註33〕　四川省文史研究館：《四川軍閥史料》（第一輯），四川人民出版社，1981年，第44頁。

〔註34〕　《政府公報》第510期（1913年10月5日）。

〔註35〕　《政府公報》第510期（1913年10月5日）。

六十餘之父母和妹妹、小妾軟禁。張煦寫信給尹昌衡，若不反抗中央的話，就將他全家殺光。張煦兵變時，尹昌衡尚在泥頭，距爐城有四天路程，若回雅安調兵往返需半月以上，緩不濟急，尹昌衡遂決定前往爐城勸降。8 月 29日尹昌衡抵達距瀘定橋五里的地方，遇到管帶（營長）周明鏡，周明鏡倒戈，張煦之軍被尹昌衡招降，尹昌衡家眷安然無恙，隨後張煦乘船偷渡由上流逃亡。8 月 30 日趙城、王明德被斬首。尹昌衡星馳趕往爐城，懸賞萬金以捉拿張煦，又捕獲張煦死黨數人，多係由重慶而來，這些人一律被正法。尹昌衡取消一切僞命，撫慰遠近居民，照常安業，爐城秩序始漸恢復〔註 36〕。9 月11 日熊克武兵敗離開重慶〔註37〕，10 月 17 日北洋政府發通令通緝各省討袁主要人物，罪名是全國內亂罪，《申報》記載：「四川省的魁首爲熊克武，執重要事務者爲張煦」。〔註38〕

　　張煦身爲尹昌衡的護衛團團長，反對袁世凱獨裁統治，響應熊克武在川邊兵變，最後兵敗逃離。而尹昌衡雖然平定了張煦兵變，卻引起了袁世凱的忌憚，再加上胡景伊極力拉攏袁世凱，構陷尹昌衡。這些導致了川邊經略使尹昌衡被調離川邊，赴京被囚。

二、陳步三兵變

（一）「陳步三兵變」事件的起因

　　民初川邊軍隊互不統屬，士兵成分混雜，軍隊組織渙散，下屬對上級的執行力不夠，這些因素給川邊軍隊兵變提供了潛在條件。1914 年張毅對川邊部隊進行整編，邊軍十一營（趙爾豐舊部）原由統領管轄，他批准邊軍統領顧占文辭職，將邊軍劃分爲三統，正統、幫統、分統三統分駐昌都、德格、巴塘，「三統各專決用事，勢不相下，軍政委任，各私其黨，僅備文呈報川邊鎮守使而已」〔註39〕。川邊陸軍（尹昌衡率領的西征軍舊部）劃分爲九團全團、十一團全團、護衛團一團（僅兩營）。邊軍和陸軍橫生界限，邊軍長久在關外戍衛，曾跟從趙爾豐作戰，認爲陸軍懦弱；陸軍受過教育，認爲邊軍野蠻。再加上糧餉兩軍分

〔註36〕　《政府公報》第 510 期（1913 年 10 月 5 日）。

〔註37〕　四川省文史研究館：《四川軍閥史料》（第一輯），四川人民出版社，1981 年，第 44 頁。

〔註38〕　《直省通令緝捕黨首》，《申報》第 14623 號，1913 年 10 月 22 日。

〔註39〕　查騫：《邊藏風土記》卷 3，中國藏學出版社，1990 年，第 15 頁。

發不一致，雙方衝突時有發生。甚至「彼此戒備，若防敵人。及經數次衝突後，讎視愈深，禍變亦由是而起。〔註40〕」民國初建，正規軍隊仍然沿襲清代的募兵制，入伍者心志各異，良莠不齊，他們加入目的不同，沒有受過專門系統的訓練，軍隊很難上下齊心。邊軍和陸軍成分混雜，如劉贊廷擔任邊軍分統時，曾將關外之游民，「盡為招致，編為邊軍，分柴各出。〔註41〕」有的士兵還來自秘密會黨，如同志會、哥老會等，甚至還有土匪加入。

　　另外，民初川邊軍隊紀律出現鬆弛，軍隊滋生腐敗，這又給川邊軍隊兵變的發生埋下了嚴重隱患。1914 年蒙藏事務局曾派遣李明榘自費前往川邊調查，他在呈報中指出川邊軍隊腐敗已久，是導致鄉城之亂的重要禍因。其中一段內容為：「今上至與青海接界之三十九族，下至與雲南接界一十八村，其線內之軍士，日詐金錢，夜事姦淫，逼成藏人反抗之心，攘出邊地喪蹙之亂。故於九月二十三日有鄉城之亂，旅長與定鄉知事全家被殺。於軍人非軍律不嚴，軍紀不正故耶……苟不從速嚴正軍紀，則邊藏地方無保全之日矣。〔註42〕」

　　1914 年春，上、中、下鄉城藏軍均被一律肅清。5 月，川邊鎮守使張毅將攻鄉司令部裁撤，孫紹騫調省休息，另候任用。由於陸軍新制頒行，協統改為旅長，朱森林、張煦兩團改編為川邊陸軍第一旅，嵇廉被任為旅長，駐紮定鄉。不久，貢嘎嶺和上鄉城發生叛亂，1914 年夏嵇廉先後收復貢嘎嶺和上鄉城，8 月班師回鄉城。9 月駐定鄉營長陳步三率領部下兵變，將旅長嵇廉等人殺害。

　　嵇廉也作稽廉，1913 年嵇廉在攻打鄉城時擔任攻鄉軍總指揮，後解職專任鄉城招撫事宜，4 月被授予陸軍中將〔註43〕，1914 年 5 月擔任川邊陸軍第一旅旅長。查騫的《邊藏風土記》〔註44〕記載：「嵇廉者，四川知府嵇志文子，少年紈綺，素無聲譽，以與尹（尹昌衡）、張（張毅）同學故，遂膺督辦川邊軍務任」〔註45〕。其中，「少年紈綺，素無聲譽」的評價似乎有

〔註40〕　劉禹九：《擬設籌邊處經營邊藏策略》，載張羽新、張雙志編：《民國藏事史料彙編》（第十四冊），學苑出版社，2005 年，第 237 頁。

〔註41〕　劉禹九：《擬設籌邊處經營邊藏策略》，載張羽新、張雙志編：《民國藏事史料彙編》（第十四冊），學苑出版社，2005 年，第 237 頁。

〔註42〕　李明榘：《籌藏政策》，載張羽新、張雙志編：《民國藏事史料彙編》（第十四冊），學苑出版社，2005 年，第 348 頁。

〔註43〕　《申報》第 14442 號，1913 年 4 月 23 日。

〔註44〕　查騫，1905 年任里塘糧務同知，1916 年川邊鎮守使殷承瓛委查騫為鄧柯縣知事，1918 年《邊藏風土記》稿成。

〔註45〕　查騫：《邊藏風土記》卷 1，中國藏學出版社，1990 年，第 35 頁。

失偏頗，劉成勳〔註46〕在 1913 至 1914 年攻打鄉城時和嵇廉並肩戰鬥過，對嵇廉的認識應該更加深刻，劉成勳對嵇廉的評價是「爲人有干材」〔註47〕，這應該更加公允。陳步三，「四川郫縣人，參加過保路運動同志會，以「匪」招安被編爲軍人，尹昌衡時期陳步三擔任陸軍第三營營長，駐定鄉縣。由於定鄉夷情反覆，屢次出現叛亂，尹昌衡委任陳步三兼署定鄉知事」〔註48〕。1913 至 1914 年陳步三也參與攻打鄉城的戰役。關於「陳步三兵變」的起因記述存在分歧。

《鄉城縣志》提到：「（1914 年）8 月（嵇廉）班師回鄉城，營長陳步三違令輕進，撤其營長之職。九月，陳步三唆使守衛旅部連長陳獻章謀亂，殺死嵇廉旅長。」〔註49〕

《甘孜藏族自治州軍事志》記述：「民國三年（1914 年）夏，川軍依陸軍新制改協統爲旅長。川邊鎮守使任嵇廉爲川邊第一旅旅長。同年八月，嵇廉派營長陳步三赴稻城、貢嘎嶺平亂。陳因未能擒獲首要被革職，遂起反心。九月，夥同守衛旅部連長陳獻章殺死嵇廉及繼任營長許幼文，打死旅部官佐 19 人。」〔註50〕

法國傳教士古純仁〔註51〕的《川滇之藏邊》，其分篇《里塘與巴塘》有一段關於「陳步三兵變」的記載：「（1914 年）陳步三爲定鄉縣長（縣知事），撫輯貢嘎嶺之民眾，嵇廉此時正欲整飭軍隊及撤換陳步三縣長職務，陳步三返回時發現縣長被撤，還擔心營長被撤，再加上嵇廉治軍嚴格，軍心大怨，陳步三趁機叛變。」〔註52〕

《鄉城縣志》和《甘孜藏族自治州軍事志》記述的都是營長被撤而將

〔註46〕 劉成勳：（1883～1944 年），字禹九，畢業於四川陸軍武備學堂，1912 年隨尹昌衡出征西藏，1913 年參加平定鄉城的戰鬥，1914 年「陳步三兵變」事件發生，劉成勳擔任征鄉軍宣撫司令，1925 年擔任西康屯墾使。

〔註47〕 劉禹九：《擬設籌邊處經營邊藏策略》，載張羽新、張雙志編：《民國藏事史料彙編》（第十四冊），學苑出版社，2005 年，第 237 頁。

〔註48〕 查騫：《邊藏風土記》卷 1，中國藏學出版社，1990 年，第 34～35 頁。

〔註49〕 鄉城縣志編纂委員會：《鄉城縣志》，四川大學出版社，1997 年，第 11 頁。

〔註50〕 四川省甘孜軍分區《軍事志》編纂委員會：《甘孜藏族自治州軍事志》，四川人民出版社，1999 年，第 171 頁。

〔註51〕 〔法〕古純仁（Francis Goré），法國傳教士，學會漢藏文和英語，1907 年秋入藏，在康區待有 15 年，1923 年出版《川滇之藏邊》，分 11 期刊於《康藏研究導刊》（1947～1949 年）。

〔註52〕 〔法〕古純仁著、李哲生譯：《里塘與巴塘》，《康藏研究月刊》1948 年第 19 期。

嵇廉殺害，被撤職原因有出入，前者是違令輕進，後者是未能擒獲首要。
而古純仁的《里塘與巴塘》一文指出陳步三縣長職務被撤，擔心營長職務
被撤而殺害嵇廉，被撤職原因是嵇廉要整飭軍隊，嵇廉被殺原因和陳步三
被撤職原因與前面兩本著作說法都不一致。到底哪一個說法更具真實性？
《鄉城縣志》和《甘孜藏族自治州軍事志》寫於當代，記述內容難以判定。
我們可以分析《里塘與巴塘》裏面的內容，先判斷陳步三是否當過定鄉縣
縣知事？根據孫紹騫〔註53〕在《平鄉紀事》中記載：「（1913年11月）……
而知事陳步三又將白英村數百家良夷激變，來部控訴者甚多」〔註54〕，此
時陳步三是孫紹騫的部下，可判斷陳步三確實曾當過定鄉縣知事，陳步三
縣知事被撤存在可能性。

　　古純仁在康區待有十來年，和英國駐打箭爐特別助理路易斯・金（1913
～1916年）一起親歷過「陳步三兵變」事件，在陳步三叛亂時當過人質，「路
易斯・金聯繫了一些當地商人和兩個傳教士，挪威人索仁森（the Norwegian
Theo Sorensen）和法國傳教士古純仁（Francis Goré），然而，這些叛亂（指陳
步三兵變）的士兵將路易斯・金和他的同伴扣爲人質後，進攻了打箭爐。」〔註
55〕這樣古純仁的《里塘與巴塘》的記載應該更具有一定的真實性。

　　除了陳步三縣長被撤的因素外，是否還有其他因素導致「陳步三兵變」？
筆者發現查騫在《邊藏風土記》中對此有一段詳細的記載：

　　　　（1914年）〔嵇廉〕既抵定鄉，即惡陳步三。每對客曰：「陳步
　　三前清蠹役，何堪表率軍政？必殺之。」會他營軍士三十餘名，退
　　伍歸。私挾鴉片被獲，嵇廉重罰之矣。既竣，曰：「關外煙土，不能
　　禁絕，皆此輩爲之。來日行誅，以儆戒陳步三。」左右乘夜，有以
　　情告步三，具訴嵇語。……陳曰：「嵇某素無禮，兄弟們不反戈衍，
　　兄亦將手刃之。機不速則害成，請先往刺之，遲則生變，吾黨死無
　　地矣。」於是步三懷手槍，徑趨嵇營，請白事……嵇徐秉燭出問：「爾

〔註53〕　孫紹騫，1912年隨尹昌衡西征，1913年任攻鄉軍總司令，1914年解職。
〔註54〕　任新建、何潔主編：《尹昌衡西藏史料彙編》，四川大學出版社，2010年，第
　　　　　220頁。
〔註55〕　「*Edge of empires*」, *British Museum Magazine*, Spring/Summer 2010, p.51.原文:
　　　　　「King set out with some local merchants and two missionaries, the Norwegian
　　　　　Theo Sorensen and the Frenchman Francis Goré. The negotiations ended with King
　　　　　and his companions being taken the town……」。

欲說何等機密，深夜來耶？」語未竟，手槍已及嵇腦。〔陳〕憤然曰：
「爾逼我反，來取爾命。」〔註56〕

上述記載反映了嵇廉和陳步三積怨已深，已發展到互不相容的地步。嵇廉一到鄉城，爲何就說陳步三是「前清蠹役」且達到「必殺之」的地步？孫紹騫在《平鄉紀事》中有三處提及陳步三的表現，實際上 1913 至 1914 年孫紹騫攻打鄉城時，陳步三的拙劣表現已經爲兵變埋下了伏筆。1913 年嵇廉解職攻鄉軍總指揮，專任鄉城招撫事宜，孫紹騫擔任攻鄉軍總指揮期間，屢次提議將陳步三撤辦，嵇廉也是見證者。

《平鄉紀事》有三處提及的內容爲：「（1913 年）6 月，十四團一營正目葛光奎乘機煽惑，意圖暴動，私約各營不肖目兵飲血盟誓，擬刺殺騫，率各營回爐（康定），居陳步三爲交涉使，與尹公交涉。幸事機不密，爲騫偵知，當將葛光奎軍前正法，悉予免究，號令全軍，風潮頓息，並令（向）尹公言陳步三不法之處，俟三鄉肅清後，再爲除之」〔註57〕；「（1913 年 11 月）……而知事陳步三又將白英村數百家良夷激變，來部控訴者甚多。（孫紹騫）乃電請將陳步三撤辦，旋奉顏護使譚覆電，事不裹行」〔註58〕；「（1914 年）……於是上、中、下三鄉均一律肅清。當將戰鬥情形據實呈報，並電請取消司令部以省糜費，請辦陳步三以儆官邪。旋奉張鎮守使毅電覆，候派員查辦。」〔註59〕這就不難推測嵇廉旅長上任時，即準備懲戒陳步三，查騫的上述記載也就合乎情理了。可見，除了陳步三縣知事被撤因素，嵇廉與陳步三積怨因素也是導致「陳步三兵變」的重要起因。

另外，欠餉因素也是導致「陳步三兵變」的起因之一。川邊分統劉贊廷和陳步三一起，參加過尹昌衡西征軍，劉贊廷還率部防堵陳步三叛亂部隊，對陳步三也有一定的認識。劉贊廷在《三十年遊藏記》中記載：「張毅涖任，力求行政，設財政廳……擬欲撤銷邊軍，擴充陸軍，時邊軍駐防金沙江以西，陸軍駐金沙江以東僅只三營，因經費不足，截留米價，士卒弗願。未幾，駐

〔註56〕　查騫：《邊藏風土記》卷 1，中國藏學出版社，1990 年，第 35 頁。
〔註57〕　任新建、何潔主編：《尹昌衡西藏史料彙編》，四川大學出版社，2010 年，第 219 頁。
〔註58〕　任新建、何潔主編：《尹昌衡西藏史料彙編》，四川大學出版社，2010 年，第 220 頁。
〔註59〕　任新建、何潔主編：《尹昌衡西藏史料彙編》，四川大學出版社，2010 年，第 221 頁。

定鄉縣第三營營長陳步三殺旅長嵇廉，通檄謂張毅蒞任以來，駐紮康定，不知關外軍政人民之苦，利用私人浪費國帑，又與嵇廉狼狽為奸，剋扣兵餉，始經同仁寺議決，就地正法，以謝全軍。〔註60〕」

　　劉贊廷在《三十年遊藏記》中指出嵇廉被殺的起因是剋扣兵餉，劉贊廷分統似有同情「陳步三兵變」。實際上，川邊地處高原，環境惡劣，土質貧瘠，川邊軍隊餉銀無法自給，一直由川內接濟。當川局不穩時，川邊軍隊時常處於欠餉狀態。《申報》記述：「川邊邊軍共十一營，自尹昌衡擔任經略使時已積欠餉款，張毅任內不承認尹之欠餉，然而張毅應給之餉因餉源不濟，也未月清月款」〔註61〕。劉贊廷擔任分統期間和其他邊軍統領一道，經常將軍餉私自剋扣，「各飽私囊，反日日拍發急電，向內地逼索欠餉。〔註62〕」可見，嵇廉剋扣兵餉導致被殺也是具有可能性。

　　我們還可以通過1913～1916年英國駐打箭爐特別助理路易斯‧金〔註63〕（Louis‧King）的著作，進一步推斷川邊軍隊欠餉而導致「陳步三兵變」的可能性。1914年，路易斯‧金在打箭爐居中調停「陳步三兵變」事件，他在《動盪的中國》中記載：

> 　　將軍（嵇廉）是一個聰明且有野心的人，接受過新式訓練，這是他第一次獲得如此重要的職位……事實上，他率領的部隊以軍紀敗壞而臭名昭著。但將軍仍然正常訓練士兵。他在固定的時間對他們進行系統訓練，他禁止賭博和鴉片。但他卻沒有，也不能給他們發軍餉……只訓練而沒有軍餉，這種情況根本無法維繫下去……一天晚上，營長（指陳步三）率領全體士兵，荷槍實彈地出現在將軍的營帳前。……結果情況完全失控，將軍被殺。〔註64〕

通過以上分析，我們可以總結陳步三兵變的起因：民初川邊軍隊互不統屬、

〔註60〕　劉贊廷：《三十年遊藏記》第8卷，載張羽新、張雙志編：《民國藏事史料彙編》（第二十冊），學苑出版社，2005年，第136頁。

〔註61〕　《川邊軍事之近況》，《申報》第15289號，1915年9月4日。

〔註62〕　劉禹九：《擬設籌邊處經營邊藏策略》，載張羽新、張雙志編：《民國藏事史料彙編》（第十四冊），學苑出版社，2005年，第237頁。

〔註63〕　〔英〕路易斯‧金（Louis‧King）：（1886～1949年），出生於中國九江，1913年10月至1916年1月，1919年10月至1922年11月，曾兩度在四川打箭爐擔任特別助理。

〔註64〕　Louis Magrath King, *China in Turmoil, Studies in Personality*, Heath Cranton Limited, 1927, pp.33~35.

士兵成分混雜、組織鬆散、軍紀鬆弛由來已久；營長陳步三表現拙劣，旅長
嵇廉爲整治軍隊，嚴肅軍紀，將陳步三定鄉縣長的職位撤去，從而激起陳步
三的怨恨；邊地又長期欠餉嚴重，眾多士兵日積怨言，最終導致「陳步三兵
變」的發生。

（二）「陳步三兵變」事件經過

1914 年 9 月 20 日夜〔註65〕，陳步三因故兵變，殺死旅長嵇廉及繼任營長
許幼文，打死旅部官佐 19 人。〔註66〕川邊鎮守使張毅在康定獲悉，一邊密電
成都，一面即派官兵征討，陳步三自知兵力不足，假意投降，計誘前來征討
的邱昂青旅長和朱森林、張煦二團長前往稻城受降，途中出其不意將 3 人圍
捕，禁錮於鄉城，康南大震。張毅命令邊軍分統劉贊廷，率部向鹽井、得榮、
巴安（巴塘）結合部嚴密防堵；派獨立團團長陳遐齡奔赴理化之喇嘛埡。又
急電川督胡景伊，派兩個團到川邊進剿。10 月中旬，鄉城叛亂士兵竄出五百
餘人，攜有快槍子彈甚多，攻撲雲南中甸金廠，搶劫村寨兩處，殺傷十餘人，
後經防兵力戰至四小時才擊退這些叛兵〔註67〕。11 月，胡景伊委任劉成勳爲
旅長兼「征鄉軍宣撫司令」，帶預備團及特科兩連前往川邊，從川中調四師兵
一團，以團長陳子獻爲征鄉支隊長，率本部兵由康定經河口，期會於理化，
分道進攻。

陳步三將部分槍彈分發給鄉城人，得知征鄉軍消息，率其部由定鄉出發，
經稻城桑堆，越木拉石，到達雅江西俄洛。陳步三部隊在雅江與駐軍激戰數
日，全殲西俄洛馬軍一個連，直搗雅江縣城，毀掉雅江大橋後，進趨康定。
就在陳步三進攻爐城前，爐城漢族官員要求英國駐華領事官路易斯・金率領

〔註65〕 1914 年蒙藏事務局派遣李明桀赴川邊調查，11 月 18 日川邊調查完畢，他在
《籌藏政策》中提出：「九月二十三日，有鄉城之亂」（參見李明桀：《籌藏政
策》，載張羽新編：《民國藏事史料彙編》（第十四冊），學苑出版社，2005 年，
第 348 頁）；陳啓圖在《廿年來康政得失概要》中提到：「不料 9 月 24 日，忽
得鄉城稽（嵇廉）旅長變耗」（參見陳啓圖：《廿年來康政得失概要》，載趙心
愚、秦和平：《清季民國康區藏族文獻輯要》（上），四川民族出版社，2003 年，
第 208 頁）；《東方雜誌》（1914 年第 11 卷第 5 期）記載的時間爲「1914 年 9
月 20 日」；《申報》第 14997 號（1914 年 11 月 8 日）也記載「九月二十日夜，
鄉城兵變」，本文依照「陳步三兵變」的發生時間爲 1914 年 9 月 20 日。

〔註66〕 四川省甘孜軍分區《軍事志》編纂委員會：《甘孜藏族自治州軍事志》，四川
人民出版社，1999 年，第 171 頁。

〔註67〕 《滇省各屬匪警彙志》，《申報》第 14972 號，1914 年 10 月 14 日。

代表團居中調停，與叛亂士兵談判。陳步三曾將叛兵捆送爐城，川邊鎮守使張毅將叛兵處死，「陳復殺捆陳來降之兵士，致使無人悔過之路，陳步三乃不敢降，陳步三的左右也未有謀害陳者，因而勢成騎虎，叛兵、土匪愈來愈多」〔註68〕，故陳步三之眾未抵爐城前，而爐城之兵先亂，城中商民迭遭蹂躪。而叛亂的士兵將路易斯‧金和挪威人索仁森（the Norwegian Theo Sorensen）和法國傳教士古純仁（Francis Goré）扣為人質後，進攻打箭爐。〔註69〕

1915年2月28日（農曆1月15日），陳步三攻破雅江，率領五六千人直撲爐城，打箭爐防兵僅三百人，防阻之兵大敗，城中一日數驚。張毅聞訊陳步三直逼爐城，和法國傳教士一起逃至瀘定橋。3月6日（農曆1月21日），陳步三率軍圍城，當夜城破，駐軍與叛軍激戰於街巷，城中商店遭搶劫。打箭爐最終被攻陷後，路易斯‧金成功說服了陳步三制止其手下已經開始的燒殺搶掠〔註70〕，避免打箭爐城鎮遭到更嚴重的破壞。陳步三佔據爐城時曾貼出告示，「拿獲張毅獎銀一百，拿獲劉成勳者獎銀兩百，拿獲陳遐齡者獎銀兩千。劉成勳也列出賞金，拿獲陳步三者獎銀兩千〔註71〕」。

爐城失守期間，張毅鎮守使和劉成勳司令一併被褫官，北洋政府責令二人戴罪立功。3月6、7、8日四川胡景伊將軍陸續飭令出兵，「亦發槍支子彈甚夥，馳赴剿辦」〔註72〕。不久，劉成勳部與陳步三率領的叛軍在爐城激戰，陳步三敗退撤離。據《康定縣志》記述：「3月14日（農曆1月29日），叛軍離城，經魚通逃遁，爐城始定。」〔註73〕而《申報》記述為：「陳步三率匪五六千人劫掠打箭爐後，即於3月11日離城。〔註74〕」此則消息有誤，因為不久《申報》又記：「3月13日，劉成勳部與陳步三激戰一晝夜，擊斃逆軍二百餘名，奪獲軍械無數，爐城完全克服」〔註75〕，其內容與《康定縣志》所記時間基本吻合。

〔註68〕　《糊塗之川邊兵變》，《申報》第15131號，1915年3月30日。
〔註69〕　「Edge of empires」, British Museum Magazine, Spring/Summer 2010, p.51.
〔註70〕　Louis Magrath King, China in Turmoil, Studies in Personality, Heath Cranton Limited, 1927, pp.42.
〔註71〕　《川邊亂事補遺》，《申報》第15144號，1915年4月12日。
〔註72〕　《糊塗之川邊兵變》，《申報》第15131號，1915年3月30日。
〔註73〕　四川省康定縣志編纂委員會編纂：《康定縣志》，四川辭書出版社，1995年，第12頁。
〔註74〕　《申報》第15122號，1915年3月21日。
〔註75〕　《申報》第15125號，1915年3月24日；四川省檔案館：《近代康區檔案資料選編》，四川大學出版社，1990年，第19頁。

陳步三與劉成勳部激戰後，率部至瀘定烹壩渡河，由昂州（今瀘定嵐安）竄至天全。天全縣婁知事防備不及，竟自逃往雅安，叛兵勾結大股匪徒攻入天金，將該縣富商大賈擄掠一空，叛軍姦淫焚燒無所不至，後竄逃到蘆山、名山。建昌道杜慶元特調彭山縣知事劉輔周移任天全縣〔註76〕。於是陳步三率四百人由天全小道至邛崍，因官軍頗眾，未得入城。3月22日，叛軍侵擾邛崍縣未至城內，遂折北竄入崇寧縣，「3月23日，陳步三部下叛兵進入崇寧縣城內，將當鋪商店擄掠一空，又竄至分州（分縣），將富商居民劫掠一空，分州知事早即逃匿」〔註77〕。3月25日，陳步三見大勢已去，化裝潛逃，與護兵胡金廷至犍為縣牛華溪〔註78〕，被川邊財政科員曾濟光和鄉城知事署庶務員高琨認出〔註79〕。他二人報明就近的監防、團防，請派人協助緝捕，後防勇在下河街剃頭鋪將陳步三擒獲，押解至樂山縣，訊供確實，陳步三被就地正法〔註80〕，後首級被懸於爐城，歷時半年之久的陳步三兵變始平。〔註81〕4月30日張毅因「陳步三兵變」被解職，劉銳恒接任川邊鎮守使。

（三）「陳步三兵變」事件的影響

1. 張毅鎮守使下臺

陳步三在鄉城叛亂後，張毅鎮守使指揮戰術出現失誤，軍事圍剿不成功。劉贊廷分統請求征討陳步三，張毅未同意，只令劉贊廷在鹽井、得榮、巴安與鄉城接境各地嚴密防堵，派遣獨立團團長陳遐齡在理化防堵。劉贊廷所部邊軍四營，防地與鄉城緊接，若劉贊廷和陳遐齡前後夾擊，陳步三不會竄出鄉城。然而，張毅電請四川都督胡景伊派兵兩團到邊進剿，援軍從川中遠調，緩至數月才到川邊合圍。川軍不熟悉關外地勢，陳步三率隊一路突圍，直逼爐城（康定），不到一月爐城失守，張毅無兵可調，倉惶逃往瀘定橋。

〔註76〕《川邊亂事補遺》，《申報》第15144號，1915年4月12日。

〔註77〕《西川短簡》，《申報》第15146號，1915年4月14日。

〔註78〕一說陳步三在牛華溪被認出，參見鄉城縣志編纂委員會：《鄉城縣志》，四川大學出版社，1997年，第11頁。另一說陳步三在竹根灘被認出，參見《紀川邊兵變原因》（續），《申報》第15134號，1915年4月2日。

〔註79〕《陳步三被捕之原因》，《申報》第15153號，1915年4月21日。

〔註80〕「*Edge of empires*」，*British Museum Magazine*, Spring/Summer 2010, p.51；《紀川邊兵變原因》（續），《申報》第15134號，1915年4月2日。

〔註81〕鄉城縣志編纂委員會：《鄉城縣志》，四川大學出版社，1997年，第11頁。

張毅失守爐城，使人民遭受兵禍，袁世凱政府將其撤職，另委劉銳恒繼任川邊鎮守使。張毅是日本士官軍校畢業，治軍有特長，但缺少實地作戰經驗，在討伐陳步三戰役中終歸失敗。張毅擬定於 1914 年 10 月 1 日將鎮守使署移到巴安（巴塘），改編巡防邊軍為陸軍第二旅，淘汰老弱，並計劃在巴安、鄉城實施屯墾，已將公物賞需運出兩千馱至雅江，不料九月二十四日（1914年），忽得鄉城稽旅長變耗，而中止進發。若不是「陳步三兵變」發生，「假以歲月，殆不難恢復趙（趙爾豐）、傅（傅嵩林）之舊觀。」〔註82〕

2. 康區人民財產損失嚴重

1914 年，陳步三兵變後，發給鄉民快槍千餘支，鄉城地方頭人洛絨丁真〔註83〕也加入到叛軍隊伍。陳步三出關後，這些鄉匪返回，一路大肆搶掠，造成康區人民財產損失嚴重，康區社會陷入動蕩。他們燒劫理化、河口（即雅江縣）沿途村寨殆盡。其他各村落之頭人，頻繁鼓動百姓，乘馬荷槍，遠出行劫。北至甘孜、爐霍、俄洛、色達，東至康定、河口，南至雲南維西、阿墩子，西至巴安、鹽井。〔註84〕陳步三叛軍串擾 10 餘縣，軍民損失不可勝計。可以說，「川邊元氣大耗，康南亦從此魚爛矣」〔註85〕。

鄉城部分民眾參加了陳步三叛亂，自身也是受害者。鄉城之亂後，各地學校也無形停頓達二十餘年，絃歌綴響〔註86〕。鄉城及附近地區牛馬損失不計其數，結果很長時間內關外輸送糧隊「無馱可乘」，直接導致理化縣「數月未接糧米，軍政各官均缺食糧。」糌粑價格漲至每一斤藏元一枚，而「一斤僅足一人一日食用」。〔註87〕康南出現大批逃戶、絕戶現象，直接影響到當地農牧業生產，鄉城、稻城等地經濟發展陷入停滯。有人總結清末民初鄉城社

〔註82〕 陳啓圖：《廿年來康政得失概要》，載趙心愚、秦和平：《清季民國康區藏族文獻輯要》（上），四川民族出版社，2003 年，第 209 頁。

〔註83〕 洛絨丁真（1894～1923 年），又名洛松大窪等，藏族，1914 年定鄉駐軍營長陳步三兵變時，委以「鄉城民兵統領」，1923 年洛絨丁真被手下降措尼馬派人暗殺。

〔註84〕 任乃強：《西康視察報告》，載《任乃強藏學文集》（中冊），中國藏學出版社，2009 年，第 106 頁。

〔註85〕 任乃強：《康藏史地大綱》，載《任乃強藏學文集》（中冊），中國藏學出版社，2009 年，第 523 頁。

〔註86〕 張朝鑒：《三鄉一瞥》，載趙心愚、秦和平：《康區藏族社會調查資料輯要》，四川民族出版社，2004 年，第 417 頁。

〔註87〕 《川邊近聞一束》，《大公報》（天津版），1915 年 7 月 2 日。

會狀況：「三鄉飽受趙邊使、尹經略、陳步三數度軍事慘禍，政治修明，民各安業，鄉人未一享受。」〔註88〕

3. 鄉城長期失治

民國時人評價鄉城：「康省（西康省）爲川之後輪，三鄉爲康之禍根，〔註89〕」鄉城歷來是康區的變亂地，難以徹底根治，給川邊治理帶來巨大挑戰。趙爾豐剿滅鄉城時，定以沉重的糧差，鄉民窮苦不堪；尹昌衡西征時，鄉城受藏軍支持久攻不下，1914年春才平定，鄉民飽受戰爭之苦。鄉人對趙爾豐和尹昌衡痛剿定鄉的情形還歷歷在目，再加上鄉城民風彪悍，具有叛逆精神，鄉人一直準備伺機報復，9月陳步三發動兵變，鄉民一呼百應，群起加入叛軍行列。

自「陳步三兵變」後，餘黨尙多盤踞鄉城、稻壩一帶，此等餘黨稱之爲鄉匪，近年來出沒於三鄉之間，鄉匪共有十餘股，每股一二百人不等，均係陳步三之散兵，持有利器〔註90〕。鄉匪抗拒漢官入境，導致鄉城長期成爲化外區域。陳步三叛亂之後約將年餘，漢官不能恢復鄉城之治理，雖有團長朱憲文與王耀南曾試圖恢復治理，終無結果。1917年，川邊鎮守使派遣定鄉（鄉城）縣長，試圖行使職權，川邊政府派兵保護，但不到數月，縣長被撤回〔註91〕。直到1927年顏虎成上任，鄉城才恢復縣治〔註92〕，可見「陳步三兵變」對鄉城的治理帶來深遠影響。

4. 川邊漢藏關係惡化

趙爾豐、尹昌衡在川邊反覆用兵，邊軍軍紀鬆弛日漸表露，於是藏民痛恨邊軍，始有叛意。「陳步三兵變」發生後，川軍在川邊的威信掃地，鄉城藏民紛紛加入到陳步三的叛軍隊伍。以洛絨丁眞爲首鄉城頭人率眾參與了「陳步三兵變」，他們與前來平定鄉城的川邊軍隊發生激戰，最後洛絨丁眞等人贏得了勝利，提繳了駐軍朱森林、張煦、邱昂青各團槍支數百，這些槍支爲鄉城頭人提供了武力支持。「陳步三兵變」事件結束後，洛絨丁眞反抗川邊政府，

〔註88〕 張朝鑒：《三鄉一瞥》，載趙心愚、秦和平：《康區藏族社會調查資料輯要》，四川民族出版社，2004年，第418頁。

〔註89〕 張朝鑒：《三鄉一瞥》，載趙心愚、秦和平：《康區藏族社會調查資料輯要》，四川民族出版社，2004年，第418頁。

〔註90〕 《川邊可驚可怖之匪患》，《申報》第15405號，1915年12月29日。

〔註91〕 〔法〕古純仁著、李哲生譯：《里塘與巴塘》，《康藏研究月刊》1948年第19期。

〔註92〕 鄉城縣志編纂委員會：《鄉城縣志》，四川大學出版社，1997年，第213頁。

屢次起事趕走川邊派往定鄉的知事，川邊漢藏關係進一步惡化。四川著名知縣吳光耀所著《西藏改流本末紀》認為：「陳步三兵變夷人遂輕官軍，是第三次失西藏心」。〔註93〕

　　總之，民國初期，國內政局不穩，川邊軍隊處於近代軍事改革和社會的轉型期。民初兵變幾乎遍及全國各地，據統計1912～1916年全國兵變次數達113次，平均每年發生次數為22.6次〔註94〕。「陳步三兵變」是民初國內動盪社會的必然產物。民初川邊軍隊互不統屬、士兵成分混雜、組織鬆散、軍紀鬆弛，這些為「陳步三兵變」提供了潛在條件，「陳步三兵變」的起因與陳步三縣知事被撤、積怨和欠餉因素有關。「陳步三兵變」特點主要呈現多元性、政治性、劫財性。「陳步三兵變」是民國康藏史上的重要事件，歷時達半年，波及川邊和川內十餘縣，它導致了張毅鎮守使被解職，使張毅對川邊的擬定計劃付諸東流，給康區人民財產造成嚴重損失，使鄉城等地長期處於失治狀態，也阻礙了漢藏關係的正常發展。

三、傅青雲兵變

　　1916年8月31日，爐城（康定）發生「傅青雲叛亂」事件，此時殷承瓛雖已被任命為川邊鎮守使，但還沒有去康定赴任。有些著作誤以為「傅青雲叛亂」事件，導致了前任川邊鎮守使劉銳恒被撤職。如《西康史拾遺》記述：「民國五年駐守康定的邊軍第一營營長傅青雲率部嘩變，大肆搶劫，全城商民無一幸免……劉銳恒也因此被撤職〔註95〕」；《甘孜藏族自治州軍事志》記述：「由於駐康定邊軍第一營營長傅青雲率部嘩變，大肆搶劫，北洋政府撤去劉銳恒之職，以殷承瓛繼任川邊鎮守使〔註96〕」。由於相關論著對此事件記載甚少，部分著作論述還有誤。

〔註93〕　吳光耀認為：「革命黨人何光燮、郭元貞等廢駐藏大臣，聯豫劫拉薩市場、攻大寺，是第一次失西藏心；尹昌衡為經略使打箭爐，大兵蹂躪近邊夷人，是第二次失西藏心」。參見吳光耀：《西藏改流本末紀》，載趙心愚、秦和平、王川：《康區藏族社會珍稀資料輯要》（上），巴蜀書社，2006年，第111頁。

〔註94〕　羅會光：《論民國初年兵變之特點》，《吉首大學學報》（社會科學版），2009年第2期。

〔註95〕　馮有志：《西康史拾遺》（全冊），中國人民政治協商會議甘孜藏族自治州委員會，1994年，第78頁。

〔註96〕　四川省甘孜軍分區《軍事志》編纂委員會：《甘孜藏族自治州軍事志》，四川人民出版社，1999年，第99頁。

　　護國戰爭爆發時，滇、黔軍入川，3 月四川將軍陳宦被迫宣佈「獨立」，1916 年 6 月陳宦奉調進京。川邊鎮守使一直由四川都督節制，且劉銳恒鎮守使之職由陳宦推薦，陳宦離開成都時，電調川邊鎮守使劉銳恒回川省，陳宦離職對劉銳恒仕途帶來直接影響，劉銳恒不安其位，赴省辭職。1916 年 8 月駐爐城邊軍未領軍餉已有近八個月，其餘往年之餉也未領清，欠餉既多，士兵漸漸地不守紀律。雖不能領餉，士兵尚盼望劉使回川邊能補領。劉銳恒在成都期間，「川邊之事益難辦理，其鎮守使署辦事人員亦皆敷衍從事，只以無事相告慰，軍隊無餉亦諉諸劉使在省，此嘩變之遠因也。」〔註97〕爐城駐軍得到川邊鎮守使更換的消息，愈加恐慌，劉銳恒在成都，其電文到爐城，預備交代此事，爐城邊軍多為劉使抱不平。《浙江兵事雜誌》記載：「近日殷承瓛氏又刻一川邊鎮守使之關防，因劉使前帶印赴省尚未交出也。殷氏刻印後，更有人造謠殷氏（殷承瓛）將來將川邊人員一概取消，軍隊之餉前任所欠者也不承認，邊軍聞此消息遂突然嘩變〔註98〕」。於是，31 日〔註99〕晚 8 時駐爐城邊軍第十一營營長〔註100〕傅青雲率部索餉嘩變，劫掠全城，城中商號無一幸免。邊軍幫統杜培琪不能控制，劉銳恒在川，無法救援，康定經此浩劫，商務蕭條。〔註101〕9 月 1 日，叛軍搶劫後，飽載而去，即潰散關外，一走河口（雅江），一走北路出懋功、綏靖、美洛、崇化，只有少數人出瀘定橋〔註102〕。

　　1916 年 10 月 1 日，殷承瓛才由成都啟程，10 月 23 日到達康定，〔註103〕

〔註97〕　《申報》第 15664 號，1916 年 9 月 20 日。

〔註98〕　《浙江兵事雜誌》，1916 年第 30 期。

〔註99〕　查騫在《邊藏風土記》中記載付青雲叛亂時間為一九一六年八月初一日，時間有誤。《申報》和《浙江兵事雜誌》記載時間一致，都為 1916 年 8 月 31 日，付青雲叛亂時間應依此為準。見查騫：《邊藏風土記》卷 3，中國藏學出版社，1991 年，第 15 頁；《申報》第 15664 號，1916 年 9 月 20 日；《申報》第 15672 號，1916 年 9 月 28 日；《申報》第 15746 號，1916 年 12 月 11 日；《浙江兵事雜誌》，1916 年第 30 期。

〔註100〕　第十一營原駐鄧柯，劉銳恒在任時，將其調往爐城自衛，見查騫：《邊藏風土記》卷 3，中國藏學出版社，1991 年，第 15 頁。也有認為其為駐爐城邊軍第一營營長，見《申報》第 15746 號，1916 年 12 月 11 日。

〔註101〕　四川省康定縣志編纂委員會：《康定縣志》，四川辭書出版社，1995 年，第 363 頁。

〔註102〕　《申報》第 15666 號，1916 年 9 月 22 日。

〔註103〕　《政府公報》第 294 號（1916 年 10 月 29 日）；周開慶：《民國川事紀要》（1911～1936 年），（臺北）四川文獻研究社，1974 年，第 157 頁。

大受政界與居民的歡迎。殷承瓛率滇軍華封歌〔註104〕全團、護衛營高樹槐（應
為高蔭槐）〔註105〕一營到爐（康定），約有千餘人，並攜現款和軍需等物。殷
承瓛抵達當日，商民紛紛前來呈訴「傅青雲叛亂」事件，殷承瓛隨即嚴密查
訪，查得邊軍第十一營營長傅青雲等人是主謀。11 月 9 日殷承瓛按照《陸軍
刑事條例》第 74 條和 77 條，下令將縱兵掠奪之營長傅青雲和隊長張紀倫，
以及掠奪爐城之官兵趙占春、楊心輝、黃榮陛、徐樹華等 41 人均處以死刑；
對於無搶劫實據，或被逼隨往，或事後分贓之士兵，如楊貴廷、譚洪順等 39
人，均從寬罰充苦工，由建昌道道尹杜慶元派遣各屬縣；其餘無實據而情有
可原之官兵，如李熙華、曹樹雲、徐萬方等 97 人，派兵押赴雅州，分別領遣
去訖；所獲贓物，查傳失主認領；對於事發守護機關之獨立營排長熊兆口、
副營長周承平、士兵羅先信等 38 人，分別獎勵，行予編制在案。〔註106〕

　　傅青雲及叛兵數十人槍斃後，「陸、邊兩軍聞之，咸為震懾，一時軍紀為
之肅然〔註107〕」。另外，因幫統杜培祺鎮爐期間，應對叛亂不力，殷承瓛將其
撤職，以聶明德（也作聶民德）為幫統，進駐昌都。殷承瓛還設立清理欠餉
處，清結陸、邊兩軍欠餉。因此，殷承瓛查辦「傅青雲」叛亂事件，整治了
川邊的軍隊紀律，維護了川邊的穩定。

　　1913〜1916 年川邊發生三次兵變，張煦兵變是為了響應熊克武，反對袁
世凱獨裁統治，數日即被尹昌衡鎮壓，兵敗逃亡；陳步三兵變與長官稽廉旅
長苛刻下屬，以及欠餉有關，歷時長達半年，遍及關內外十餘縣，造成的影
響最大，康南數縣長期處於失治狀態，川邊鎮守使張毅被解職，陳步三被捕
後砍頭示眾；傅青雲兵變主要與欠餉有關，爐城商戶被劫嚴重，士兵兵變僅
一天即潰散，最後川邊鎮守使殷承瓛將傅青雲等人正法。

〔註104〕　華封歌（1883〜？），別號詠三，雲南呈貢人，1913 年雲南陸軍講武堂第四
　　　　　期步兵科畢業。1915 年 12 月參加護國戰爭，入川參加討袁戰爭，1917 年任
　　　　　雲南靖國聯軍總司令部第九混成旅旅長。
〔註105〕　高蔭槐（1889〜1976），號蘊華，昆明人。1906 年雲南武備學堂畢業，選送
　　　　　河北保定陸軍速成學堂深造。1912 年參加殷承瓛西征軍二等參謀，入藏平叛。
　　　　　1913 年回滇，任一團三營營長。1916 年受入川滇軍將領羅佩金密召入蜀，相
　　　　　繼擔任四川督軍署參謀、川邊鎮守使署參謀兼獨立營營長。1927 年授予陸軍
　　　　　中將，後追隨龍雲。
〔註106〕　《申報》第 15746 號，1916 年 12 月 11 日。
〔註107〕　陳啟圖：《廿年來康政得失概要》，載趙心愚、秦和平：《清季民國康區藏族文
　　　　　獻輯要》（上），四川民族出版社，2003 年，第 211 頁。

第三節　第二次康藏戰爭

一、第二次康藏戰爭背景和過程

（一）第二次康藏戰爭背景

西姆拉會議之後，康藏邊境線維持了三年的穩定狀態，期間川藏軍隊在對峙沿線繼續集結部隊，雙方很容易擦槍走火。另外，西藏不斷在印度購買英國武器，積極備戰，試圖實現西姆拉會議上所要求的劃界區域，這些都給第二次康藏戰爭埋下伏筆，1917 年「類烏齊事件」只是第二次康藏戰爭的導火索。

西姆拉會議期間，北洋政府迫於英國阻擾，為加強對川邊控制的長遠打算，1914 年 1 月設置川邊鎮守使，4 月劃定川邊特別區域，從而達到固藏衛川的目的。1915 年 5 月，中國與日本簽訂「二十一條」，6 月「中俄蒙古協約」簽訂，日本與俄國分別順利取得南滿、山東和外蒙的勢力範圍，英國也趁此向袁世凱提出早日解決藏案問題。袁世凱為加快稱帝的步伐也有此意，他擔心西藏問題懸置不決，會損壞中英邦交，有礙帝制的進行，隨令外務部就西姆拉草約予以修改、讓步，以期迅速解決藏案。1915 年 6 月 25、28 日袁世凱命外交部派人與朱爾典接洽，提出三點：「一、聲明西藏為中國領土一層改為正約，中國政府可允將察木多劃歸自治遠藏，餘仍照中國去年末次提出界線辦理，察木多內所有中國軍隊官員一年內撤退；二、察木多、江孜、〔札〕什倫布、亞東、噶大克及將來添開商埠之處，設中國佐理員，其職位與衛隊均與英員相等；三、正約內加自治遠藏承認中國宗旨〔主〕權。〔註108〕」朱爾典對節略中遠藏承認中國宗主權和設立佐理員表示拒絕，青海南半改為內藏也不同意，只對界線巴塘、理塘歸屬川邊表示可以商量。9 月中央電令駐英公使施肇基向英政府聲明藏事，10 月雙方在倫敦開議，英國以西姆拉會議之草約為根據，故屢經討論，未獲結果。〔註109〕1916 年 6 月袁世凱在帝制覆滅的絕望聲中去世，英國也正陷入歐戰，西藏問題再次擱淺。

此時北洋政府陷入政權混亂，地方軍閥乘勢而起，北洋政府無力駕馭全國，西南軍閥在四川更是上演各種混戰。1916 年護國戰爭結束後，入川滇、

〔註108〕　中國藏學研究中心等編：《元以來西藏地方與中央政府關係檔案史料彙編》（6），中國藏學出版社，1994 年，第 2438 頁。
〔註109〕　朱繡：《西藏六十年大事記》，鉛印本，1925 年，第 49 頁。

黔軍佔據四川省大片土地和重慶重要城鎮，四川督軍羅佩金奉行「滇強川弱」的政策，引起第二師師長劉存厚等人不滿，1917 年 7 月川滇軍在成都激戰〔註110〕。川滇之戰不可避免地波及到川邊。當時川邊地方軍派系林立，駐察木多、巴塘、打箭爐三處分屬三獨立派，各自專決用事，勢力不相上下。從 1914 至 1917 年，川邊鎮守使更換頻繁，先後經歷了張毅、劉銳恒、殷承瓛三人，平均在任一年左右即遭撤職，這也嚴重影響到川邊的政治穩定。

　　第二次康藏戰爭爆發的原因主要有兩點：一是由於西姆拉會議並未解決康藏邊界爭端，藏人對民元康藏戰爭還記憶猶新，企圖報復。據檔案記載：「民國三年交涉開始，邊藏停戰，此後各守疆界，表面雖屬相安，而藏人痛心民國元年漢兵屠戮之慘，繕甲治兵，蓄意圖報，禍機之伏已非一日」〔註111〕。西藏地方一心想要實現西姆拉會議上康藏邊界劃定的範圍，英國提出在外交和軍事上給西藏予以支持，這極大提升了西藏面對衝突的自信和實力；二是川邊駐防空虛，沿線駐紮軍隊太分散，邊軍紀律鬆散、政治腐敗，這也是藏軍敢於趁機東侵川邊的重要原因。1912 至 1915 年，蒙藏事務局先後派遣兩位川邊調查員周文藻和李明絜，他們自費前往，調查的目的是搜集藏區情報，更好地為北洋政府提供治邊治藏政策。兩位調查員在向中央政府的呈報中，都提到了川邊吏治的現狀，並表達了他們對川邊選官任用的擔憂，如「宜飭四川將軍、及川邊鎮守使嗣後用人宜慎，以免借寇兵而賚盜糧也〔註112〕」，「今邊藏地方之知事出於某營官之錄事，或緣於某私人之私人，其學問、經驗全然沒有，將何以撫藏民等等。〔註113〕」另外，張毅鎮守使在 1914 年 12 月給中央政府的電文中也透露出邊吏不得人心，其中有：「噶倫喇嘛稟送達賴公文稱，前尹都督所派之督辦李俊在邊苛虐土司暨歷年邊軍彭幫統殘殺夷民，藏人番叛，是以釀出連年戰爭〔註114〕」。這在第二次康藏戰爭邊軍一敗塗地得以

〔註110〕　周開慶：《民國川事紀要》(1911 年～1936 年)，(臺北) 四川文獻研究社，1974年，第 175 頁。

〔註111〕　中國藏學研究中心等編：《元以來西藏地方與中央政府關係檔案史料彙編》(6)，中國藏學出版社，1994 年，第 2440 頁。

〔註112〕　周文藻：《西藏調查員周文藻回京所呈意見》，載張羽新、張雙志編：《民國藏事史料彙編》(第十四冊)，學苑出版社，2005 年，第 45 頁。

〔註113〕　李明絜：《籌藏政策》，北京正蒙印書局印刷本影印，1915 年，第 29 頁，載張羽新、張雙志編：《民國藏事史料彙編》(第十四冊)，學苑出版社，2005年，第 348 頁。

〔註114〕　《打箭爐張鎮守使電》(1914 年 12 月 29 日)，載《1899～1949 有關西藏專題歷史檔案彙編》(上)，內部資料，第 189 頁。

顯現，與此時吏治失去民心有一定關係。〔註115〕

（二）第二次康藏戰爭過程

1917 年 7 月〔註116〕，駐類烏齊漢藏兩軍在恩達縣（即類烏齊一帶）地方發生割草越界事件，炮隊隊長余金海〔註117〕把兩名藏軍押解到昌都。此時川邊軍隊駐昌都的首領是彭日升統領。彭日升，湖南衡陽人，鳳全事件時隨馬維騏調往巴安，1912 年升幫帶，後任昌都幫統、分統。藏軍噶倫喇嘛致函彭日升，要求釋放二人回防，免傷和好。彭統領沒有理睬噶倫喇嘛的要求〔註118〕，噶倫喇嘛再派員與彭日升交涉，謂釁由金海，別無意圖，只要各守防地，各將妄動之人自行懲儆，即算了事。然而，「彭統領怒詆之，誅番使三名，並在答函中寄去一個裝滿狗糞的信封」〔註119〕，彭日升繼續將割草越界事件升級，然後令余金海槍決被關押的藏軍士兵二人〔註120〕。顯然，事態迅速惡化，不久藏軍壓界，第二次康藏戰爭爆發。

此時正值川滇混戰，川中驅逐黔滇軍呼聲越來越高，川邊鎮守使殷承瓛派遣聶明德為幫統時，彭日升對其掣肘早已懷恨在心，彭日升借驅逐滇黔軍出川的名義，以其侄彭鬥勝率邊軍第五營直逼爐城，從而造成邊軍空虛。彭日升隨後於 8 月、9 月、10 月，抽調所部各營大舉入爐，攻擊殷使，聲罪殷承瓛為滇人，應予斥逐，扣關索餉，彭日升意在鎮守使之職位。〔註121〕另外，

〔註115〕 孫宏年：《中國西南邊疆的治理》，湖南人民出版社，2015 年，第 202 頁。

〔註116〕 也有說時間為 1917 年 9 月，見任乃強：《西康圖經》，載《任乃強藏學文集》（上冊），中國藏學出版社，2009 年，第 110 頁。

〔註117〕 其名也有寫作余清海，見劉贊廷：《三十年遊藏記》第 8 卷，載張羽新、張雙志編：《民國藏事史料彙編》（第二十冊），學苑出版社，2005 年，第 147 頁。

〔註118〕 有人認為：「彭日升身邊有一個強烈的民族主義情緒的上校（此人為張良臣，昌都失陷後跳河自殺），在這位上校的慫恿下，彭日升決定把此事鬧大。」見（英）阿拉斯太爾·蘭姆著，胡岩譯，鄧銳齡校：《臺克滿 1917～1919 年在昌都和絨壩岔的活動》，載王堯、王啟龍主編：《國外藏學研究譯文集》（第 16 輯），西藏人民出版社，2002 年，第 295 頁。

〔註119〕 查騫：《邊藏風土記》（卷三），中國藏學出版社，1990 年，第 16 頁。路易斯·金在其書中寫的是糞便（dung），見 Louis Magrath King, China in Turmoil, Studies in Personality, Heath Cranton limitied, 1927, pp.163。

〔註120〕 臺克滿認為彭日升挑起漢藏戰端目的：一是可得貨財供給，二是可獲得川邊鎮守使職務。參考 Teichman, E.高上祐譯，《西藏東部旅行記（續）》，《康藏前鋒》，1934 年第 12 期。

〔註121〕 查騫：《邊藏風土記》（卷三），中國藏學出版社，1990 年，第 16、21 頁。

「英國駐打箭爐副領事官臺克滿（Teichman）〔註122〕以遊歷爲名暗助藏人，隨處聯絡各地千百戶約定響應，以致川邊各縣藏人揭竿而起，而我方無暇救援，且邊軍久戍，餉械兩乏，軍心潰散，勢不能支。」〔註123〕還有，1917年下半年噶倫喇嘛降巴丹達通過拉薩和江孜通知了印度政府，印度迅速向藏人供應了50萬發0.303英寸口徑的子彈〔註124〕，「如果沒有那些相當新式的李·恩菲爾德步槍和印度政府供應的彈藥，那麼噶倫喇嘛的軍隊想要獲勝幾乎是不可能的」〔註125〕。這樣，各種不利因素加劇了邊軍走向潰敗。

　　邊軍久戍，軍無鬥志，又因分防多處，兵力單薄，戰火一開，逐難拒守。1918年1月藏軍攻陷類烏齊與察雅，2月陷恩達，昌都被圍，邊軍向陳遐齡告急。任乃強認爲陳遐齡向來憎恨邊軍，「幸其敗滅，抑糧械不救，昌都被圍兩月，附郭盡陷。援軍至理化、道孚者，皆停不進。彭向昌都乞和，繳械。〔註126〕」實際上，「1918年2月2日，陳遐齡被北洋政府正式任命爲川邊鎮守使〔註127〕」，此時四川都督劉存厚派遣他赴建昌，陳遐齡雖然已平張煦之變〔註128〕，但川內局勢不穩，陳遐齡還在建昌逗留。「3月20日陳遐齡提師回爐〔註129〕，急檄團長朱憲文、王政和兩軍進戰〔註130〕」。「4月19日，

〔註122〕　臺克滿（Eric Teichman，1884～1944年），又譯爲趙錫孟、臺克曼、竇錫孟等，1918年任打箭爐副領事官，1919年任英國駐北京公使館漢文秘書，1922～1936年任英國駐北京公使館漢文參贊，直至退休。1944年臺克滿被一名美國軍人槍殺。

〔註123〕　陸興祺：《西藏交涉紀要》（下編），1931年，第59頁，載張羽新、張雙志編：《民國藏事史料彙編》（第十五冊），學苑出版社，2005年，第313頁。

〔註124〕　（英）阿拉斯太爾·蘭姆著，胡岩譯，鄧銳齡校：《臺克滿1917～1919年在昌都和絨壩岔的活動》，載王堯、王啓龍主編：《國外藏學研究譯文集》（第16輯），西藏人民出版社，2002年，第294頁。

〔註125〕　（英）阿拉斯太爾·蘭姆著，胡岩譯，鄧銳齡校：《臺克滿1917～1919年在昌都和絨壩岔的活動》，載王堯、王啓龍主編：《國外藏學研究譯文集》（第16輯），西藏人民出版社，2002年，第297頁。

〔註126〕　任乃強：《康藏史地大綱》，載《任乃強藏學文集》（中冊），中國藏學出版社，2009年，第524頁。

〔註127〕　《民國川事紀要》（1911年～1936年），第206頁。

〔註128〕　1917年11月1日川邊寧遠屯墾使統領張煦宣佈獨立，自稱四川第七軍靖國軍軍長，宣告脫離北洋政府，傾向於孫中山南方政府（廣州中華民國軍政府），於是劉存厚調遣陳遐齡赴建昌攻擊張煦，不久張煦戰敗身亡。

〔註129〕　馮明珠：《中英西藏交涉與川藏邊情：1774～1925》，中國藏學出版社，2007年，第331頁。

〔註130〕　查騫：《邊藏風土記》（卷三），中國藏學出版社，1990年，第19頁。

彭日升力盡降藏〔註131〕」。藏軍繼續東進，試圖以武力佔領在西姆拉會議上所要求之地域。不久，英國駐打箭爐副領事官臺克滿，自發去昌都充當調停人，5月19日他到達昌都，見到了噶倫喇嘛並討論了停火的可能性，噶倫喇嘛提出只要能夠找到一位可以與之談判的中方代表，他歡迎停火。6月4日臺克滿在美國牧師謝爾頓（也稱史德文）醫生的陪同下，在芒康會見駐巴塘的劉贊廷分統，劉贊廷宣稱在臺克滿保證其安全的條件下，他自己準備前往昌都。8月11日，劉贊廷、臺克滿、噶倫喇嘛在昌都談判正式開始。8月19日，在臺克滿的「調停」下，劉贊廷與昌都噶倫強巴丹達〔註132〕簽訂了「十三條停戰條款」。其中規定：

> 三位代表身份分別爲：分統劉贊廷，係管駐巴塘漢兵之長，應任大中國交涉委員；噶布倫喇嘛降巴鄧打（即強巴丹達），係管藏兵之長，應任拉薩政府交涉委員；臺克滿係大英國領事，應任大英政府交涉委員。

> 漢藏暫時交界地方如下：巴安、鹽井、義敦、得榮、理化、甘孜、瞻化、爐霍、道孚、雅江、康定、丹巴、瀘定、九龍、定鄉、稻城等十六縣，與該處施東之地方，歸漢官管轄，藏軍文武不得駐紮該處之境內。查類烏齊、恩達、昌都、察雅、寧靜、貢覺、同普、鄧科、石渠、德格、白玉等縣，與該處迤西之地方，歸藏官管轄，漢軍文武官員不得駐紮該處境內。至雲南、青海，仍以舊界，現在

〔註131〕 彭日升降藏過程，一說爲「彭統派遣張實參謀與藏軍眞通代本等訂條約五款，大略是彭統繳槍後官兵一律送出爐關等等，然而彭軍繳械後藏軍不踐言，彭統留藏爲質。彭在藏數年，後氣疾死焉。」見王廷選：《昌都歷史述》，載趙心愚、秦和平、王川：《康區藏族社會珍稀資料輯要》（上），巴蜀書社2006年版，第446頁。另一說爲「1912～1913年駐藏辦事長官鍾穎丟掉西藏中部之後，不明智返回中國，1915年被袁世凱處死，彭將軍對此瞭解自己的處境。他決定不同其他被藏人俘虜的人們一同返回內地，而是在藏人的統治下過流放生活。」見（英）阿拉斯太爾・蘭姆著，胡岩譯，鄧銳齡校：《臺克滿1917～1919年在昌都和絨壩岔的活動》，載王堯、王啓龍主編：《國外藏學研究譯文集》（第16輯），西藏人民出版社，2002年，第297頁。還一說爲「1918年藏軍東侵，彭日升糧盡彈絕被俘，死於西藏得穆寺。」見《附二：彭日升小傳》，載陳家琎主編：《西藏地方志集成》（第2集），中國藏學出版社，1997年，第77頁。

〔註132〕 強巴丹達，又名強白丹達、降巴丹達等，1912～1922擔任西藏噶廈政府僧官噶倫，見（意）畢達克著，沈衛榮、宋黎明譯：《西藏的貴族和政府：1728～1959》，中國藏學出版社，2008年，第232頁。1913～1921或1918～1920年年擔任昌都總管。見王川：《西藏昌都近代社會研究》，四川人民出版社，2006年，第65頁。

不改。〔註133〕

劉贊廷簽訂此停戰協定時，川藏兩軍尚在絨壩岔激戰，陳遐齡初意，本欲戰勝藏軍，再圖議和，已派代表韓光鈞出使西藏，並否認劉贊廷所定之私約。1918 年 6 月到 9 月，陳遐齡集中 9 營兵力，未能戰退藏軍，10 月 10 日陳遐齡隨命韓光鈞與臺克滿、西藏代本在甘孜絨壩岔簽訂停戰四條，內容為：

> 第一條、漢藏長官均願和平辦理，漢軍退甘孜，藏軍退德格縣所管之境內。自退兵之日起，南北兩路漢藏各軍不得前進一步，停戰一年，聽候大總統與達賴喇嘛允否昌都交涉；
>
> 第二條、此係停戰退兵之條件，並非正式之和議條件；
>
> 第三條、定退兵日期以中曆 10 月 17 日至 10 月 31 日，藏曆 9 月 12 日至 9 月 26 日退完為止；
>
> 第四條、此次條議，以川邊鎮守使派出之交涉員韓光鈞、甲宜齋與西藏噶布倫派來之委員康曲洛桑、鄧竹、後藏代本卻讓、貞冬認定，英國副領事臺克滿為證人。
>
> 此條件立後，畫押人員必得立時呈報政府。〔註134〕

這就默認了藏軍佔領各縣既成事實，康藏分界線推向金沙江以東，1919 年西康實際所存，僅有甘孜、瞻化、巴安、鹽井、得榮、定鄉、稻城、理化、爐霍、道孚、丹巴、康定、瀘定、九龍 15 縣而已〔註135〕。任乃強對劉贊廷和陳遐齡派人分別簽訂條約後喪失地界的行為，憤恨地稱之為「盜賣之地界」〔註136〕。此後藏軍退入德格境內，漢兵亦退至甘孜所屬白利地方。

〔註133〕 《藏兵內侵英領乘機插手調停》，載中國藏學研究中心等編：《元以來西藏地方與中央政府關係檔案史料彙編》（6），中國藏學出版社，1994 年，第 2441～2442 頁。

〔註134〕 《藏兵內侵英領乘機插手調停》，載中國藏學研究中心等編：《元以來西藏地方與中央政府關係檔案史料彙編》（6），中國藏學出版社，1994 年，第 2443～2444 頁。

〔註135〕 1919 年義敦縣廢治，1934 年設復治委員，旋即失治，1939 年恢復設治。見甘孜州志編纂委員會：《甘孜州志》（上），四川人民出版社，1997 年，第 157 頁；佚名：《治理康區意見書》，載趙心愚、秦和平、王川：《康區藏族社會珍稀資料輯要》（上），巴蜀書社 2006 年版，第 372 頁；巴塘縣志編纂委員會：《巴塘縣志》，四川民族出版社，1993 年，第 15 頁。

〔註136〕 任乃強：《西康圖經》（境域篇），載《任乃強藏學文集》（上冊），中國藏學出版社，2009 年，第 110 頁。

　　第二次康藏戰爭是民國前期康區發生的重大事件，可以說是西藏地方取得了戰爭勝利，藏軍用武力基本實現了西姆拉會議上所要求的區域，將康藏邊界線推至金沙江以東。北路以絨壩岔，南路以寧靜山爲界。〔註137〕英人貝爾（也作柏爾）認爲：「西藏本可以復取西藏東南全境包括里郎、巴塘、里塘及其他合併於四川已歷兩百年之舊地。而西藏兵力尚不足與中國持久，故其爲前衛也不宜與中國稠密人口太爲接近〔註138〕」。這也是臺克滿倡議停戰的關鍵所在，避免出現民國初年川滇軍西征的局面，英人臺克滿均參與了 1918 年的兩次停戰協議，停戰界線也剛好與英人在西姆拉會議上劃分「內、外藏」界線基本一致，可以說「民七英領事臺克滿之調停也，莫不與所謂大西藏計劃有密切之關係。」〔註139〕但是絨壩岔條約是非正式的停戰條約，康藏邊界的緊張局勢並未完全停止。

　　由於絨壩岔停戰條約是暫時的，之後藏軍時不時東犯川邊。1919 年 11月，是時停戰期滿，藏軍已由各處徵兵，實行內犯，川省內部決裂，不能援助川邊，陳遐齡困守爐關，餉械斷絕。〔註140〕「1920 年 3 月，藏軍唆使鄉匪，千餘騎分路進攻理塘、雅江、稻城，復加兵白利、鄧柯各要隘，大有進窺甘孜、爐霍之勢。〔註141〕」1920 年，邊軍分統劉贊廷棄職，出滇北走，聯軍總司令唐繼堯委任劉贊廷爲川滇邊防司令之職，9 月 7 日劉贊廷就職，11 月 5 日劉贊廷抵達中甸，以侵擾邊南爲宗旨，聯絡南康喇嘛、鄉匪洛松登曾〔註142〕以及各縣夷民，大肆煽惑。〔註143〕1922 年秋，藏軍以康南匪盜爲內應再一次大規模地進擾川邊。道孚、甘孜、鄧柯一帶，里塘屬

〔註137〕　劉贊廷：《民六民七康藏戰事及交涉之實況》，《康藏前鋒》，1934 年第 2 卷第1 期。

〔註138〕　〔英〕柏爾：《西藏之過去與現在》，宮廷璋譯，商務印書館，1930 年，第 109頁。

〔註139〕　冷亮：《康藏劃界問題之研究》，載張羽新、張雙志編：《民國藏事史料彙編》（第十四冊），學苑出版社，2005 年，第 283 頁。

〔註140〕　朱繡：《西藏六十年大事記》，鉛印本，1925 年，第 57 頁。

〔註141〕　《川邊鎮守使陳遐齡報告藏兵進窺甘孜爐霍經派兵赴援部署各情電》（一九二〇年三月十日），北洋蒙藏院檔案（一〇四五）393，載《1899～1949 有關西藏專題歷史檔案彙編》（上），第 195 頁。

〔註142〕　羅松登曾（1894～1923 年），又名洛絨丁眞、洛松大窪，藏族，1914 年定鄉駐軍陳步三兵變時，委以「鄉城民兵統領」，1923 年洛絨丁眞手下降措尼馬派人將其暗殺。

〔註143〕　四川檔案館館藏檔案：民 196～03；四川省甘孜軍分區《軍事志》編纂委員會：《甘孜藏族自治州軍事志》，四川人民出版社 1999 年版，第 97 頁。

之西俄洛、火燒坡，巴塘之牛古渡，德榮之莽里、拉塘等地均發現藏軍蹤跡。〔註144〕1923年藏人在康藏沿線增兵勒稅，8月川邊鎮守使呈報：「江卡番官馬康提吉嗦使夷匪南康喇嘛糾黨，四出搶劫，恃眾拘捕，4月25日在鹽屬寧岩與我軍激戰五晝夜，該馬康提吉並暗派藏兵負槍助援，眾目共睹，幸我官兵奮力猛擊斃匪二百餘名，始行潰退。今日藏番在雜科增加番兵三百餘名，又於玉隆添駐番兵，似有意開釁。〔註145〕」1924年4月，陳遐齡盡調邊軍與川軍第三軍劉成勳部作戰，「藏番夷匪乘機掠殺，打箭爐一帶漢人及教堂、教民亦被害。〔註146〕」

二、民國前期兩次康藏戰爭之異同

民國前期康藏地區發生了兩次戰爭，他們既有異同點也有關聯性。關聯性主要表現在第一次康藏戰爭的結果為第二次康藏戰爭的發生埋下了伏筆，第一次康藏戰爭並沒有妥善解決康藏邊界爭端，雙方在瓦合山沿線對峙，並不斷增兵，英國又支持西藏槍械彈藥，「達賴喇嘛在西藏東部保持了一萬人左右的軍隊」〔註147〕，此時川邊軍隊除陸軍尚知紀律，其邊軍十一營係趙爾豐時期就已經戍守川邊，從未整頓，紀律逐漸鬆弛。再加邊軍日漸腐敗，藏民痛恨之，大有積重難返之勢〔註148〕，這些為第二次康藏戰爭埋下了隱患。下面主要論述這兩次康藏戰爭的異同點。

（一）民國前期兩次康藏戰爭的相同點

1. 川邊土司出現兩次復辟高潮。清末趙爾豐川邊「改土歸流」在名義上廢除了「土司」的名號，委派了朝廷的「流官」，但這並不意味著在實際上徹

〔註144〕 王海兵：《康藏邊疆政治格局演進中的戰爭與權力——1912～1939年康藏糾紛考察》，四川大學博士學位論文，2008年，第93頁。
〔註145〕《藏人不遵守條件增兵勒稅有關文件》（1923年8～10月），北洋蒙藏院檔案（一○四五）403，載《1899～1949有關西藏專題歷史檔案彙編》（上），第195～196頁。
〔註146〕《申報》第18361號，1924年4月12日。
〔註147〕 查爾斯·貝爾：《十三世達賴喇嘛傳》，馮其友等譯，西藏社會科學院西藏學漢文文獻編輯室，1985年，第199頁。
〔註148〕《北洋政府嚴飭川邊鎮守使嚴懲川兵在康巴奸搶妥為保護僧人等有關文電》（一九一四年六月～七月），北洋蒙藏院檔案（一○四五）376，載《1899～1949有關西藏專題歷史檔案彙編》（上），第165頁。

底消除了土司家族在地方社會的傳統權威〔註149〕。1912年川邊土司出現第一次復辟高潮，十三世達賴喇嘛發動藏軍東犯，並唆使土司、喇嘛反叛，川邊土司紛紛復辟，川邊相繼有十多縣被藏軍佔領。1912年6月川滇軍西征，不到3月川邊大部分地區得以平定下來，川邊鎮撫使尹昌衡統轄區域基本恢復到趙爾豐時期，但是部分被收繳了印信的土司們又恢復了舊有勢力；1918年第二次康藏戰爭結束時，「川邊鎮守使陳遐齡擔心緊鄰德格的甘孜等處會受到藏軍的誘惑，隨將趙爾豐收繳的印信號紙發還給該處的原土司，准其世襲。於是，康北甘孜地區的土司復辟。〔註150〕」

2. 英國勢力插手兩次康藏戰爭。第一次康藏戰爭期間，正當川滇軍取得節節勝利之時，英國駐京公使朱爾典向北洋政府提出五點備忘錄，阻止川滇軍西征，並迫使中國參加非法的中英藏三方會議（西姆拉會議），英國以不承認中華民國爲要挾條件，並切斷了中國赴藏途徑印度的通道，使得護理駐藏辦事長官陸興祺〔註151〕長期滯留在印度；第二次康藏戰爭期間，英國駐打箭爐副領事臺克滿未獲得中國當局許可，擅自闖入川邊交戰區域，先是獨自擬定停戰十三條協議，後參與絨壩岔協定，最終將藏軍已佔據的區域變成事實，基本實現了西藏尋求「自治」區域的範圍。

3. 康藏邊界向東推移。1910年趙爾豐奏請與藏人以江達爲界，由於藏人和駐藏大臣聯豫的反對，劃界未成。1911年傅嵩炑奏請康藏邊界以丹達山爲界，由於辛亥革命爆發，劃界未果。1912年秋恩達以西，八宿以南完全失守，第一次康藏戰爭結束後，康藏邊界向東推至察木多以西的類烏齊，川藏兩軍在瓦合山一帶對峙，瓦合山以西地方，爲藏軍佔據；第二次康藏戰爭結束後，康藏邊界推至北部達甘孜一帶，南部達寧靜山爲界，這條分界線也是民國時期藏軍在川邊暫時向東推進最遠的一次。

4. 康藏邊界爭端懸而未決。第一次康藏戰爭期間，由於英國勢力的阻擾，中央政府命令川滇軍停止西征，康藏邊界暫時處於川、藏軍對峙狀態，康藏邊界爭端沒有解決。接著在英國一手策劃的西姆拉會議上，中英藏三方也沒

〔註149〕 王娟：《化邊之困：20世紀上半期川邊康區政治、社會與族群》，社會科學文獻出版社，2016年，第173頁。

〔註150〕 甘孜縣志編纂委員會：《甘孜縣志》，四川科技出版社，1999年，第10頁。

〔註151〕 陸興祺，1913年4月2日被任命爲「護理駐藏辦事長官」，後擔任駐藏辦事長官，一直到南京國民政府成立。

有達成一致，會議宣告破裂；第二次康藏戰爭期間，英國再次插手康藏邊界事務，川邊和西藏地方簽訂的停戰協定也是暫時的，康藏邊界爭端依然沒有得到有效解決。這給後期中英關於康藏邊界持續交涉和第三次康藏戰爭的發生埋下了伏筆。

圖二：1918年川邊情勢圖

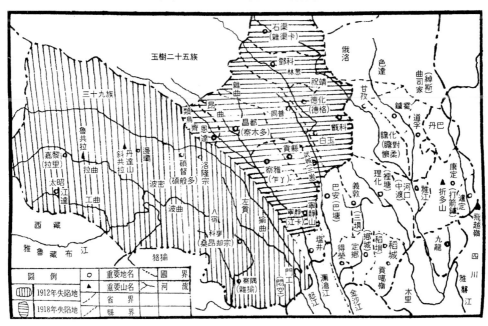

資料來源：馮明珠根據任乃強《西康圖經》（境域篇）（新亞細亞學會，1934年）第
　　　　　50頁附圖整理而得，見馮明珠：《中英西藏交涉與川藏邊情：1774～1925》，
　　　　　中國藏學出版社，2007年，第453頁。

（二）民國前期兩次康藏戰爭的不同點

1. 停戰方式不同。一般認為，1912年9月袁世凱政府下達川滇軍停止西征的命令視為第一次康藏戰爭停戰。由於《八一七備忘錄》的提出，9月袁世凱連續對川滇軍下達命令：「切勿過江達」。實際上1914年7月到1915年上半年西藏地方和川邊政府已經有數次和談，雙方約定相互撤退，恪守和平之意。另外，川藏兩軍沒有簽訂正式停戰協定；第二次康藏戰爭的停戰方式為川、藏兩地代表在英國人調停下簽訂了兩次停戰協定，停戰協定都是地方官員私下簽訂。第一次停戰協定是由劉贊廷擅自和昌都噶倫強巴丹達簽訂，劉贊廷簽訂停戰協議有自己的意圖，「當時劉贊廷之志，在保存自己地盤，以便

將來與陳遐齡爭西康政權，故先與藏方議和保境〔註152〕」。1920年劉贊廷棄職，出滇北走〔註153〕，11月劉贊廷統帥一軍與各地藏人遙相呼應，遂從雲南襲劫巴安，意圖竊據，是為驗證。第二次停戰協定是陳遐齡派代表韓光鈞簽訂，陳遐齡也有預謀，「陳遐齡之志，在滿足藏方希望，以絕後患，而便進取川地。」〔註154〕之後，陳遐齡電請恢復失地，從中央騙得槍彈後，即進攻四川，是為驗證。1918年9月18日，外務部致電駐英公使施肇基，令他向倫敦當局聲明三點，其中一條是：「北京政府並無委派鎮守使陳遐齡辦理議和，是該副領事（指臺克滿）意存乘機。〔註155〕」

2. 中央政府的介入程度不同。第一次康藏戰爭期間，袁世凱政府積極加入其中，從發令川滇軍西征到停止西征，中央政府還不斷與英國交涉，力圖打消英人顧慮。1917年北洋政府由對德宣戰問題引發府院之爭，接著張勳復辟，後段祺瑞不恢復《臨時約法》，孫中山南下另立政府。第二次康藏戰爭期間，正值南北政府對立，軍閥混戰，北洋政府政令不能下達，致使川邊呈現無政府狀態〔註156〕。第二次康藏戰爭爆發時，陳遐齡拍了幾十封電報給中央都杳無音訊，所以陳遐齡敢於私自簽訂停戰協定，也是中央政府無暇顧及川邊所導致的原因之一。

3. 參戰對象和交戰地點不同。第一次康藏戰爭主要涉及到川軍、滇軍、藏軍，川軍西征區域遍及川邊，滇軍西征區域主要集中在維西、中甸和鹽井；第二次康藏戰爭主要是川軍和藏軍交鋒，川軍此時可分為邊軍和陸軍，主要戰場在昌都、甘孜、巴塘等地。

總之，民國前期兩次康藏戰爭，其性質來說是國內地方之間的衝突，或者叫「省際爭端」，不是主權國家之間的邊界衝突。由於英國勢力的介入，也

〔註152〕 任乃強：《西康圖經》（境域篇），載《任乃強藏學文集》（上冊），中國藏學出版社，2009年，第112頁。

〔註153〕 四川省甘孜軍分區《軍事志》編纂委員會：《甘孜藏族自治州軍事志》，四川人民出版社，1999年，第97頁。

〔註154〕 任乃強：《西康圖經》（境域篇），載《任乃強藏學文集》（上冊），中國藏學出版社，2009年，第112頁。

〔註155〕 《西藏議約案》第六函，第二十七冊，民國七年九月十八日發駐英公使電，轉引馮明珠：《中英西藏交涉與川藏邊情：1774～1925》，中國藏學出版社，2007年，第344頁。

〔註156〕 馮明珠：《中英西藏交涉與川藏邊情：1774～1925》，中國藏學出版社，2007年，第330頁。

存在英國侵略西藏及其進一步分裂中國領土的危險性〔註 157〕。自清朝 1726
年雍正年間康藏劃界確定後，康藏邊界維持較長的平靜狀態，即使在後期出
現瞻對之亂都在中央政府的控制範圍內。清末由於列強對邊疆的滲透，清政
府對西南邊疆逐步重視起來，在川邊實施「改土歸流」，取得了積極效果。辛
亥革命後，國家處於鼎革之際，英國勢力強力介入西藏事務，唆使西藏意圖
「獨立」，後在西姆拉會議上西藏地方對康藏邊界提出新的要求，從而使得康
藏劃界變得複雜化，自此「康藏界務問題」成為後期中英關於西藏問題交涉
的重點內容。需要明確的是，民國前期西藏地方政府沒有與中央政府徹底決
裂過，雙方也沒有下定決心以武力解決西藏問題，北洋政府時期中英關於康
藏邊界交涉持續了近十年，最後還是交涉無果。另外，康藏邊界涉及到川、
藏、青三方，除川藏劃界分歧較大，青藏劃界也存在巨大分歧，尤其是青海
南部玉樹二十五族地區，自清朝雍正時期一直處於青海地方政府管轄，這與
西藏想要劃到「自治」區域存在嚴重矛盾，這也是中英關於康藏邊界交涉屢
議無果的原因之一。

〔註 157〕　周偉洲：《民國時期三次康藏戰爭研究》，載周偉洲主編：《西北民族論叢》（第
11 輯），社會科學文獻出版社，2015 年，第 110 頁。

第三章 1919～1922 年中英關於康藏邊界相關活動、交涉和邊情

第一節 中英代表赴藏活動對康藏邊界的影響

一、鄂羅勒默札布入藏

1919 年在甘肅代表團赴藏之前，中央政府已派遣新疆蒙古郡王鄂羅勒默札布成功赴藏〔註1〕，因其赴藏成績不佳，故相關記載較少。據《西藏史地大綱》記載：「民國八年，政府雖派鄂羅勒默札布郡王前往西藏，與達賴十三商榷，先允駐藏辦事長官陸興祺入駐拉薩辦事，但達賴十三堅持須俟中英間一切問題完全解決後，始能准陸氏入駐拉薩（陸氏自民國二年被任命後即駐印度，迄未入藏），此時礙難遽允。〔註2〕」正如《近代藏事研究》對此評述一樣，鄂羅勒默札布郡王進藏後，與十三世達賴喇嘛的會談成效不大。〔註3〕

鄂羅勒默札布（1885～1937 年），又名（音譯）鄂羅勒木札布、鄂羅勒默札布等，「1896 年承襲北路舊土爾扈特旗札薩克和碩布延圖親王爵，並充補盟長，因年級幼小，由其母巴雅爾署理。1906 年其正式接札薩克及盟長印」〔註4〕。

〔註1〕 鄂羅勒默札布，為新疆北路舊土爾扈特札薩克親王、盟長，似乎沒有獲得「郡王」稱號，本文沿用民國著作和報刊相關記載，對其仍作「郡王」稱呼。

〔註2〕 洪滌塵：《西藏史地大綱》，南京正中書局，1936 年，第 233 頁。

〔註3〕 喜饒尼瑪：《近代藏事研究》，西藏人民出版社，上海書店出版社，2000 年，第 373 頁。

〔註4〕 包桂芹：《清代蒙古官吏傳》，民族出版社，1995 年，第 915 頁。也有著作說其 1895 年承襲親王爵，此說法有誤，見高魁梧、崔銳鋒主編：《和布克賽爾蒙古自治縣志》，新疆人民出版社，1999 年，第 622 頁。《清實錄新疆資料輯錄》

1912 年大總統封其爲親王、盟長，1913 年和 1917 年兩次赴京值年班，1918 年赴察木多參加康藏邊界調停，1919 年入藏。1936 年其子多爾吉阿拉西患重病去世，鄂羅勒默札布因失獨子，「終日茶飯不思，借酒消愁，遂於 1937 年病逝」〔註 5〕。

1918 年 3 月昌都危急，陳遐齡屢派代表遞書達賴「久未得報」，6 月臺克滿誘使劉贊廷準備與昌都噶倫喇嘛談判期間，劉贊廷請求北洋政府速派代表赴川邊。在此背景下，中央政府派遣鄂羅勒默札布郡王爲西藏專員，赴川邊調停。蒙藏院某要人認爲：「鄂羅勒默札布赴藏（前藏）查看，該郡王出使係爲一種宣慰性質，非屬會議專使可比，預料雖可徵得藏中眞相，而於解決藏事斷無結局」〔註 6〕。據 1918 年 7 月 29 日的《申報》記載：「調停西藏專員鄂羅勒默札布率同隨員 19 名並衛兵等，於 20 日由新疆舊土爾扈特旗起程前往川邊〔註 7〕」，鄂郡王等人有可能於 7 月 20 日動身。8 月 15 日，昌都噶倫喇嘛聲稱等鄂郡王來察木多接洽後，打算將先前被俘的邊軍士兵送出察木多〔註 8〕。8 月 17 日，鄂羅勒默札布來電稱抵達前藏（應指察木多）〔註 9〕。8 月 19 日，劉贊廷與昌都噶倫喇嘛強巴丹達在臺克滿的插手下簽訂了十三條停戰協定，鄂羅勒扎布在察木多期間與噶倫喇嘛的商談未取得滿意結果。此時停戰協定雖簽，川藏兩軍仍在甘孜激戰，9 月鄂郡王致電中央政府：「調停正在著手，以拉薩爲調停地點，應請駐藏辦事長官陸興祺返拉薩參與會議，此間已經電陸長官，擬請中央續發電促其即日啟程」〔註 10〕。中央政府對此責令陸興祺致電英駐英公使施肇基，讓其速問英國政府再開西藏會議。10 月噶倫喇嘛向鄂郡王要求「巴塘、理塘政府不能駐軍，停止西藏劃分地界。〔註 11〕」

記載：「光緒二十二年十月甲申（二十三日 1896 年 11 月 27 日），以土爾扈特札薩克親王棟固魯布車德恩之子鄂羅勒木札布襲爵兼充盟長」，見新疆社會科學院民族研究所：《清實錄新疆資料輯錄》（第 11、12 冊），1978 年，第 5621～5622 頁；《德宗實錄》卷 396，載《清實錄》（第 57 冊），中華書局，1987 年，第 180 頁。

〔註 5〕 戰青、薩仁：《草原上的女親王》，載中國人民政治協商會議伊犁哈薩克自治州委員會文史資料委員會，《伊犁文史資料》（第 3 輯），1987 年，第 79 頁。

〔註 6〕 《申報》第 16350 號，1918 年 8 月 23 日。

〔註 7〕 《申報》第 16325 號，1918 年 7 月 29 日。

〔註 8〕 《申報》第 16342 號，1918 年 8 月 15 日。

〔註 9〕 《申報》第 16350 號，1918 年 8 月 23 日。

〔註 10〕 《申報》第 16376 號，1918 年 9 月 18 日。

〔註 11〕 《申報》第 16410 號，1918 年 10 月 22 日。

鄂郡王隨後電呈政府應請嚴厲駁斥。11月中央政府將西藏問題議案提出，分電川邊鎮守使陳遐齡、駐藏辦事長官陸興祺、西藏調查員鄂郡王，速與察木多噶倫喇嘛、英駐華領事臺克滿、劉贊廷分統分途接洽，以便籌劃速開西藏會議〔註12〕。鄂郡王在察木多協助辦理西藏問題依然無顯著成效，中央政府擬令西藏辦事長官陸興祺親赴拉薩，與達賴接洽，陸興祺要求入京面呈被拒。

　　1919年7月22日，鄂郡王兼任西藏宣撫使〔註13〕。鄂郡王入藏後，8月電呈中央政府：「十三世達賴喇嘛需等中藏種種問題完全解決後，駐藏辦事長官陸興祺方允入駐拉薩。」8月26日，中央政府令甘肅督軍張廣建派古浪倉赴藏，會同鄂郡王商准陸興祺駐拉薩，以便接洽一切〔註14〕。甘肅代表團赴藏活動也就此正式開展。10月8日，西藏調停員鄂羅勒默札布郡王還電告政府：「川藏未正式劃界以前，暫以察木多爲臨時界線，在察城設調停員辦公處。在察木多以西之川藏軍隊，自十一月一日起，三星期內撤回原駐地點，以待解決。〔註15〕」此時藏軍已經佔據察木多，鄂羅勒默札布的提議恐難以實施。10月15日外交部召開了藏事會議，「陳籙主席就鄂羅勒默札布和陳遐齡、陸興祺、熊克武四人來電對於界址擬有折中辦法，對於四人之條陳均有採擇，大約在德格、甘孜、巴塘、理塘以東各地方均屬川地，日內即將與英使正式談判」〔註16〕。此外，鄂羅勒默札布在貝爾使團入藏期間仍停留在拉薩，並多次受到十三世達賴喇嘛的接見，這一度引起貝爾的猜忌，貝爾以爲「他是類似伊犁的安班或地方長官，這可能不對」〔註17〕。貝爾還以爲他是促使中國和西藏達成永久協議而來〔註18〕。之後，就沒有鄂羅勒默札布郡王在藏任何消息了。

　　總之，鄂羅勒默札布郡王赴藏雖沒取得顯著成效，但是在中央政府尋求改善與西藏地方的關係中邁開了積極的一步，期間他還向中央政府條陳了川

〔註12〕《申報》第16447號，1918年11月28日。

〔註13〕《申報》第16677號，1919年7月24日。

〔註14〕《申報》第16710號，1919年8月26日

〔註15〕《申報》第16754號，1919年10月9日；《西藏交涉事件》，《學生》，1919年第6卷第11期。

〔註16〕《申報》第16763號，1919年10月18日。

〔註17〕（英）阿拉斯太爾·蘭姆著，胡岩譯，鄧銳齡校：《1919～1922：前往拉薩的甘肅使團和貝爾使團，對西藏的武器供應》，載王堯、王啓龍主編：《國外藏學研究譯文集》（第17輯），西藏人民出版社，2004年，第149頁。

〔註18〕周偉洲主編：《西藏通史·民國卷》，中國藏學出版社，2016年，第141頁。

邊和西藏意見，具有一定的參考價值。鄂羅勒默札布郡王先後以「西藏調查員」、「西藏宣慰使」、「西藏調停員」的身份，兩次千里赴藏接洽，他對於川邊停戰和藏案的解決作出了不懈努力。

二、甘肅代表團入藏

1919 年第一次世界大戰結束後，戰勝國在巴黎召開和平會議。其中，巴黎和會提出將德國在山東的一切權利讓與日本，這一消息傳至國內，全國爲之譁然，「五四」運動隨即爆發，全國掀起了一股強烈的愛國主義思潮。「五四」運動致使中央政府的西藏政策趨於強硬，「結束了過去七八年以來在西藏問題上的妥協、退讓政策，中央政府直接拒絕與英國再行開議藏案，同時另尋改善與西藏地方關係的路徑。〔註19〕」

1919 年 9 月，隨著川邊停戰協定即將屆滿，中央政府隨後向各省發佈「歌電」，通告 1914 年西姆拉會議以來的中英關於康藏邊界交涉內容，9 月 25 日外交部召開了藏事會議〔註20〕，討論如何解決藏案。幾乎同時，中央政府通過甘肅督軍派人直接赴藏，防止川藏再起衝突，試圖從另一渠道解決藏案。

1919 年 9 月 22 日，甘肅代表團從青海湟源出發，《海藏紀行》記載朱繡出藏的情景：「余奉甘督張勳帥之命，出使西藏，遂於陰曆閏七月二十九（公曆 9 月 22 日），由湟源啓行。〔註21〕」實際上，「1919 年春甘肅方面已有派人入藏的打算，5 月底、6 與初，甘肅督軍張廣建召請青海寧瑪派活佛古浪倉和格魯派活佛拉布堅贊等赴蘭州會面，商議入藏事宜。〔註22〕」8 月甘肅督軍張廣建致達賴函：「邇聞川邊與藏境因細故齟齬，致動兵革，現雖停戰，而雙方仍然戒備，此必有不得已之故⋯⋯故不嫌冒昧敬奉此函，並特派管理甘肅青海紅教佛僧古浪倉、管理玉樹三十六族佛僧拉卜尖貢倉、本署軍事諮議李仲

〔註19〕　周偉洲：《1919～1920 年李仲蓮、朱繡等奉命入藏事件論析》，《西藏民族學院學報》（哲學社會科學版），2015 年第 2 期。

〔註20〕　馮明珠在《中英西藏交涉與川藏邊情 1774～1925》（中國藏學出版社，2007，第 359 頁）提出是 9 月 25 日，另一說是 10 月召開，見陳啓圖：《十二年藏事見聞錄》，載趙心愚、秦和平：《清季民國康區藏族文獻輯要》（上），四川民族出版社，2003 年，第 224 頁。

〔註21〕　朱錦屏：《海藏紀行：自湟源至結古》，《新青海》，1932 年第 1 卷第 2 期。

〔註22〕　旦增編著：《歷代古浪倉傳》，甘肅民族出版社，1994 年，第 213 頁，轉引邱熠華：《1919～1920 年甘肅代表團入藏史事探析》，《中國藏學》，2013 年第 S2 期。

蓮、軍事參事朱繡前赴臺端，代陳悃款。〔註23〕」除了李仲蓮、朱繡和兩位甘肅紅教活佛，還有大約三十名隨員〔註24〕。

　　就在甘肅代表團出使之時，英國官員路易斯·金在川邊地區遊歷，「他敦促噶倫喇嘛強巴丹達在甘肅代表團最終抵達西藏邊界的時候進行阻攔，然而十三世達賴喇嘛卻做了截然相反的決定，他命令噶倫喇嘛允許甘肅代表團成員通過，並告知路易斯·金：『因爲他們僅僅是來送禮的，絕不是一支外交隊伍或談判人員。』〔註25〕」這樣，「甘肅代表團獲准於 1920 年元旦前後通過邊境，將近元月底時進入拉薩」〔註26〕。

　　1920 年 1 月 15 日，甘肅代表團到達拉薩〔註27〕，對此《海藏紀行》記載：「十一月廿五日（農曆），晴，早六時，由浪蕩宗啓程……經札什灘，六十里抵達拉薩大昭之南，住於柏林公寓。〔註28〕」而朱繡《西藏六十年大事記》記載甘肅代表團達到拉薩時間爲 11 月 24 日〔註29〕，後世著作多引用此時間，實爲誤用〔註30〕。

　　12 月 5 日（藏曆），甘肅代表團抵達拉薩十天後，十三世達賴喇嘛首次接見甘肅代表團，之後相互之間還有數次見面。〔註31〕據李仲蓮電文中顯示，

〔註23〕《甘肅張廣建至達賴函》（1919 年 8 月），載北京大學歷史系等編：《西藏地方歷史資料選輯》，三聯書店，1963 年，第 314 頁。

〔註24〕（英）阿拉斯太爾·蘭姆著，胡岩譯，鄧銳齡校：《1919〜1922：前往拉薩的甘肅使團和貝爾使團，對西藏的武器供應》，載王堯、王啓龍主編：《國外藏學研究譯文集》（第 17 輯），西藏人民出版社，2004 年，第 139 頁。

〔註25〕Alastair Lamb.Tibet,China &India,1914〜1950, A History of Imperial Diplomacy, Roxford Books, 1989, P.106. 轉引梁俊豔：《20 世紀初英國官員路易斯·金及其涉藏活動》，《中國藏學》，2016 年第 2 期。

〔註26〕（英）阿拉斯太爾·蘭姆著，胡岩譯，鄧銳齡校：《1919〜1922：前往拉薩的甘肅使團和貝爾使團，對西藏的武器供應》，載王堯、王啓龍主編：《國外藏學研究譯文集》（第 17 輯），西藏人民出版社，2004 年，第 140 頁。

〔註27〕《國內大事記》，《新中國》，1920 年第 2 卷第 3 期。

〔註28〕朱繡：《海藏紀行：由結古至拉薩》，《新青海》，1933 年第 1 卷第 5 期。

〔註29〕朱繡：《西藏六十年大事記》，1925 年油印本，第 57 頁。

〔註30〕根據《海藏紀行》以及民國報刊記載爲 1920 年 1 月 15 日，見《國內大事記》，《新中國》，1920 年第 2 卷第 3 期，第 206 頁；英國印度事務部檔案也是記載爲 1920 年 1 月，見 L／P&S／10／218 P4443／1920；還有現人研究成果，依據朱繡和古浪倉的漢藏文記錄，也可推斷，見邱熠華：《1919〜1920 年甘肅代表團入藏史事探析》，《中國藏學》，2013 年第 S2 期。

〔註31〕邱熠華：《1919〜1920 年甘肅代表團入藏史事探析》，《中國藏學》，2013 年第 S2 期。也有記載爲 1920 年 1 月 19 日，也就是甘肅代表團達到拉薩後 4 天面見達賴。見《國內大事記》，《新中國》，1920 年第 2 卷第 3 期。

李仲蓮等人與達賴喇嘛提出「磋商派人赴京解決川藏各事，藉以解決嫌疑，聯絡感情」〔註32〕，十三世達賴喇嘛認爲事關重大，「後令三大寺及大眾特派代表僧俗五人與甘肅代表團一起，在大眾公所連開會議三次，感情頗好，前嫌盡釋。會議期間，西藏代表最初一再堅持無效的《西姆拉條約》，要中央政府追認，經李仲蓮等多方辯駁，持議不決，停會十餘日。〔註33〕」由於絨壩岔停戰協定期滿已久，刻下雙方準備待戰之際，最後雙方議定：「一面由甘肅代表團稟呈大總統，請飭駐紮結古軍隊靜守邊界，暫緩進兵，並轉呈大總統電令四川所屬各邊界官軍，暫持防守主義，以俟和平解決；一面由達賴令飭昌都統兵官噶布倫亦持防守主義，不得輕開戰端。所有議決雙方停戰以俟和平解決各緣由，可否之處，伏候大總統裁示〔註34〕」。接著，雙方均按此議通過有關方面，下達了暫時停戰的飭令。〔註35〕

1920 年 4 月甘肅代表團離藏，臨行之際達賴爲其餞行，聲稱：「此次貴代表等來藏，余甚感激，惟望大總統從速特派全權代表解決懸案，余誓傾心內向，同謀五族幸福，至西姆拉會議草案，亦可有修改云云。〔註36〕」4 月 27 日，甘肅代表團離開拉薩，經玉樹返回甘肅〔註37〕。甘肅代表團回甘後，呈報西藏詳細報告，適逢直皖戰爭，政潮未息，國務院無暇顧及此事，藏案依舊未得到解決。

甘肅代表團入藏是民國西藏史上的重要事件，因而它具有重大歷史意義。甘肅代表團雖不是中央政府代表團，但是由中央政府授權許可的，被認爲是「民元以來內地有政府官員身份的人員第一次進藏。」〔註38〕其歷史意義主要體現在兩點：

〔註32〕 邱熠華：《1919～1920 年甘肅代表團入藏史事探析》，《中國藏學》，2013 年第 S2 期。

〔註33〕 《照抄李、朱二員呈稿》（1920 年 9 月 9 日），北洋政府蒙藏院檔案，一〇四五 390，轉周偉洲：《西藏通史·民國卷》，中國藏學出版社，2016 年，第 132 頁。

〔註34〕 《李仲蓮等爲入藏議定停戰和平解決爭端事稟甘肅督軍張廣建轉呈大總統函稿》（1920 年 4 月 8 日），載中國藏學研究中心：《元以來西藏地方與中央政府關係檔案史料彙編》（6），中國藏學出版社，1994 年，第 2453～2454 頁。

〔註35〕 《張廣建密電》（1920 年 7 月 1 日），北洋政府蒙藏院檔案，一〇四五／390。

〔註36〕 朱繡：《西藏六十年大事記》，1925 年油印本，第 58 頁。

〔註37〕 （英）阿拉斯太爾·蘭姆著，胡岩譯，鄧銳齡校：《1919～1922：前往拉薩的甘肅使團和貝爾使團，對西藏的武器供應》，載王堯、王啓龍主編：《國外藏學研究譯文集》（第 17 輯），西藏人民出版社，2004 年，第 143 頁。

〔註38〕 祝啓源、喜饒尼瑪：《中華民國時期中央政府與西藏地方的關係》，中國藏學出版社，1991 年，第 60 頁。實際上，在此之前北洋政府已派遣鄂羅勒默札布成功入藏。

第一，「甘肅代表團與十三世達賴喇嘛、九世班禪等為代表的西藏僧俗上層領導的交談，聯絡了感情，疏通了關係，解釋了嫌疑，有利於舒緩雙方多年積累的隔閡，改善了民國政府與西藏地方之間的關係〔註39〕」。從李仲蓮等人回來的呈報中得知，「西藏內部本係新舊兩派，舊派者居十分之七，新派者居十分之二三，舊派以藏王及總堪布、三大寺為最有勢力者，多數尚有思念故國之意。新派以四噶布倫為最，常受英人愚弄，藉為護符。李仲蓮等人在藏期間，將最近英人公使在京所提各條面詢達賴，達賴並不明情，足見英人從中作祟，殊非藏人本心反抗中國也。〔註40〕」此外，英國原駐錫金官員貝爾認為：「這是自1910年中國軍隊迫使達賴喇嘛流亡以來絕無僅有的事件，也是英藏關係倒退的一個表現。〔註41〕」

第二，有利於緩解川藏對峙的緊張局勢，維護康藏邊界和平。甘肅代表團入藏前，1919年8月，中國加強在前線（如昌都、玉樹）的軍事力量，西寧將軍準備進攻玉樹，以加強在南青海湖的地位和抵抗藏軍的進攻。〔註42〕9月，停戰接近期滿，藏人向昌都以東增兵警戒〔註43〕，並由各處徵兵，大有內犯之勢。1920年3月，藏軍千餘騎分撲理塘、雅江、稻城，復加兵白利、鄧柯要隘，進窺甘孜、爐霍之勢。〔註44〕此時甘肅代表團在藏商談川藏和平事宜，「雙方同意仍依照民國七年暫行停戰條件，略加修改，取消停戰期限，亦聲明川藏兩軍賡續停止戰事，暫以雅礱江為界，嗣後川藏兩軍非舉大總統及達賴喇嘛之命令，不得前進。〔註45〕」這樣康藏邊界大規模戰爭得以停止，

〔註39〕　邱熠華：《1919～1920年甘肅代表團入藏史事探析》，《中國藏學》，2013年第S2期。

〔註40〕　《李仲蓮朱繡呈報抵藏情形文》（1920年9月），載中國藏學研究中心：《元以來西藏地方與中央政府關係檔案史料彙編》（6），中國藏學出版社，1994年，第2456頁。

〔註41〕　〔英〕查爾斯・貝爾：《十三世達賴喇嘛傳》，馮其友譯，西藏社會科學院西藏學漢文文獻編輯室，1985年，第207頁。

〔註42〕　《英駐北京公使朱爾典致英國外交部第455號電》（1919年8月19日），L／P&S／10／715 P.3135（？）／1919，《英國印度事務部檔案館有關西藏檔案題解及選譯》，中國藏學研究中心歷史所，2005年，第36頁。

〔註43〕　陳啓圖：《十二年藏事見聞錄》，載趙心愚、秦和平：《清季民國康區藏族文獻輯要》（上），四川民族出版社，2003年，第223頁。

〔註44〕　《川邊鎮守使陳遐齡報告藏兵進窺甘孜爐霍經派兵赴援部署各情電》（一九二〇年三月十日），北洋蒙藏院檔案（一〇四五）393，載《1899～1949有關西藏專題歷史檔案彙編》（上），第195頁。

〔註45〕　朱繡：《西藏六十年大事記》，1925年油印本，第58頁。

但由於貝爾使團入藏後的影響，藏軍規模擴大，康藏邊界仍時有小規模的衝突，這樣康藏之間暫時維持了近十年相對和平的狀態，直到第三次康藏戰爭爆發。

三、貝爾使團入藏

甘肅代表團入藏引起了英國的惶恐不安，「1920 年 1 月 10 日，當甘肅代表團還在拉薩的路上，正在中國內地的英國駐華領事館官員路易斯・金（L.King）第一次回見噶倫喇嘛強巴丹達，匆忙致函英國駐華公使朱爾典，他認為甘肅代表團抵達拉薩對英國十分不利，應勸說西藏人將代表團遣還，並立即派一名英國官員到拉薩去。他毛遂自薦，願意立刻從成都或印度出發至拉薩〔註 46〕」。2 月，英國駐華副領事臺克滿（E.Teichman）也堅決主張立刻派員奔赴拉薩。4 月初，暫時負責英駐華公使館的蘭姆遜（M.Lampson）致電英外交部，正式建議派一名政府官員去拉薩〔註 47〕。對於甘肅代表團成功入藏活動，英人貝爾認為：「西藏政府終於在中國人一直向其施加的壓力面前屈服了，並允許中國外交使團前來拉薩〔註 48〕」；「自是中國在拉薩之影響漸大……藏人因吾等冷眼相覷，幾全失望。中國使者已設法腐化西藏與其人民之心，使之反英。〔註 49〕」

對於英國政府而言，路易斯・金〔註 50〕、臺克滿、查爾斯・貝爾三位皆可作為派往西藏的人選，路易斯・金和臺克滿都擔任過英國駐打箭爐官員，在康區都有調查和遊歷經驗，對川邊地區形勢較為熟悉。路易斯・金不僅瞭解邊界局勢，還懂藏語和漢語。臺克滿在康區和四川邊界一帶的藏人和漢人中贏得了很高的威望。享有「西藏通」聲譽的貝爾，駐錫金政治官員，精通藏語，自 1910 年起就與十三世達賴喇嘛私人關係密切，相比較前兩位，查爾斯・貝爾最終獲得英印政府的青睞，成為赴藏最佳人選。

〔註 46〕　IOR, L/P&S/10/716, L.King to Jordan, 10 January 1920。

〔註 47〕　IOR, L/P&S/10/716, Lampson to Foreign Office, 7 April 1920。

〔註 48〕　〔英〕查爾斯・貝爾：《十三世達賴喇嘛傳》，馮其友譯，西藏社會科學院西藏學漢文文獻編輯室，1985 年，第 207 頁。

〔註 49〕　〔英〕柏爾：《西藏的過去和現在》，宮廷璋譯，商務印書館，1930 年，第 113～114 頁。

〔註 50〕　路易斯・金（Louis Magrath King，1886～1949 年），又名慶路易，金路易等，1913 年 10 月至 1916 年 1 月，1919 年 10 月至 1922 年 11 月，兩次擔任打箭爐特別助理，1921 年被授予領事頭銜，1924 年退休。

英國一直覬望於三方會談解決藏案，而北京政府直接與西藏接觸會減弱英國在西藏的影響力，英國一直想把西藏打造成英屬印度的「緩衝國」，英方對此迫不及待要派人赴藏，以抵消甘肅代表團在藏的影響。貝爾認爲：「設吾往拉薩，吾能與達賴及其政府中人私談解釋種種，亦竭力挽回信用交誼。〔註51〕」另外，「對英國而言，由於第一次世界大戰後，英國駐華公使催促中方召開藏案的方法未能奏效，英方一直尋求新的對藏政策和方法〔註52〕」。此時甘肅代表團入藏爲英國派人入藏提供了新的機會，因而促成了 1920 年底英人貝爾入藏活動。

1919 年 3 月貝爾就已經退休，自 1920 年 1 月起，貝爾再度回到了甘托克，甘托克是錫金政治官的駐地，他翹首以待前往西藏首府的命令。1920 年 10 月，貝爾終於接到了要其準備前往拉薩的指令。11 月 1 日，貝爾使團自亞東啓程，11 月 17 日（藏曆十月六日），貝爾使團五人到達拉薩，其他四人分別是肯尼迪醫生、私人助理賴依·巴哈杜爾·阿珠次仁、帕拉色、醫生德耶爾，其中德耶爾醫生到達西藏很快就返回錫金了。〔註53〕11 月 19 日，這是一個由占卜決定的日子，貝爾等人拜見了十三世達賴喇嘛，之後貝爾與十三世達賴喇嘛進行多次密談，提出擴編藏軍、增加稅收等一系列西藏改革問題。其中，貝爾認爲要維持西藏自治權就必須加強自衛實力，他提出：「論及西藏自衛之實力，現西藏軍隊僅五千人，殊不足用，吾意財政準備充裕時，當逐漸增至一萬五千人左右，此似爲最低數額，不如此不足以平內亂而禦外侮〔註54〕」；「這支軍隊主要是抵禦中國，也抵禦尼泊爾。〔註55〕」1921 年 1 月 25 日，十三世達賴喇嘛告訴貝爾：「議會（西藏民眾大會）已經結束了他們關於增加軍隊的辯論，他們建議每年招募五六百名士兵，使總人數達到一萬七。〔註56〕」貝爾鼓動達賴擴軍的主張終於實現。

〔註51〕〔英〕柏爾：《西藏的過去和現在》，宮廷璋譯，商務印書館，1930 年，第 114 頁。

〔註52〕邱熠華：《1919～1920 年甘肅代表團入藏史事探析》，《中國藏學》，2013 年第 S2 期。

〔註53〕〔英〕查爾斯·貝爾：《十三世達賴喇嘛傳》，馮其友譯，西藏社會科學院西藏學漢文文獻編輯室，1985 年，第 209 頁。

〔註54〕〔英〕柏爾：《西藏的過去和現在》，宮廷璋譯，商務印書館，1930 年，第 119 頁。

〔註55〕〔英〕查爾斯·貝爾：《十三世達賴喇嘛傳》，馮其友譯，西藏社會科學院西藏學漢文文獻編輯室，1985 年，第 243 頁。

〔註56〕〔英〕查爾斯·貝爾：《十三世達賴喇嘛傳》，馮其友譯，西藏社會科學院西藏學漢文文獻編輯室，1985 年，第 245 頁。

　　1921 年 1 月和 2 月，貝爾先後給英印政府提交兩份入藏報告，英國政府、英印政府和英國駐華公使在貝爾報告的基礎上反覆磋商，導致了 1921 年 8 月 26 日《寇松備忘錄》的出臺，英國企圖承認西藏是「中國宗主權下的自治邦」，並與之直接交往和簽訂協議。〔註57〕9 月 10 日，外交部致英使館電，婉拒英使續議藏案的要求。電文提到：「現在內外情形比民國四年、八年尤形困難，勉強開議，不易結束，況太平洋會期甚迫，籌備已日不暇給，倫敦顧使（顧維鈞）目前亦職務紛繁，所以本案無論在京、在英，皆非最短期間內所能兼顧辦理。本政府意見俟太平洋會議後必設法及早開議。〔註58〕」英國對中國的回覆很快做出對策，10 月 11 日貝爾致達賴喇嘛函，此函通告西藏，英國政府同意西藏分批購置軍火，列出清單爲：10 門山炮，20 挺機槍，10000 支步槍和 1000000 發小型子彈。〔註59〕

　　貝爾使團入藏並不是一帆風順，1921 年傳昭法會期間發生了廣大僧俗民眾「殺死貝爾」的插曲，但是西藏上層最終還是採用了貝爾諸多建議，如「開通江孜至拉薩之間的電報線路，在江孜舉辦英文學校，批准英國登山隊入境攀登珠峰等一系列要求〔註60〕」。1921 年 10 月 19 日，貝爾等人離藏〔註61〕。貝爾使團入藏，目的是以西藏「自治」的名義將西藏納入英國的勢力範圍，同時使它盡可能成爲附屬國〔註62〕，期間貝爾爲十三世達賴喇嘛「建言獻策」，英國願意給西藏提供武器和訓練士兵，都是爲了武裝西藏，試圖「幫助」西藏從川邊康藏戰爭中多得一些「領土」〔註63〕。貝爾等人入藏的結果可以得出，短期內英國在西藏的影響力隨之進一步擴大。

〔註57〕　周偉洲：《西藏通史‧民國卷》，中國藏學出版社，2016 年，第 145 頁。

〔註58〕　《外交部爲答覆英使緩議節略内容致英使館電》（1921 年 9 月 10 日），載中國藏學研究中心：《元以來西藏地方與中央政府關係檔案史料彙編》（6），中國藏學出版社，1994 年，第 2464 頁。

〔註59〕　《駐西藏特別行動政務官員貝爾致印度外交和政治部長第 100－C 號函》（1921 年 10 月 12 日），L／P&S／10／717 P.5241／1921，《英國印度事務部檔案館有關西藏檔案題解及選譯》，中國藏學研究中心歷史所，2005 年，第 71 頁。

〔註60〕　邱熠華：《1919～1920 年甘肅代表團入藏史事探析》，《中國藏學》，2013 年第 S2 期。

〔註61〕　〔英〕查爾斯‧貝爾：《十三世達賴喇嘛傳》，馮其友譯，西藏社會科學院西藏學漢文文獻編輯室，1985 年，第 339 頁。

〔註62〕　〔加拿大〕譚‧戈倫夫：《現代西藏的誕生》，伍昆明、王寶玉譯，中國藏學出版社，1990 年，第 102 頁。

〔註63〕　周偉洲：《西藏通史‧民國卷》，中國藏學出版社，2016 年，第 152 頁。

貝爾使團入藏對康藏邊界局勢產生一定的影響，由於藏軍軍隊的擴大和英國對西藏武器的供應，藏軍在康藏邊界不斷給川軍帶來巨大壓力。1921年前後康藏邊界小規模衝突不斷，與貝爾入藏影響不無相關。《西藏史地大綱》記載：「1920年12月，藏人遂有大舉入寇，邊軍剿制乏力，邊藏所屬之昌都、德格、巴塘、里塘等地，遂先後又被佔據。而康定、瀘定、雅江各地亦時受虛驚。陳遐齡雖設法進剿，卒以實力不足，未能撲滅。1922年秋，道孚、甘孜、登科一帶，里塘屬之西俄洛、火燒坡，巴塘屬之牛舌度，德榮屬之莽里、拉塘等地，均有大顧番匪之發現，盤踞要寨，肆行劫掠。定鄉一帶匪氛尤為猖獗。〔註64〕」1923年藏人不遵守條件（絨壩岔停戰條件）在康藏沿線增兵勒稅，8月川邊鎮守使呈報：「江卡番官馬康提吉嗾使夷匪南康喇嘛糾黨，四出搶劫，恃眾拘捕，4月25日在鹽屬寧岩與我軍激戰五晝夜，該馬康提吉並暗派藏兵負槍助援，眾目共睹，幸我官兵奮力猛擊斃匪二百餘名，始行潰退。今日藏番在雜科增加番兵三百餘名，又於玉隆添駐番兵，似有意開釁。……邊藏界務至今尚未解決，自該番佔據各縣後迭據人民先後賴爐，伸訴受其苛虐。〔註65〕」10月北洋政府令川邊鎮守使轉諮達賴喇嘛，「飭令該番官等剋日撤回邦木塘駐兵，並取消鄧柯甲宜頂稅卡，不得勒指抽收，暨無故增兵，以後務恪遵條件，各守原防，永敦和好。〔註66〕」

第二節 1919～1922年中英關於康藏邊界交涉

一、「五四」運動後中英關於康藏邊界交涉

從西姆拉會議開始，民國前期中英關於康藏邊界交涉持續了近十年。西姆拉會議由於雙方爭議過大而流產，1915年袁世凱為復辟帝制，設法主動和英國商議續議藏案，以換取英國的支持。中英雙方在商談過程中認為差距過大，依舊沒有達成一致意見，此時歐戰正酣，英國正陷入戰火之中，也無暇

〔註64〕 洪滌塵：《西藏史地大綱》，南京正中書局，1936年，第229頁。

〔註65〕《藏人不遵守條件增兵勒稅有關文件》（1923年8～10月），北洋蒙藏院檔案（一
　　　○四五）393，載《1899～1949有關西藏專題歷史檔案彙編》（上），第195～
　　　196頁。

〔註66〕《藏人不遵守條件增兵勒稅有關文件》（1923年8～10月），北洋蒙藏院檔案（一
　　　○四五）393，載《1899～1949有關西藏專題歷史檔案彙編》（上），第195～
　　　196頁。

顧及藏案。1916 年袁世凱在憂憤中病逝，中英西藏交涉暫時擱置起來。直到
第二次康藏戰爭期間，中英關於康藏邊界交涉重新開啓。1918 年 7 月，英國
駐華公使朱爾典拜見國務總理段祺瑞，申明希望繼續開議，所提標準則依據
從前英國政府所提最後之修正條件，外務部查案得知，「該使主張按照英國方
面最後修正之案，較之民國四年中國政府提出界務最後讓步辦法各端相去懸
殊，難以續議。〔註 67〕」當時正值南北政爭甚烈，各國又盡力對德作戰，續
議藏案，尚非時機，段祺瑞再次面告英使俟時局稍定，方能從容續議。

　　1918 年 8 月底，川邊分統劉贊廷和英國駐打箭爐副領事官臺克滿議定川
邊停戰協定的消息傳至北京，9 月外務部致電駐英公使施肇基，令他向倫敦當
局聲明三點：「（一）北京政府並無委派鎮守使陳遐齡辦理議和，是該副領事
意存乘機；（二）現中、英兩國協商，歐戰期內，彼此無暇解決藏事，俟和平
恢復，再行開議；（三）本此原則向英外交部切實聲明，並請英政府電令朱使，
告誡該副領事勿再生事。〔註 68〕」由此可見，北洋政府無意在南北議和前與
英國解決康藏邊界爭端。〔註 69〕自 1918 年 2 月到 12 月，英國駐華公使朱爾
典向中國外交部催議達九次之多，均經外交部婉詞拒絕。〔註 70〕

　　隨著 1917 年 11 月（俄曆 10 月）俄國十月革命的勝利和 1918 年 11 月第
一次世界大戰的結束，國際關係的格局發生了重大變化。戰勝國需要重新分
割世界，以維護戰勝國的利益和戰後世界和平的新秩序。1919 年 1 月 18 日巴
黎和會在凡爾賽宮召開，巴黎和會期間戰勝國對戰敗國締結合約，其中凡爾
賽和約規定：將德國在山東的一切權利全讓與日本，此消息傳到中國國內，
掀起了著名的「五四」愛國運動，最後中國代表拒絕在條約上簽字。1919 年
英國不斷催促北京政府續議藏案，「五四」運動後北洋政府對續議藏案的態度
從妥協、退讓轉為趨於強硬。

〔註67〕　《關於西藏界務中英最近之商榷》，載中國藏學研究中心等編：《元以來西藏地
　　　　　方與中央政府關係檔案史料彙編》（6），中國藏學出版社，1994 年，第 2444
　　　　　頁。
〔註68〕　《西藏議約案》第六函，第 27 冊，民國七年九月十八日發駐英公使電，轉引
　　　　　馮明珠：《中英西藏交涉與川藏邊情 1774～1925》，中國藏學出版社，2007，
　　　　　第 344 頁。
〔註69〕　此南北議和為北洋政府與孫中山成立的廣州軍政府之間的議和。1919 年 2 月
　　　　　20 日在上海舉辦南北議和會議，1919 年 5 月會議破裂。
〔註70〕　《關於西藏界務中英最近之商榷》，載中國藏學研究中心等編：《元以來西藏地
　　　　　方與中央政府關係檔案史料彙編》（6），中國藏學出版社，1994 年，第 2444
　　　　　頁。

　　1919 年 5 月，英國駐打箭爐副領事官臺克滿在北京，敦促英國駐華公使朱爾典向中國外交部催議藏案，臺克滿提出：「蓋藉邊藏停戰期限將滿，解決西藏問題，此實最好機會，且彼主訂之邊藏停戰條約，所定漢藏兩軍暫持分駐地點，即係暗據西姆拉草約內外藏之界線而來，尤可爲實行劃定內外藏境界之根據也。〔註 71〕」英使隨即向中國外交部提議催結西藏懸案，亦要求中國提出解決條件。其時國務總理龔心湛、代理外交總長陳籙亦以邊藏停戰期限將滿，如再拒絕談判，則藏番勢必藉端內犯，得英援助，恣所欲爲，而四川又隸西南政府，不能指揮如意，邊軍防備久虛，何能抵抗藏番？5 月 30 日外交部以 1915 年 8 月袁世凱時期顧維鈞所面交英使之讓步案，將節略交給英國駐華公使朱爾典。辦法如下：

　　　　一、擬將打箭爐、巴塘、理塘三土司完全劃歸川省治理。

　　　　二、擬將察木多、八宿、類烏齊各呼圖可圖以及三十九族土司所屬地劃歸外藏。

　　　　三、中國政府爲重視當時英專員擬將崑崙以北之青海、新疆所屬地仍劃歸中國完全治理之意，中國政府擬願將瞻對、德格地方，及崑崙山以南、當拉嶺三十九族、察木多、德格土司以北青海南部之地劃歸內藏。

　　　　四、雲南、新疆省界仍宜保存舊治。〔註 72〕

6 月 1 日，朱爾典致英外交大臣寇松密函，表明了自己對西藏談判內容的建議，試圖施壓中國開始談判，反對將西藏排除在談判外。另外，朱爾典對 5 月 30 日中方節略提出看法，對邊界劃分、駐拉薩代表等問題提出建議，請求寇松給予處理談判的權力，並保證會達成令人滿意的協議。〔註 73〕6 月 6 日，英國外交部致印度事務部副大臣函，寇松傾向於同意朱爾典的建議，朱爾典的建議爲：「在談判期間，警告西藏保持邊界和平的極端重要性，朱爾典的邊界修改意見如被接受，便可以達成令人滿意的協議，並謀求在中

〔註 71〕　洪滌塵：《西藏史地大綱》，南京正中書局，1936 年，第 229 頁。

〔註 72〕　《關於西藏界務中英最近之商榷》，載中國藏學研究中心等編：《元以來西藏地方與中央政府關係檔案史料彙編》（6），中國藏學出版社，1994 年，第 2444～2445 頁。

〔註 73〕　《朱爾典致寇松勳爵第 253 號密函》（1919 年 6 月 1 日），L／P&S／10／715 P. 4567／1919，《英國印度事務部檔案館有關西藏檔案題解及選譯》，中國藏學研究中心歷史所，2005 年，第 33 頁。

國設官員於貿易中心，以圖英國可以設代表在拉薩等方面獲得授權，以達成協議。」〔註74〕1919 年 7 月 31 日印度事務大臣致印度總督外交司，授權朱爾典馬上開始談判，利用西藏不斷要求英國協同的機會，獲取英國的利益，並期望在給予中國在西藏駐貿易專員的同時，獲得在拉薩駐永久代表的權利。〔註75〕

　　1919 年 8 月 13 日，英使朱爾典與臺克滿至中國外交部，提出兩種調停辦法：「（甲）取消內外藏之名稱，照原議（西姆拉草約）將劃歸內藏之地一分為二，將巴塘、里塘、打箭爐、道孚、爐霍、瞻對、甘孜諸地劃給中國，德格以西劃入西藏；（乙）照原議用內外藏之名稱，將巴塘、里塘、打箭爐、瞻對、甘孜等地劃為中國內地，崑崙山以南當拉嶺以北之地劃為內藏，中國不設官、不駐兵，德格劃歸外藏。〔註76〕」代理外交總長陳籙與朱爾典反覆磋商，此時西藏已經佔領德格以西地區，取消內外藏是按照 1918 年川藏對峙地劃分的，而中國希望德格等地劃入內藏。雙方要求的差距過大，北京政府迫於國內輿論壓力和愛國思潮，不敢擅自允諾，本次交涉中止，通告英使延期談判。

　　對於朱爾典 8 月 13 日所提藏案調停辦法，外交部認為內外藏劃分辦法原非中國本意，但當時為事勢所迫，不能不承認採用此項名目，此次英使提議各端，如取消內外藏名稱及允將打箭爐、里塘、巴塘劃分為內地，與中國原議頗屬符合，其瞻對、岡托等處前議劃入內藏，茲亦歸入內地統治之下，尚屬妥協；惟德格及崑崙以南，當拉嶺以北一帶地方劃入西藏一節，仍應力爭收回，以免政府有變更領土之嫌。〔註77〕不久，外交部將此議案提交國務會議。8 月 26 日，國務會議多數人主張暫從緩議，經外交部派員面告英使。「8 月 27 日朱爾典來到外交部，提出反對意見，陳籙經再三考慮

〔註74〕《英國外交部致印度事務部副大臣函》（1919 年 6 月 6 日），L／P&S／10／715 P.3125／1919，《英國印度事務部檔案館有關西藏檔案題解及選譯》，中國藏學研究中心歷史所，2005 年，第 33 頁。

〔註75〕《建議在北京舉行關於西藏談判問題的四封函》（1919 年 7 月 31 日），L／P&S／10／715 P.4396／1919，《英國印度事務部檔案館有關西藏檔案題解及選譯》，中國藏學研究中心歷史所，2005 年，第 35～36 頁。

〔註76〕《關於西藏界務中英最近之商榷》，載中國藏學研究中心：《元以來西藏地方與中央政府關係檔案史料彙編》（6），中國藏學出版社，1994 年，第 2445 頁。

〔註77〕《關於西藏界務中英最近之商榷》，載中國藏學研究中心：《元以來西藏地方與中央政府關係檔案史料彙編》（6），中國藏學出版社，1994 年，第 2445 頁。

後告訴他，內閣已經決定，目前不宜談判西藏問題，因為這只會激起國會和中國人民的一致反對。朱爾典難以置信，陳籙私下告訴朱爾典，『某強國的公使已接到政府的指示，要其對中英之間的談判進行詢問。〔註78〕」。不久即有消息傳出，「那個『某強國'指的是日本，英國當然及時地向日本提出抗議，而日本則不出意料地否認他們與此時有關。〔註79〕」朱爾典並未善罷甘休，「8月29日，謁見代理國務總理龔心湛，請他解釋中國在對藏政策上的急劇變化。9月4日朱爾典拜訪了大總統徐世昌，提出了同樣的問題〔註80〕」，徐世昌總統答覆：「此案需審查國內輿論之向背，徵求國會之同意，諮詢四川、甘肅、雲南等關係各省，一時實難以解決答之。明日外交部乃向關係各省發佈電文，列述民國三年以來中英關於界務交涉之經過，及最近交涉進步之情形。〔註81〕」

　　1919年9月5日，民國政府發佈歌電，公佈1914年西姆拉會議以來，中英關於康藏邊界交涉及最近續議藏約的一些情況。川邊鎮守使陳遐齡、四川督軍熊克武、雲南督軍唐繼堯、甘邊寧海鎮守使馬麒等紛紛回電，表示反對。外交部接到西藏相鄰省份反對之電，準備重新提案，爭回失地，乃召集相關人員發起藏事討論會，定於10月1日開會，川康當局派遣熟悉邊藏情形人員到京。藏事討論會先後開會六次，對於藏案皆主張：「川邊甘肅新疆決不能牽入藏區，西藏獨立尤應絕對拒絕，僅照中俄蒙協約成案，以三項方針為續議藏案交涉之根據：一始終不准西藏擴充界限；二處置西藏通商權利，可與英國商辦；三西藏自治事宜，可允許一二部分，照外蒙古自治成例進行。〔註82〕」至於界務一層為藏案焦點，歷次討論均主張以恢復失地為前提。前面已提，與藏事討論會召開相差幾日，甘肅代表團開始赴藏，試圖商討川藏和平事宜。11月6日，國務院電令各省督軍進入戰備，電云：「停戰業已屆滿，藏人難免藉端內侵，目前第一要著，即在會合

〔註78〕　（英）阿拉斯太爾·蘭姆著，胡岩譯：《藏東與英中談判》，《中國邊疆史地研究》，1998年第4期。
〔註79〕　（英）阿拉斯太爾·蘭姆著，胡岩譯：《藏東與英中談判》，《中國邊疆史地研究》，1998年第4期。
〔註80〕　L／P&S／10／715，朱爾典致外交部，1919年9月9日。
〔註81〕　楊仲華：《西康紀要》，商務印書館，1937年，第58頁，載張羽新、張雙志編：《民國藏事史料彙編》（第二十七冊），學苑出版社，2005年，第311頁。
〔註82〕　楊仲華：《西康紀要》，商務印書館，1937年，第59頁，載張羽新、張雙志編：《民國藏事史料彙編》（第二十七冊），學苑出版社，2005年，第311頁。

川、滇、新、甘四省，不分畛域，協力設防，勿使藏番再行侵入。〔註83〕」另外，在藏事討論會期間，英使朱爾典每星期三必來外交部詰問解決藏案辦法，外交部告以「國人意見尚未一致，對於藏案政府未便固執，至邊藏失和，全國人民之意，非對失地恢復不可。〔註84〕」

1919 年 12 月 3 日外交部致電英國公使施肇基，令他轉諮英國政府：「藏案不願即行解決，正為顧全中英邦交起見。蓋全國人民視藏案較山東問題尤重，現因山東問題已激起排斥日貨風潮，若同時提議藏事，必又惹起激烈反對。英國在華商務極盛，倘因此發生同樣風潮，也對英國不利。況西藏情形與外蒙相似，現外蒙已經取消自治，對於藏事，政府方在與英議訂條約，尤難邀國民諒解。〔註85〕」1920 年 1 月下旬藏事會議結束後，外交部採納了各方面的意見，決定採取強硬態度，拒絕與英國續議藏案，對朱爾典的一再催議置之不答。

1919 年「五四」運動後，中央政府結束了民國七八年以來對藏案的拖延政策。「五四」運動的反日風潮直接影響中英西藏交涉，全國掀起的愛國主義思潮使得政府注重民意、尊重輿論，不敢擅自割讓領土。中央政府對藏政策開始趨於強硬，挫敗了英國迅速解決西藏問題、侵犯中國權益的企圖。其中，1919 年 11 月外蒙古撤銷「自治」，無疑也增強了中央政府拒絕續議藏案的自信力。

〔註83〕《西藏議約案》第九函，第 37 冊，（民國八年十一月三日至十一月二十九日），十一月六日國務院發各省督軍電，轉引馮明珠：《中英西藏交涉與川藏邊情1774～1925》，中國藏學出版社，2007 年，第 354 頁。

〔註84〕楊仲華：《西康紀要》，商務印書館，1937 年，第 60 頁，載張羽新、張雙志編：《民國藏事史料彙編》（第二十七冊），學苑出版社，2005 年，第 311 頁。

〔註85〕《外交部為以藏案不願即行解決係為顧全中英邦交婉達英外部事覆施肇基電》（1919 年 12 月 3 日），載中國藏學研究中心等編：《元以來西藏地方與中央政府關係檔案史料彙編》（6），中國藏學出版社，1994 年，第 2453 頁。

圖三：1919年中國外交部摹印「西藏界務圖」

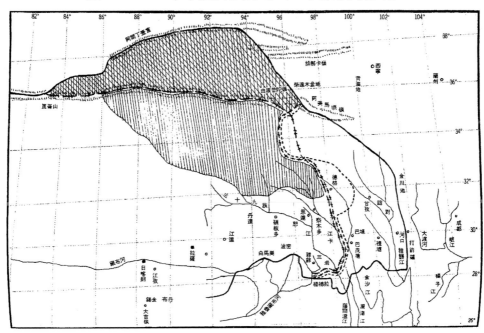

╱	西姆拉会议中英国代表麦克马洪最后所提中国与内藏交界线。 （此线在原图上为红色）
┼┼	西姆拉会议中英国代表麦克马洪最后所提内、外藏界线。 （此线在原图上为蓝色）
▨	西姆拉会议中英国代表麦克马洪拟划归中国完全治理地。 （原图上以蓝色显示）
⬭	1919年中国外交部主张作为内地加以维持现况区域。 （在原图上以绿线钩画）
××××	1919年中国外交部所提川藏界线。 （此线在原图上为黄色）
— · —	1919年英国驻华公使朱尔典所提川藏界线。 （此线在原图上为紫色）
○■	城镇
⌇	河川
⏜⏜⏜	山脉

資料來源：原圖見《西藏議約案》第八函，第三十六冊，轉引馮明珠：《中英西藏交涉與川藏邊情1774～1925》，中國藏學出版社，2007年，第451～452頁。

二、華盛頓會議前後中英關於康藏邊界交涉

1920 年英國駐華公使朱爾典即將離任，在離任前他仍然積極催促中國外交部續議藏案。1 月 20 日，朱爾典又提出照會送到中國外交部，問曰：「去年 8 月，交涉忽然停頓，本公使深為遺憾。方其談判中止時，貴大總統與貴總理謂不久可繼續商議。5 月 30 日（去年），貴國政府曾以提案致送於英國政府，英國政府又轉送於拉薩政府，至於今日，英國政府和拉薩政府，均不願談判之中止。目下貴國所提出在拉薩開中英藏三方會議，以繼續交涉之要求，初無異議，但此會議中，更須加入印度委員，俾共討論。對此要求，貴國政府之意見如何？務祈速覆。〔註86〕」1 月 26 日朱爾典再訪外交部，外交部答以「調查尚未完竣，目下不能即行交涉。〔註87〕」2 月 6 日，中國外交部又向英使聲明：「所謂中國政府欲開拉薩會議，乃英國公使之誤解，亦非事實，故中國政府難予承認。〔註88〕」3 月 1 日，英國駐華公使朱爾典任滿回國，他在任期間還是未能解決藏案，康藏界務問題再度被擱置。

巴黎和會後，由於美國參議院拒絕批准凡爾賽條約，也拒絕加入國際聯盟，戰勝國企圖通過戰敗國締結合約的方式，為建立戰後全球新秩序的努力，並未完全獲得成功。列強在遠東和太平洋地區的矛盾不但沒有解決，反而日益尖銳〔註89〕。1920 年 12 月，美國參議員威廉・E・博拉就提出了召開限制海軍軍備的國際會議的建議。1921 年 7 月 5 日，英國外交大臣寇松首先向美國提出建議，希望美國首倡以解決遠東與太平洋問題和裁軍問題為目的的國際會議，美國欣然同意。7 月 10 日，美國國務卿修斯發表公開聲明，向英、日、中、法、意五國建議在華盛頓召開會議，8 月 11 日，美國正式向在遠東有利害的八個國家英、日、中、法、意、比、荷、葡發出邀請，準備與當年 11 月在華盛頓召開會議。〔註90〕這就是華盛頓會議召開的背景。

〔註86〕 王勤堉：《西藏問題》，上海商務印書館，1929 年，第 87 頁，載張羽新、張雙志編：《民國藏事史料彙編》（第十六冊），學苑出版社，2005 年，第 236 頁。

〔註87〕 王勤堉：《西藏問題》，上海商務印書館，1929 年，第 87 頁，載張羽新、張雙志編：《民國藏事史料彙編》（第十六冊），學苑出版社，2005 年，第 236 頁。

〔註88〕 王勤堉：《西藏問題》，上海商務印書館，1929 年，第 87～88 頁，載張羽新、張雙志編：《民國藏事史料彙編》（第十六冊），學苑出版社，2005 年，第 236 頁。

〔註89〕 吳於廑、齊世榮主編：《世界史・現代史編》（上卷），高等教育出版社，2011 年，第 80 頁。

〔註90〕 吳於廑、齊世榮主編：《世界史・現代史編》（上卷），高等教育出版社，2011 年，第 83 頁。

　　1920 年 11 月貝爾使團入藏後，1921 年 1 月和 2 月貝爾先後向英國政府提交兩份入藏報告。中方對貝爾入藏活動有所察覺，當時南北分裂，四川醞釀獨立，北京政府根本鞭長莫及，對於貝爾在藏活動只限於口頭抗議。〔註 91〕3 月 26 日，中國外交總長顏惠慶向新任英國駐華公使艾斯頓告知：「中方瞭解到貝爾在拉薩的積極活動，以及藏軍的入侵情況，中方不會承認貝爾與西藏達成的任何協議。〔註 92〕」貝爾入藏報告影響了英國的西藏政策，英國政府對西藏政策又作了新的調整，1921 年 8 月 26 日，英國外務大臣寇松〔註 93〕（Curzon）向我國駐英公使顧維鈞面交一份《寇松備忘錄》，文曰：「藏事自 1919 年停議以來，已越兩載，當時中國政府說明僅係暫緩磋商，英政府現擬請中國政府在英國或北京重行開議，勿在延遲。1914 年三方磋商時，英政府對於西藏政府曾經有所擔承，該年所擬草約，除界務一款外，業經承諾，並於 1919 年將承諾態度重行正式聲明，此事如不從速續議，英政府以爲對於西藏爲自治國一層不便再稽承諾，嗣後對藏擬以自治國待之。〔註 94〕」8 月 27 日英國外交部致北京艾斯頓電文，要求艾斯頓向中國外交部傳達以下信息：如果中國不在一個月之內著手解決西藏問題，英國將允許西藏單獨行事，不再向中國徵詢西藏問題的意見，並不時向西藏派遣官員等。並告知中國外交部一個月期限是以貝爾離開拉薩爲限。〔註 95〕

　　1921 年 8 月，美國已邀請中國出席華盛頓會議，美國一再強調中國主權獨立和領土完整。英國有理由相信將來會議上，中國有可能取消各國在華勢力範圍，英國在西藏的各項措施，必然遭到中國政府的譴責。英國爲確保在藏既得利益，在華盛頓會議前主動提出議結藏案，似乎防止中國政

〔註 91〕　馮明珠：《中英西藏交涉與川藏邊情 1774～1925》，中國藏學出版社，2007 年，第 376 頁。

〔註 92〕　《北京艾斯頓致英國外交部第 132 號電》（1921 年 3 月 26 日），L／P&S／10／717 P.1802／1921，《英國印度事務部檔案館有關西藏檔案題解及選譯》，中國藏學研究中心歷史所，2005 年，第 61 頁。

〔註 93〕　寇松（Curzon，1859～1925 年），1899～1905 年任印度總督，1919～1924 年任英國外交大臣。

〔註 94〕　《顧維鈞爲英外相催促了結西藏問題並提出書面節略致外交部電》（1921 年 8 月 26 日），載中國藏學研究中心：《元以來西藏地方與中央政府關係檔案史料彙編》（6），中國藏學出版社，1994 年，第 2459 頁。

〔註 95〕　《英國外交部致北京艾斯頓第 285？號電》（1921 年 8 月 27 日），L／P&S／10／717 P.3939／1921，《英國印度事務部檔案館有關西藏檔案題解及選譯》，中國藏學研究中心歷史所，2005 年，第 66～67 頁。

府在華盛頓會議上將西藏與山東問題並論，以及美國干涉其對藏政策等。華盛頓會議鼓舞了中國朝野，中國政府期望華盛頓會議能夠對列強侵略中國的行動加以制裁，也是解決西藏問題之極好機會。基於這種期盼，中國政府自然不願意在華盛頓會議前草率議結藏案。另外，當時國內政局依然不穩，川滇情勢不詳，四川軍閥混戰，第一、二、三軍軍長否認北京政府任命，決以川人自立自治〔註96〕。南北議和未成，孫中山領導的廣州軍政府誓師北伐〔註97〕。在這樣的國內局勢下，民國政府與英國續議藏案顯然也很難進行。

1921年9月10日，外交部致電英使館，拒絕英使續議藏案的要求。文曰：「藏案關係界務，現川滇不靖，無從實地查勘，且各方面均有牽涉，非得全國充分諒解不能率爾定義。現在內外情形比民國四年、八年尤形困難，勉強開議，不易結束，況太平洋會期甚迫，籌備已日不暇給，倫敦顧使（顧維鈞）目前亦職務紛繁，所以本案無論在京、在英，皆非最短期間內所能兼顧辦理。本政府意見俟太平洋會議後必設法及早開議。〔註98〕」9月19日，艾斯頓亦面告北京外交總長，英國外相同意在太平洋會後開議藏案。就在華盛頓會議召開前夕，外交部針對藏案再度召開藏事研究會議，1921年11月9日到12月7日，外交部先後召開了11次藏事會議，最後決議提出籌藏大綱五條：「（一）以前藏、後藏為西藏自治區域，惟外交、國防、交通須歸中央主持；（二）駐藏長官衛隊不逾三百人；（三）駐藏長官職權，暫照前清光緒年間舊制，其詳細條目俟長官入藏後，再行協商安定公佈；（四）前屬喀木區域悉仍舊制；（五）青海區域悉仍舊制。本「籌藏五綱要」待太平洋會議後，再與英人進行交涉。〔註99〕」

1921年11月12日華盛頓會議在美國開幕。北京政府和國人對華盛頓會

〔註96〕 郭廷以：《中華民國史事誌》，臺灣中央研究院近代史研究所，1979年，第553頁。

〔註97〕 郭廷以：《中華民國史事誌》，臺灣中央研究院近代史研究所，1979年，第595頁。

〔註98〕 《外交部為答覆英使緩議節略內容致英使館電》（1921年9月10日），載中國藏學研究中心等編：《元以來西藏地方與中央政府關係檔案史料彙編》（6），中國藏學出版社，1994年，第2464頁。

〔註99〕 《西藏議約案》第十一函，第51冊，（民國十年十二月七日），第十一次藏事會議討論議題，轉引馮明珠：《中英西藏交涉與川藏邊情1774～1925》，中國藏學出版社，2007年，第394頁。

議給予厚望，所以藏事研究會也轉趨強硬，所擬「籌藏五綱要」幾乎恢復前清舊制，完全否定民國以來中、英西藏交涉已有的基礎，更不顧川邊藏漢兩軍對峙的實情，全國上下都在靜候華盛頓會議結果。華盛頓會議是現代中國發展極爲重要的國際會議之一，北京政府被平等邀請參與太平洋及遠東問題的討論，有機會在國際會議中提出近代中國受到的各種不平等的待遇和壓迫。然而，華盛頓會議期間，山東問題甚囂塵上，大會既未能裁決歸還山東、廢除中日二十一條約，西藏問題更是未提一字。〔註100〕1922 年 2 月 6 日華盛頓會議結束，國內再次激起了一股憤慨的民族情緒，掀起了廢除不平等條約的運動。

　　1922 年 9 月 13 日，英國駐華公使艾斯頓再度拜訪外交總長顧維鈞，探詢何日議結藏案。顧維鈞答以現值國會召集之時，西藏問題關係全國，年來國內輿論對於從前所議劃界辦法，表示反對頗烈，現在國會已重開，政府須先探詢國會領袖分子之意見，然後始能酌定開議時期。〔註101〕至此，北洋政府時期中英關於康藏邊界交涉基本結束。之後「國內戰亂仍頻，中央勢力日趨縮小，川省更埋頭火拼，此僕彼起，甲去乙來。川邊守將，亦率所部邊軍，捲入漩渦。以是藏番趁火打劫，恣所欲爲。英國見我情形，知我無能，對於藏案，亦默然聽之矣。〔註102〕」

　　總之，從 1913 年西姆拉會議召開，到 1922 年華盛頓會議結束，中英關於康藏邊界相關活動和交涉持續近十年。藏案最主要的核心內容是西藏的地位和康藏劃界，康藏界務是中英交涉難以達成一致的焦點和難點。1913 年至 1919 年期間，中國在藏案交涉中採取妥協、退讓的政策，在康藏劃界中力爭主權和領土的完整。1919 年「五四」運動後，在國內強烈的愛國思潮推動下，中央政府對藏政策變爲趨於強硬，一面趁康藏停戰協議到期派人直接赴藏商談，一面召開全國藏事會議商討藏案對策。

　　1918～1919 年鄂羅勒默札布郡王先後以「西藏調查員」、「西藏宣撫

〔註100〕　王勤堉：《西藏問題》，上海商務印書館，1929 年，第 98 頁，載張羽新、張雙志編：《民國藏事史料彙編》（第十六冊），學苑出版社，2005 年，第 239 頁。

〔註101〕　《西藏議約案》第十一函，第 53 冊，（民國十一年九月十三日），英使拜會外交總長顧維鈞談話錄，轉引馮明珠：《中英西藏交涉與川藏邊情 1774～1925》，中國藏學出版社，2007 年，第 400 頁。

〔註102〕　洪滌塵：《西藏史地大綱》，南京正中書局，1936 年，第 240 頁。

使」、「西藏調停員」等身份，兩次千里赴藏接洽。雖然鄂羅勒默札布郡王赴察木多和拉薩沒取得顯著成效，但他對於中央政府尋求改善與西藏地方的關係中邁出了積極的一步，期間他還向北洋政府條陳了川邊和西藏意見，具有一定的參考價值。可以說，鄂羅勒默札布入藏期間，他爲川邊停戰和藏案問題的解決作出了不懈努力，爲民族團結和漢藏和平發揮了應有的貢獻。

甘肅代表團入藏具有重要意義，改善了中央政府與西藏地方的關係，但同時也引起了英國的恐慌。不久，英國派遣貝爾使團入藏，試圖抵消甘肅代表團的影響，並策劃西藏「自治」，圖謀將西藏從中國分離出去。貝爾等人赴藏促成了英國對藏武器的供應，以及勸說達賴通過了擴軍計劃，這直接給正在康藏邊界對峙的川軍帶來不小的軍事壓力。另外，貝爾入藏促成了《寇松備忘錄》的出臺，英國可以正式、公開的派人赴拉薩，之後英印政府陸續明目張膽的派人赴藏即是明證。貝爾使團赴藏也並沒有割斷西藏地方與中央政府的關係，十三世達賴喇嘛相繼派遣代表赴京，來往不斷。可以說貝爾等人此次赴藏行動「有謂藏中多數人反對，未獲十分效果者〔註103〕」，「貝爾在藏一切行爲未必悉能使藏人滿意，現在亟欲回印，或有不得不離藏之故，若聽藏人向英之心日淡，英之在藏地位難保。〔註104〕」

華盛頓會議前，英方迫不及待得想要完成續議藏案，甚至態度有所退讓，但中方此時對華盛頓會議充滿期待，想藉此解決西藏問題。然而華盛頓會議期間西藏問題隻字未提，國人大爲失望。華盛頓會議後，國內激起了新一輪愛國熱潮，再加上國內政局動蕩，南北分裂，中英交涉無望。至此，民國前期中英關於康藏邊界交涉基本宣告結束。英國努力策劃西藏「自治」，圖謀實現「大西藏」的計劃再次以失敗而告終。

〔註103〕《外交部爲答覆英使緩議節略內容致英使館電》（1921 年 9 月 10 日），載中國藏學研究中心等編：《元以來西藏地方與中央政府關係檔案史料彙編》（6），中國藏學出版社，1994 年，第 2464 頁。

〔註104〕《顧維鈞爲分析英政府亟欲解決西藏問題之原因致外交部電》（1921 年 8 月 29 日），載中國藏學研究中心等編：《元以來西藏地方與中央政府關係檔案史料彙編》（6），中國藏學出版社，1994 年，第 2461 頁。

第三節　1920 年巴塘事件和劉贊廷「擾邊」

一、1920 年巴塘事件

陳遐齡時期，康南鄉城、稻城匪及各地夾霸（土匪）隨時出沒於離縣城一二十里之鄉村和零戶農場，巴塘防軍單獨不能抵禦，於是巴塘軍政和全城紳商僧俗人民商議如何保衛治安。1919 年駐巴塘邊軍分統兼縣知事楊煜決定成立「巴塘保安團」（又稱巴安團務局），協助駐軍，擔負城內外治安之責，當即呈報鎮守使署備案。保安團團總為向德鈴，副團總為屈戈仰馬阿錯，澤屈四朗、大本工布、協敖吉村、孔達刀吉，楊朝宗等二十人為團首，團兵約二百五十名，分為 5 個隊。縣知事准其抽收酒捐、駄捐和屠宰稅，以作民團費用。之後保安團繼續擴展，由城內和郊區每戶抽調年齡在 18 歲至 60 歲的男丁 1 名，編為 10 戶一組，每組設十長 1 人。〔註105〕

巴安保安局成立之初，半月點驗團兵一次，隨時組織到附近村鄉巡邏，盜匪活動有所收斂，巴安社會治安大為好轉，群眾印象上佳。但不到一年，團首排斥異己，內部糾紛嚴重，同時團防局干預縣政，置設刑具，受理民案，擅施刑律，引起了軍政民眾之不滿。1920 年夏初，陳遐齡突調駐防鹽井縣的邊軍第二營營長楊得錫率全營駐巴塘，代理團長職務。楊得錫到巴塘後，保安團已發展到 1000 餘人。其武器裝備由縣府發給，為過去沒收土司的鳴火槍 70 餘支，駐軍借給九子步槍 40 餘支。楊得錫與縣知事楊煜憂慮巴安團防，怕民團發展有礙其統治，不到半月即下令裁撤巴塘保安團，限即刻繳呈以前所發之鳴火槍。團防首事開會又未徵求群眾意見，許多團首主張上交，也有團首疑信參半。楊團於四月下旬的一天下午，派遣排長楊青山率帶士兵二十餘人，闖入屈戈仰馬家，欲逮捕副團總阿錯，雙方隨即發生爭鬥。楊團聞報大怒，加派炮兵，炮轟屈戈馬家，寨中老少已逃，士兵破門搶劫財物，並火燒其寨。第二天，楊團派兵將團首王炳臣槍決，又派兵搶劫城中大戶江冉弄巴。於是全城緊張，家家閉戶。團總向德鈴、副團總阿錯在魚卡通村相會，準備反撲，召集各鄉民兵約七、八百人。

1920 年 6 月 18 日（農曆五月初三）深夜，向德鈴等人分作四大隊，由縣城四門附近推倒土牆突入城中，對駐守衙門、女子學堂及四門城縷之成兵用

〔註105〕　四川省巴塘縣志編纂委員會：《巴塘縣志》，四川民族出版社，1993 年，第 339頁。

斧頭石塊攻打。楊團士兵紛紛自動繳械投誠，但楊得錫團部及主力，尚在最堅固之大營官官寨內死守不出。溫翰卿率第二營在城中關帝廟一帶碉房中，靜觀戰局之變化。19 日天剛亮，溫營大炮攻打團兵，民團武器僅有快槍兩支，其餘皆鳴火土槍、斧頭、刀、矛、盾。溫營開火後，楊團分兵出擊，民團紛紛逃命，人民傷亡甚多。楊團縱兵搶劫民財，搶光後讓士兵焚燒較大的民房八十七幢〔註106〕，全城少壯婦幼，百分之九十逃往附近二三十里之鄉村避難，十室九空。副團總阿錯，與家奴們逃至巴理道上之弄爪地方，巧遇楊團之營長蔡登雲由中咱返巴，將阿錯斃於馬下，餘者逃入林中。蔡將阿錯首級割去，回巴獻功。團總向德鈴，四逃五路，且操心家人，不料被人發現，報知楊團，楊團隨即派人圍射向德鈴，將其亂槍擊斃，割首示眾。〔註107〕

據《里塘和巴塘》記載，1920 年巴塘事件中還有巴塘縣知事楊煜在縣署內被民團殺害〔註108〕，蔡登雲代理縣知事〔註109〕。1920 年巴塘事件又稱巴塘「民九事件」，為康南史無前例之浩劫，直到解放前夕，巴塘人民住宅財物，尚未恢復災前之原狀〔註110〕。這次衝突事件對城中民眾的觸動甚大，保安團隨之消亡，民眾與駐軍長期對立。地方頭人和喇嘛對縣署採取敷衍態度，縣知事更替頻繁，抗糧抗差現象時而發生。

二、劉贊廷「擾邊」

第二次康藏戰爭後，藏軍時而進窺川邊，邊軍久戍，餉械兩乏，川邊時而告急。邊軍分統劉贊廷以邊事吃緊、邊情隔閡為由，擬請假回川向四川督軍面呈一切，四川督軍熊克武准予劉贊廷回川〔註111〕。然而，陳遐齡與劉贊廷發生內訌，劉贊廷記述：「熊克武調贊廷入省，籌議防務，陳（遐齡）恐贊廷至成都揭露川邊黑幕，致礙彼到處要求餉械之謀，要劫贊廷不准過境。此

〔註106〕 也有說毀清真寺和民房 70 幢，見四川省甘孜軍分區《軍事志》編纂委員會：《甘孜藏族自治州軍事志》，四川人民出版社，1999 年，第 11 頁。
〔註107〕 中國人民政治協商會議巴塘縣委員會：《巴塘縣文史資料》（第 2 輯），2005 年，第 114～122 頁。
〔註108〕 〔法〕古純仁：《里塘與巴塘》（續），李哲生譯，載於《康藏研究月刊》，1948 年第 20 期。
〔註109〕 四川省巴塘縣志編纂委員會：《巴塘縣志》，四川民族出版社，1993 年，第 263 頁。
〔註110〕 中國人民政治協商會議巴塘縣委員會：《巴塘縣文史資料》（第 2 輯），2005 年，第 114～122 頁。
〔註111〕 《陳劉交惡之內幕》，《申報》，1920 年 2 月 27 日。

時接近第二次康藏戰爭停戰期滿，贊廷不能入川，遂假道雲南，赴京師向中央陳述邊軍苦狀，籌邊防大計，又被雲南督軍唐繼堯挽留，責令贊廷回防，整頓舊部〔註112〕」。劉贊廷自稱入滇是由於陳遐齡阻攔，而陳遐齡聲稱：「巴安官產變價共計約三十餘萬元先後被該分統任意吞沒，捏報開支，隨復託詞潛赴阿墩，曾迭電令回防，乃竟抗不遵命。〔註113〕」這裡尚不清楚陳遐齡之詞的眞假，但陳遐齡和劉贊廷的內鬥加劇了康南的動盪。1919年劉贊廷離邊後被唐繼堯委任爲川滇西部邊防司令，川邊分統一職由巴安知事楊煜兼任，1920年該職又由駐鹽井邊軍第二營營長楊得錫接任。

　　1920年9月7日劉贊廷通電就職，一面派遣專員與四川各機關各將領分頭接洽，一面與陳（遐齡）鎮守使消融意見，共維國防〔註114〕。11月5日劉贊廷親率一支隊伍到達中甸，派司令部副官吾熊弼等由中甸到德榮、茨烏（也叫茨巫）、宗咱等處，宣撫駐邊軍隊和夷民，附和雲南。劉贊廷發佈《告邊軍第四營左隊宣言書》，邊軍四營爲其舊部，若有人歸附劉贊廷，劉贊廷可將之前虧欠各營的餉銀核實補發。劉贊廷還從滇省領得子彈十萬發，棉軍裝二千套，以備招撫舊部邊軍。劉贊廷率隊到中甸準備佔據巴塘等地，他聯絡了南康喇嘛及鄉匪洛松登曾等人。11月22日洛松登曾統帥土兵二百人，護同卸任定鄉縣知事楊汝楫，馳赴中甸。12月劉贊廷開始「擾邊」，率眾「進犯」巴安，陳遐齡電請通緝劉贊廷〔註115〕，中央政府沒有同意。1921年1月劉贊廷「煽動」鄉城、德榮、巴塘之夷匪而略取巴安、鹽井，劉贊廷自稱英藏交涉員兼滇川邊防司令〔註116〕。不久劉贊廷佔據里塘、巴塘各要隘，1月23日陳遐齡電請唐繼堯收回「逆軍」〔註117〕。2月劉贊廷敗回白墩子，邊軍將鹽德各屬收復〔註118〕。2月8日唐繼堯被下屬顧品珍趕出雲南，2月9日顧品珍進入昆明，被雲南各界擁爲滇軍總司令〔註119〕。顧品珍入滇，唐氏勢力衰微〔註120〕，劉贊廷恐無後援，進據康南已取緩勢。

〔註112〕　劉贊廷：《邊藏芻言》，1921年，第6～7頁。

〔註113〕　《陳劉交惡之內幕》，《申報》，1920年2月27日。

〔註114〕　《川滇西部邊防司令劉贊廷告邊軍第四營左隊宣言書》，載四川省檔案館：《近代康區檔案資料選編》，四川大學出版社，1990年，第25頁。

〔註115〕　《申報》，1921年1月3日。

〔註116〕　《西藏問題經緯之概說》（八續），《申報》，1922年2月16日。

〔註117〕　《申報》，1921年1月24日。

〔註118〕　《申報》，1921年2月27日。

〔註119〕　謝本書、馮祖貽主編：《西南軍閥史》（二），貴州人民出版社，1994年，第78頁。

〔註120〕　《最近所傳之川藏問題》，《申報》，1921年3月2日。

　　1921 年 4 月陳遐齡電告中央政府：「西藏自滇軍擾川時，劉贊廷即乘勢與藏番結約，現里塘、巴塘皆已發現藏軍……2 月劉贊廷率兵匪 4 千餘名向我中岩駐軍猛攻，邊軍葉營長所部相持三盡夜彈盡糧絕，退守巴安，該逆進攻巴安更急，請速增援濟彈，併發糧餉救急。〔註 121〕」4 月劉贊廷又反攻巴安，陳遐齡電請速撥款械〔註 122〕。陳遐齡又致電顧品珍：「劉贊廷奉唐（繼堯）前督命侵入敝地防區後，擇易巴、鹽縣知事，委南康喇嘛爲宣撫使，並唆使鄉匪洛松登曾等人四出騷擾……迅將劉贊廷立予撤銷。」〔註 123〕5 月劉贊廷在滇邊被顧品珍拿獲，陳遐齡請中央轉電顧品珍將劉贊廷正法〔註 124〕。之後劉贊廷獲釋，解甲歸田。

　　劉贊廷「擾邊」的實質是劉贊廷與駐康南邊軍的防地之爭，劉贊廷擔任川邊分統時曾駐守巴塘，劉贊廷任川滇西部邊防司令後，目的是整頓邊軍，鞏固國防，辦理交涉〔註 125〕，更是爲了恢復對巴塘等地的控制。劉贊廷期間聯絡康南百姓、地方頭人和喇嘛，並非「勾結」藏軍。康南民眾因與駐軍長期對立，積極響應劉贊廷的「宣言書」，劉贊廷率眾「擾邊」近半年，最終敗退滇邊。劉贊廷「擾邊」事件後，康南民眾時而將駐軍繳械，康南數縣長期處於失治狀態，再加上邊軍防地空虛，藏軍時而窺視川邊，康南紊亂的狀態還將持續十多年。

〔註 121〕《蒙亂與藏警》，《申報》，1921 年 4 月 13 日。
〔註 122〕《申報》，1921 年 4 月 23 日。
〔註 123〕《陳遐齡請撤劉贊廷》，《申報》，1921 年 4 月 18 日。
〔註 124〕《申報》，1921 年 5 月 25 日。
〔註 125〕《川滇西部邊防司令劉贊廷告邊軍第四營左隊宣言書》，載四川省檔案館：《近代康區檔案資料選編》，四川大學出版社，1990 年，第 26 頁。

第四章　民國前期康區的政治治理

第一節　民國前期康區的政治態勢

　　民國前期康區處於一種持續變亂的政治態勢，期間發生了康藏邊界爭端、多次兵變、地方匪患等一系列政治軍事事件，其中康藏衝突和中英關於康藏邊界交涉活動主導了民國前期康區政治態勢的發展。

　　民國初建，根基未穩，北洋政府政潮動蕩。1912 年初袁世凱篡位中華民國臨時大總統，西藏地方發生驅逐駐藏陸軍官兵事件，4 月十三世達賴喇嘛發動藏軍東進康區，隨後第一次康藏戰爭爆發。中、英政府和川、滇、藏地方政府圍繞康藏衝突事件產生激烈的博弈，英國侵略勢力一再阻礙川滇軍西征，北洋政府最終屈服於英國侵略勢力，下令川滇軍停止西征，川滇軍從而喪失了西進拉薩的大好機會。第一次康藏戰爭期間川滇軍之間圍繞駐防區域也產生齟齬，後滇軍主力被撤回雲南，只在部分地段留有駐防士兵，川軍留下來駐守康區，瓦合山以西地區被藏軍佔據。

　　1913 年國內發生「宋教仁事件」，不久引發「二次革命」，袁世凱為了「善後大借款」，需要資金積極備戰，以及急於得到英國對中華民國的承認，再次屈服於英國勢力，同意派遣代表參加 10 月份在印度召開的非法的西姆拉會議。英國極力召開西姆拉會議，圖謀將西藏以「自治」的名義分裂出去，作為英屬印度的「緩衝國」。西姆拉會議期間中、英政府代表和西藏地方代表圍繞康藏劃界進行多次的「磋商」，沒有取得一致意見，西姆拉會議最終以失敗而告終，川、藏兩軍繼續在康藏邊界對峙。

　　西姆拉會議後期，北洋政府迫於英國阻擾，爲加強對川邊控制的長遠打算，1914 年 1 月設置川邊鎮守使，4 月劃定川邊特別區域，以達到固藏衛川的目的。1915 年 5 月，中國與日本簽訂「二十一條」，6 月「中俄蒙古協約」簽訂，日本與俄國分別順利取得南滿、山東和外蒙的勢力範圍，英國也趁此向袁世凱提出早日解決藏案問題。袁世凱爲加快稱帝的步伐也有此意，他擔心西藏問題懸置不決，會損壞中英邦交，有礙帝制的進行，隨令外務部就西姆拉草約予以修改、讓步，以期迅速解決藏案。1915 年 6 月 25、28 日袁世凱命外交部派人與英使朱爾典接洽，以西姆拉會議的草約爲根據，屢經討論，但未獲結果。12 月孫中山等人發動「護國運動」，南方各省紛紛宣佈「獨立」，1916 年 6 月袁世凱在帝制覆滅的絕望聲中去世，此時英國也正陷入第一次世界大戰，西藏問題再次擱淺。

　　從 1914 至 1917 年，川邊鎮守使更換頻繁，先後經歷了張毅、劉銳恒、殷承瓛三人，平均在任一年左右即遭撤職，這也嚴重影響到川邊的政治穩定和治理成效。1914 年陳步三事件發生，導致張毅鎮守使下臺，劉銳恒上任。1916 年蔡鍔督川，劉銳恒被撤職，殷承瓛擔任川邊鎮守使。8 月康定發生傅青雲兵變，爐城商號被洗劫，全城震動。1916 年「護國戰爭」結束後，入川滇、黔軍佔據四川省大片土地和重慶重要城鎮，四川督軍羅佩金奉行「滇強川弱」的政策，引起第二師師長劉存厚等人不滿，1917 年 7 月川滇軍在成都激戰，10 月川邊鎮守使殷承瓛被陳遐齡取代。

　　1917 年 7 月第二次康藏戰爭爆發，英國勢力又一次插手其中，藏軍試圖以武力佔領在西姆拉會議上所要求的區域。1917 年北洋政府由對德宣戰問題引發府院之爭，接著張勳復辟，後段祺瑞不恢復《臨時約法》，孫中山南下另立政府。第二次康藏戰爭期間，正值南北政府對立，軍閥混戰，北洋政府政令不能下達，致使川邊呈現無政府狀態。北洋政府陷入政權混亂時，地方軍閥乘勢而起，北洋政府無力駕馭全國，西南軍閥在四川更是上演各種混戰。這樣川軍在第二次康藏戰爭中後援得不到保證，1918 年在英人臺克滿的調停下，川、藏地方派遣代表私下簽訂康藏停戰協定，川邊失去 11 縣。國內不斷出現的混亂局勢和第二次康藏戰爭的發生，顯然這些給康區的治理帶來了更爲不利的影響。

　　第一次世界大戰結束和俄國十月革命的勝利，使得國際關係的格局發生了重大變化，戰勝國需要重新分割世界，以維護戰勝國的利益和戰後世界和

平的新秩序。1919 年戰勝國在巴黎召開和平會議，對戰敗國締結合約，其中巴黎和會提出將德國在山東的一切權利讓與日本。這一消息傳至國內，全國為之譁然，「五四」運動隨即爆發，全國掀起了一股強烈的愛國主義思潮，最後中國代表拒絕在條約上簽字。1919 年英國不斷催促北京政府續議藏案，「五四」運動致使中央政府的西藏政策趨於強硬，結束了過去七八年以來在西藏問題上的妥協、退讓政策。中央政府直接拒絕與英國再行開議藏案，同時另尋改善與西藏地方關係的路徑。直到 1922 年華盛頓會議後，中英關於康藏邊界交涉基本結束，康藏劃界仍然無果。

　　1919 年甘肅代表團入藏緩解了川藏對峙的緊張局勢，改善了中央政府與西藏地方的關係，但同時也引起了英國的恐慌。1920 年英國派遣貝爾使團入藏，試圖抵消甘肅代表團的影響，並策劃西藏「自治」，圖謀將西藏從中國分離出去。貝爾等人赴藏促成了英國對藏武器的供應，以及勸說達賴通過了擴軍計劃，這直接給正在康藏邊界對峙的川軍帶來不小的軍事壓力，康藏邊界局部衝突一直持續到 1923 年，這進一步影響了康區的治理成效和地方穩定。《申報》有「藏番」數次進窺川邊的記載，需要注意的是，有時也有可能是康區民眾聯合藏軍，其中鄉城頭人洛松登曾等人被視為「鄉匪」、「邊匪」。如1920 年 3 月 16 日陳遐齡來電：「藏又調來番兵二千，預備不久開戰，吾饑軍迫於忠義，仍盼速接濟，方能維變局〔註1〕」；1921 年 1 月 25 日陳遐齡電告：「藏番犯邊形勢益急，請迅撥餉械，以憑迎敵〔註2〕」；「1922 年 2 月 15 日藏番侵入川邊，打箭爐被圍，3 月 28 藏匪屢擾川邊，經陳遐齡擊退藏邊〔註3〕；1923 年 6 月末「藏番南康喇嘛率領夷人圍攻巴塘所屬次塢、中咱、白松三村之駐兵，駐兵失去步槍三百餘支，子彈十餘萬發，巴塘大震。〔註4〕」

　　另外，民初康區土司大面積復辟，土司、頭人、寺院喇嘛勢力繼續掌控川邊下層百姓。民國前期康區地方社會形成流官和土司、頭人、寺院喇嘛等三大傳統統治勢力並存的特殊政治格局。土司、頭人和喇嘛勢力與政府關係並不總是友好的，根據川邊地方政府的實力，土司、頭人和喇嘛勢力表現時好時壞，這給康區治理帶來巨大的挑戰。

〔註 1〕《申報》第 16906 號，1920 年 3 月 17 日。
〔註 2〕《申報》第 17220 號，1921 年 1 月 26 日。
〔註 3〕《申報》第 17828 號，1922 年 10 月 10 日。
〔註 4〕《申報》第 18117 號，1923 年 8 月 4 日。

　　土司統治在康區不同區域存在差異性。在康北的德格、白玉、石渠、新龍、色達、甘孜五縣，康南的理塘部分地區和康東丹巴的部分地區，德格土司，甘孜麻書、孔撒、白利、阿都、東谷土司，新龍上瞻、河西、下瞻土司，丹巴巴底、巴旺、革什札土司，相繼恢復土司制度，其中德格土司的復辟最爲典型。康南的巴塘、得榮、鄉城、稻城、理塘 5 縣雅江雅礱江以西部分地區，原屬巴塘宣撫司、理塘宣撫司統轄地區，改土歸流時，趙爾豐施行強制武力打擊的措施，將兩個宣撫司一逐一殺，瓦解了土司統治勢力。進入民國後，除理塘毛丫土司勢力依然存息，其餘地區原來土司屬下的頭人和新興頭人，各霸一方，形成若干極其分散的小塊封建割據。康北的爐霍，康東的道孚，以及丹巴少部分地區的情況和康南情形相似。康東的康定、九龍 2 縣，以及道孚、丹巴、雅江部分地區，原是明正土司治地，雖然明正土司存在，但無權力，下面的頭人亦多失去權勢。〔註5〕

　　1928 年據西康特區政務委員會調查統計，「金沙江以東的康區十五縣，除得榮、稻城、縣城三縣外（無縣長到任，故未作統計），其他十二縣共有寺院 120 餘座〔註6〕。」各地土司與散佈在該區的寺廟宗教勢力相互依存，共同維護其封建農奴制度。巴塘的康寧寺、鄉城的桑披寺、理塘的長青春科爾寺、稻城的雄登寺、得榮的龍絨寺、康北甘孜的大金寺、甘孜寺、東谷寺、爐霍的壽寧寺、康東道孚的靈雀寺、惠遠寺，均係康區著名的格魯派寺廟。上述寺廟「在宗教上與西藏格魯派勢力保持緊密聯繫，在政治或與當地土司聯成一氣，或獨集政教權力於一體，挾制一方。〔註7〕」如德格第二十一代土司澤旺鄧登身兼法王，集政教權力於一身。土司範圍內地方，在土司和喇嘛寺院之間，平時若無衝突，一般土司有直接的政治地位〔註8〕。

〔註 5〕 康定民族師專編寫組編纂：《甘孜藏族自治州民族志》，當代中國出版，1994年，第 49 頁。

〔註 6〕 《西康特區委員會彙報各屬喇嘛寺廟調查表》，四川省檔案館：《近代康區檔案資料選編》，四川大學出版社，1990 年，第 324～330 頁。

〔註 7〕 康定民族師專編寫組編纂：《甘孜藏族自治州民族志》，當代中國出版社，1994年，第 53～54 頁。

〔註 8〕 佚名：《治理康區意見書》，載趙心愚、秦和平、王川：《康區藏族社會珍稀資料輯要》（上），巴蜀書社，2006 年，第 423 頁。

第二節　民國前期康區「土流並置」

一、康區土司復辟

　　一般認為，「土司始於元，盛於明，衰於清，土司制度在中國西南部和中南部少數民族地區形成於宋代，在藏區正式形成於明代。〔註9〕」歷代統治者對少數民族採取「分而治之」、「以夷制夷」、「因俗而治」的政策。土司又稱土官，元明清三代以世襲官職分封少數民族首領，用以統治當地人民。土司官職分文武兩職：文職有土知府、土知州、土知縣等，由吏部任命，發給印信號紙；武職有宣慰使、宣撫使、安撫使、招討使等，由兵部任命，發給印信號紙。在康區所任命的土司，與軍部和邊防有關，故只有武職而無文職。以宣慰使、宣撫使、安撫使、招討使為首的機構有宣慰使司都元帥府、宣慰司、安撫司、招討司等〔註10〕。從清初到嘉慶 150 餘年，清廷在康區共分封土司 120 餘人。

　　康區的改土歸流，從狹義上講到辛亥革命前結束，廣義上來說這一進程持續到 1956 年的民主改革〔註11〕。20 世紀初，土司制度逐漸退出中國歷史舞臺，康區改土歸流時期相對於雲貴地區以及內地較晚，直到清末隨著英國對西藏不斷滲透和巴塘鳳全事件的發生，才導致清朝對康區改土歸流的正式實施。1905～1911 年趙爾豐以及後繼者付嵩林在川邊持續進行改土歸流，1911 年 6 月付嵩林上奏朝廷擬建西康省，不久辛亥革命爆發，西康建省計劃隨之擱置。同時康區局勢迅速動蕩起來，這給康區土司勢力的恢復提供了條件。「改土歸流」在名義上廢除了土司的名號，委派了朝廷的流官〔註12〕，但這並不意味著在實際上徹底消除了土司家族在地方社會的傳統權威。〔註13〕

〔註 9〕　賈霄鋒：《藏區土司制度研究》，青海人民出版社，2010 年，緒論第 1 頁。
〔註10〕　甘孜州志編纂委員會：《甘孜州志》（上），四川人民出版社，1997 年，第 792頁。
〔註11〕　1959 年底康區民族改革完成，康區土司制度徹底退出歷史舞臺。見甘孜州志編纂委員會：《甘孜州志》（上），四川人民出版社，1997 年，第 835 頁。
〔註12〕　流官：明、清時在貴州、雲南、四川等省少數民族地區由朝廷任命的行政官員，因屬派設，被任命為府、廳、州、縣長官，有一定任期，可調動，不同於世襲的土官。
〔註13〕　王娟：《化邊之困：20 世紀上半期川邊康區政治、社會與族群》，社會科學文獻出版社，2016 年，第 173 頁。

縱觀整個民國時期，儘管土司制度曾被嚴重削弱過，但康區一直存在土司和流官共同治理的政治現象，我們稱之為「土流並置」〔註14〕，「土流並置」是民國康區政治治理的主要表現形式，是康區主政者努力「安康」的一項創新舉措。此時康區的土司協助流官治理，且表現易受康區政局影響。

民國建立後，康區部分地區土司勢力的變化能否用「復辟」來形容？〔註15〕1958 至 1964 年，中國科學院民族研究所四川少數民族社會歷史調查組，對甘孜社會歷史情況進行了廣泛的調查，在《四川省甘孜藏族自治州藏族社會歷史調查》〔註16〕中提出民國時期康區土司復辟的情況。該調查報告認為直到 1954 年西康藏區基本上還是處於封建社會的初期階段，可分為三種地區：

一、康北大部分地區和康東、康南一小部分地區（包括康北鄧科、白玉、德格、石渠、新龍、甘孜、色達的全部，康東的丹巴、雅江和康南理塘的大部或一部）：在趙爾豐改土歸流後不久，這些地區的土司、頭人都很快的自行恢復，以後國名黨政府不得不承認土司、頭人的權利，以維持自己的統治，現在（1954 年）這些地區土司制度還比較完整地存在著。專門為土司、頭人、寺院種地當差的農奴稱為科巴，約占全部農奴 40%，不專門為土司、頭人、寺院種地當差，而只是每年向他們繳納一定糧食、酥油等實物和服一定勞役的農奴稱為差巴或差民，約占全部農奴的 60%。這些地區力役地租或賦役制占統治地位，差巴或科巴都世代被束縛在土地上，人格依附土司、頭人、喇嘛寺廟。

二、康南大部分地區和康北、康東的一小部分地區（包括康南巴塘、得榮、義敦、鄉城、稻城全部和理塘的一部分，康北爐霍的

〔註14〕「土流並置」不同於「土流並治」，「土流並治」與「土流參用」意思一致，「土流並治」中土官世襲，「土流並置」中土官名義上由公選產生，並不世襲。

〔註15〕周偉洲主編的《西藏通史・民國卷》，其中對民國時期德格土司勢力的恢復稱為「復位」，其意與「復辟」含義一致，見周偉洲主編：《西藏通史・民國卷》，中國藏學出版社，2016 年，第 569 頁。也有將康區土司勢力恢復稱為「土制復活」、「土制恢復」，現舉一例，如文階：《德格土司之過去和現在》，《康導月刊》，1938 年創刊號。《四川省甘孜藏族自治州藏族社會歷史調查》、《西藏百年史》、《甘孜州志》、《甘孜藏族自治州民族志》、《德格縣志》等，大多數著作對民國康區部分地區土司勢力的恢復均使用「土司復辟」一詞。

〔註16〕楊靜仁、李子傑、鄧銳齡的《關於西康省藏族自治區基本情況的報告》寫於 1954 年，也錄入《四川省甘孜藏族自治州藏族社會歷史調查》。

全部，康東道孚、乾寧、丹巴、雅江的一部分）：康南大部分地區原
屬巴塘、理塘兩土司管轄，趙爾豐改土歸流時，首先從此地開刀，
殺了巴塘土司，趕跑理塘土司，土司制度完全被摧毀。但入民國以
後，戰亂紛起，原來在土司下面的若干頭人和不少新興的頭人，各
霸一方，形成了許多極其分散的小塊封建割據。農民中絕大部分是
差民，科巴性質的人已經很少了，不到全體農民的 10%。頭人和寺
廟對農民的剝削方式主要是收取實物地租。

　　三、康東的大部分地區（包括康定全部、九龍、道孚及乾寧的
一部或大部分）：本地區原為明正土司領地，趙爾豐改土歸流後，因
歷來漢族統治者在此地統治較強，故明正土司一直未恢復起來，現
明正土司雖存在，已無權力，下面頭人亦多失去權勢。很小部分的
土地、牧場為土司、頭人、喇嘛寺所有，大部為農民佔有。一般農
民對土司、頭人、喇嘛寺廟的人格依附已經很微弱了，或幾乎不存
在了。〔註17〕

可見，民國時期康區土司數量在減小，康區部分地區土司復辟且完整存在著，
一直持續到民主改革時期。再據張正明的《甘孜藏區社會形態的初步考察》〔註
18〕，也收錄於《四川省甘孜藏族自治州藏族社會歷史調查》〔註19〕，這是 1952
～1956 年的甘孜調查報告，其中第三章「土司地區與改流地區的分別」提出
民國康區北路的土司大多復辟，其詳細情況摘錄如下：

　　清，東起二郎山，西至寧靜山，是四大土司的領地。這四大土
司是：德格宣慰司、明正宣慰司、理塘宣撫司（正副兩員）、巴塘宣
撫司（正副兩員）。（都是簡稱）四大土司屬下有安撫司、長官俟、
土千戶共三十餘員，還有土百戶八十餘員。清末在川邊推行改土歸
流，由邊務大臣趙爾豐主其事。川邊的所有大小土司，在趙爾豐的

〔註17〕　楊靜仁、李子傑、鄧銳齡：《關於西康省藏族自治區基本情況的報告》，載四
　　　　　川省編輯組：《四川省甘孜藏族自治州藏族社會歷史調查》，四川省社會科學
　　　　　院出版社，1985 年，第 3～4 頁。
〔註18〕　張正明的《甘孜藏區社會形態的初步考察》寫於 1956 年，載全國人民代表大
　　　　　會民族事物委員會辦公室：《甘孜藏區社會調查資料匯輯》，1957 年。
〔註19〕　張正明：《甘孜藏區社會形態的初步考察》，載四川省編輯組：《四川省甘孜藏
　　　　　族自治州藏族社會歷史調查》，四川省社會科學院出版社，1985 年，第 6～43
　　　　　頁。

武力打擊和強力脅迫下，一一倒臺，有的被執，有的被逐，有的被殺，也有的改封爲徒擁虛名而沒實權的流官。

不久，辛亥革命爆發，北洋政府無暇顧及西南邊疆，倒了臺的土司趁機紛起復辟，這時北路和南路、東路之間的區別顯著起來了。在北路，趙爾豐對土司大多採取強力脅迫的辦法，土司的名號雖去，土司的勢力仍在。所以，北路的土司大多復辟了。德格宣慰司原先表現得最恭順，自請改流，後來復辟得最徹底，依然掩有金沙江以東的德、白、鄧、石四縣和金沙江以西地一部分地區。在南路，趙爾豐採取武力打擊的辦法，理塘、巴塘兩個宣撫司，一逐一殺，改流做得比較徹底。所以南路的土司，除了剩下幾個長官司在理塘、雅江的偏僻地區之外，其餘都沒有復辟。在東路，改流做得最爲徹底，明正宣慰司變成了商人兼地主，只有丹巴角落裏還保存著幾個小土司。〔註20〕

通過以上調查材料，我們可以更加明確，康區部分地區土司復辟貫穿整個民國時期。土司復辟和「改土歸流」不單是政治情勢的不同，也反映社會經濟結構的差別。土司是封建領主，土司復辟意味著領主制仍舊保存了下來，土司復辟地區農奴對領主的依附性較強，並存在土司和流官的「雙重」政權；而「改土歸流」則意味著領主制向地主制轉化了，改流地區農民多數變爲半農奴性質的半自由農民，只有少數人仍是農奴，這類地區沒有「雙重」政權，不過基層政權仍控制在寺院喇嘛和新興頭人手中〔註21〕。

那麼，川邊部分地區復辟後的土司和「改土歸流」前的土司相比，權力有何變化？川邊「改土歸流」之前，土司在其轄區內行使職權，享有至高無上的地位和權力。而「改土歸流」後，川邊各縣設治，各縣由流官治理，復辟後的土司被納入到川邊地方行政管理體系中，受地方政府的領導。這樣土司復辟地區就存在土司和流官的「雙重」政權，縣署是地方流官統治機構，縣下面是由土司勢力掌控。復辟後的土司與改流前相比，雖被委任一定職務，但對下層百姓的權力基本沒有變化，依然享有之前的全部特權。如德格地區

〔註20〕　張正明：《甘孜藏區社會形態的初步考察》，載全國人民代表大會民族事物委員會辦公室：《甘孜藏區社會調查資料匯輯》，1957 年，第 8 頁。

〔註21〕　張正明：《甘孜藏區社會形態的初步考察》，載四川省編輯組：《四川省甘孜藏族自治州藏族社會歷史調查》，四川省社會科學院出版社，1985 年，第 13 頁。

廣泛流傳的成語：「郎德格，沙德格。」即「天是德格家的天，地是德格家的地。〔註22〕」這句話深刻反映了德格土司在轄區內的絕對權力。

民國前期康區土司復辟高潮有兩次，分別是 1912 年和 1918 年。1912 年，西藏十三世達賴喇嘛在英帝國主義勢力的唆使下，發動藏軍驅逐川軍，並派藏軍進攻康區。「康區人民種族宗教風俗文字，大多數與藏同，所謂漢民不過十分之一。趙爾豐前既臨之以兵，復革除藏番及土司苛政，故康民喜悅。然僧俗遍境，息聲想通，勢力仍潛伏固結，至是達賴更密檄康地僧徒，嗾蠻民仇漢〔註23〕」。未幾，在趙爾豐進行改土歸流的西康地區，被廢除的土司頭人及地方寺院僧人趁機復辟，川邊形勢迅速惡化。川滇軍西征後，收回了察木多（昌都）、乍了（察雅）等地，恢復邊務大臣經營之區域。同時，尹昌衡任命巴安、瀘定、雅江、道孚、理化、懷柔、定鄉、鹽井、昌都、察雅、鄧柯、同普、義敦、德榮、貢縣、甘孜、爐霍、白玉、丹巴、稻城、貢噶、武城、寧靜、科麥、石渠等二十五縣知事。據記載：「康地既粗定，昌衡乃呈請將先後投誠之德格土司多吉僧格、明正土司甲宣齋應、丹東土司漢旺登、巴旺土司楠詩、巴底土司登爭旺應、毛丫土司美奪、曲登土司然登旺吉、崇喜土司阿登，各獎給勳章有差」。〔註24〕另外，川邊土司大規模恢復舊有勢力，況前清追繳各土司之印信號紙，民初經略使尹昌衡欲見好夷民，曾有一度發還之議；各土司皆欲恢復舊日權勢，且因改流未久，土司之職守名號，暗中也未減削。〔註25〕

1918 年是康區土司復辟的第二次高潮。1917 年川、藏兩軍在類烏齊發生衝突，藏軍內犯，攻陷了察木多（昌都），後相繼佔據恩達、察雅、貢覺、寧靜、同普、白玉、德格、鄧科、石渠等川邊 11 縣。1918 年 8 月，川邊鎮守使陳遐齡派遣代表與藏方議和休戰，10 月在甘孜絨壩岔簽訂正式停戰協定，被藏軍佔領的縣都予以承認。於是，1919 年西康所存，僅甘孜、瞻化、巴安、鹽井、得榮、定鄉、稻城、理化、雅江、爐霍、道孚、丹巴、康定、瀘定、九龍 15 縣而已。〔註26〕直到 1932 年，金沙江以東的四縣德格、鄧科、白玉、

〔註22〕　張正明：《甘孜藏區社會形態的初步考察》，載四川省編輯組：《四川省甘孜藏族自治州藏族社會歷史調查》，四川省社會科學院出版社，1985 年，第 14 頁。
〔註23〕　《西藏研究》編輯部：《民元藏事電稿　藏亂始末見聞記四種》，西藏人民出版社，1982 年，第 139 頁。
〔註24〕　《民元藏事電稿　藏亂始末見聞記四種》，第 142 頁。
〔註25〕　胡巨川：《西康土司考》，《西北問題季刊》，1936 年第 2 卷第 12 期。
〔註26〕　任乃強：《任乃強藏學文集》（上冊），中國藏學出版社，2009 年，第 49 頁。

石渠，才被川軍收回。1918 年德格淪陷，之後脫離漢官統治長達 13 年，澤旺登登趁機而起，恢復舊有勢力，其屬下巨頭，也樂於擁戴，以固其特殊地位，上下利用，於是土司之制復活矣。〔註27〕另外，「藏軍控制德格、鄧柯後，林蔥家族隨德格土司一起在原轄區恢復土司統治。德格家族以聯姻的方式，將土司澤旺鄧登之姐卡絨曲珍嫁與林蔥土司彭錯格列熱登，使林蔥土司家族實際上成為德格土司家族所能左右的一支地方土酋勢力。〔註28〕」此時，川邊鎮守使陳遐齡擔心緊鄰德格的甘孜等處會受到藏軍的誘惑，隨將趙爾豐收繳的印信號紙發還給該處的原土司，准其世襲。於是，康北甘孜地區的土司復辟〔註29〕。

趙爾豐時期川邊的土地政策沒有改革徹底，百姓沒有土地權，舊有的土司在時局變易後回到原來處所，地方流官又無力鎮壓土司、頭人，從而土司或後裔同他們有力量的忠僕勾結起來，再次恢復他們的權力和地位。當時在康地廣為流傳的「漢官如流水，土司如磐石」，漢族流官來去匆匆，土司終身同處，且土司掌握土地生命線，就是土司繼續在當地發揮作用的真實寫照。〔註30〕民國前期川邊土司出現兩次復辟高潮，川邊主政者除恢復部分舊有土司的職位外，還賦予了這些土司一些新的官職和權力，這些措施對於維護川邊的政治穩定具有一定作用。

二、流官任職狀況

清末川邊「改土歸流」後流官大量進入康區，然而，清朝初期康區已出現流官的身影。1700 至 1701 年「西爐之役」爆發，1702 年清政府在康區打箭爐（康定）設立第一個兼有流官性質的機構叫糧臺，是清廷為入藏軍隊提供後勤的機構，自打箭爐起設六糧臺，各臺設糧員一名，負責儲運軍糧。打箭爐為首臺，由打箭爐同知兼管糧餉事務。官員成為糧務委員，實際上糧臺和協、營、汛〔註31〕基本上都屬於臨時性機構，是隨著具體需要而隨時增加

〔註27〕 文階：《德格土司之過去和現在》，《康導月刊》，1938 年創刊號。

〔註28〕 四川省德格縣志編纂委員會：《德格縣志》，四川人民出版社，1995 年，第 441頁。

〔註29〕 甘孜縣志編纂委員會：《甘孜縣志》，四川科技出版社，1999 年，第 10 頁。

〔註30〕 柯象峰：《西康社會之鳥瞰》，正中書局，1944 年，第 96 頁。

〔註31〕 清代各省駐防綠營的漢兵，最高建制為標，下有鎮、協、營、汛級別，清政府在康區綠營最高軍事建制為協，駐軍長官分別為：副將、參將、游擊、都司、守備、千總、把總、外委等。

或裁撤，糧務委員和駐軍武官也不是治理一方的地方官，是向眞正流官的過渡產物。糧務委員從清代設立到「改土歸流」前一直存在，因爲糧務委員除負責管理軍糧，還有維護交通、兼攝民政，並監督土司，所以糧臺的作用不容忽視。如 1728 年，清朝在理塘、巴塘、察木多、拉里四處正式設立糧臺，並派駐糧務委員，朝廷委任的流官首次進入關外。1906～1911 年趙爾豐在康區實施「改土歸流」，巴塘、理塘的糧務委員才漸漸轉換成正式流官職務，「改土歸流」期間趙爾豐在川邊設置三類行政官，具體爲：「以人煙稀少，文化幼稚，或不居重要之地方，則設委員；呼圖克圖管轄之乍丫、察木多則設理事官；人煙稠密，而重要之地則設道、府、廳、州、縣等治理之。〔註 32〕」趙爾豐時期各縣設治，地方去政區爲道、府、縣制，縣令是國家最低一級的流官，「趙爾豐奏准從內地省份選調幹練官員赴邊差遣任職，先後從內地省份選調赴邊任職的官員達百餘人，其中選調三品銜主事三員及候補、試用、候選道員五員，從四品銜知府五員，五品銜同知七員、知州六員、府大使二員、道庫大使與鹽大使各一員，六品銜府經七員、通判四員，從六品銜州同二員、州判九員，七品銜知縣三十一員等等。〔註 33〕」

（一）民國前期康區高層流官任職狀況

趙爾豐和傅嵩炑先後擔任川滇邊務大臣，屬於康區臨時性質的高層流官。民元以後，尹昌衡先後擔任川邊鎮撫使和川邊經略使，一直到川邊鎮守使張毅、劉銳恒、殷承瓛、陳遐齡，西康屯墾使劉成勳都是康區級別最高的正式流官。中央政府在康區先後設立川邊鎮撫使、川邊鎮守使、西康屯墾使，劃定川邊特別區（後改爲西康特別區），下轄三十三縣，並派遣縣知事，以加強對川邊的控制，這是中央政府實施「治藏必先安康」戰略的一系列重要舉措。然而，歷屆康區主政者頻繁更替，各地縣知事也同樣如此，康區治理難有大的成效。

民國前期康區主政者在大部分情況下都服從北洋政府，其治邊措施也基本遵循北洋政府的戰略。袁世凱政府時期，幾任康區主政者皆聽令於袁世凱政府，1912 年 6 月北洋政府命令四川都督尹昌衡西征，1913 年底尹昌衡被袁世凱調離川邊，入京被囚。1914～1917 年張毅、劉銳恒、殷承瓛從任命至解

〔註 32〕　陳志明：《西康沿革考》，拔提書店，1933 年，第 67 頁。
〔註 33〕　四川省甘孜州志編纂委員會：《甘孜州志》（上），四川人民出版社，1997 年，
　　　　　第 572 頁。

職皆聽從於北洋政府。1917 年孫中山南下另立政府，與北洋政府分庭抗禮，南北分裂，9 月北洋政府曾一度委任熊克武為代理川邊鎮守使〔註34〕，因熊克武與廣州政府親近而拒受北洋政府任命，於是由陳遐齡接任川邊鎮守使。1918 年第二次康藏戰爭期間中央政府對川邊鞭長莫及，以至於川藏地方私下簽訂停戰協定，川邊失地 11 縣，1919 年義敦縣廢治，康南稻城、得榮、定鄉時常處於失治狀態。1919 年絨壩岔停戰合約期滿，北洋政府試圖解決藏事，陳遐齡積極響應，覆電中央稱：「以藏事關係國際，悉聽中央主持〔註35〕」。不久，國務院電允陳遐齡濟款六萬元，步槍一千枝，子彈五十萬發，以期收復川邊。1920 年後北洋政府更是政令不出門，對川邊無暇顧及，定鄉、稻城、得榮、鹽井諸縣紛起逐官排漢，巴安、理化、雅江、道孚亦多有抗糧抗差現象發生。1925 年中央政府設立西康特別行政區，川邊縣知事實際到任不足 12 縣。1926 年 12 月劉成勳、劉文輝相繼宣佈脫離北京政府。以上這些基本體現了民國前期中央政府和川邊政府之間的政治關係。

下面就歷屆康區主政者的任職狀況依次做簡要論述。

尹昌衡（1884～1953 年）〔註36〕，字碩權，號太昭，四川彭縣人，1909 年日本陸軍士官學校第六期步兵科畢業。1911 年辛亥革命爆發，趙爾豐在成都鎮壓保路運動，12 月尹昌衡將趙爾豐捕殺，1912 年尹昌衡任四川軍政府都督，6 月西藏和川邊局勢危急，尹昌衡被任命西征軍總司令，9 月被任命為川邊鎮撫使，10 月被授予陸軍中將加陸軍上將銜。1913 年 6 月，尹昌衡又被改任為川邊經略使。

尹昌衡駐康近兩年，積極經略川邊，基本上恢復了趙爾豐時期的川邊勢力範圍。1913 年北洋政府批准尹昌衡設立邊東（甘孜州大部）、邊西（德格以西）兩道，川邊設立 33 縣，邊東道轄康定、安良、瀘定、雅江、道孚、理化、懷柔（瞻化）、稻城、貢嘎、巴安、義敦、鹽井、甘孜、爐霍、丹巴、定鄉等

〔註34〕 周開慶：《民國川事紀要》（1911 年～1936 年），（臺北）四川文獻研究社，1974 年，第 194 頁。

〔註35〕 陳啓圖：《十二年藏事見聞錄》，載趙心愚、秦和平：《清季民國康區藏族文獻輯要》（上），四川民族出版社，2003 年，第 223 頁。

〔註36〕 陳予歡：《中國留學日本陸軍士官學校將帥錄》，廣州出版社 2013 年版，第 24 頁。有人認爲尹昌衡生卒年爲 1886～1953 年，見劉紹唐主編：《民國人物小傳第 4 冊》，上海三聯書店，2014 年，第 48 頁；還有人認爲其生卒年爲 1884～1952 年，見王新生、孫啓泰主編：《中國軍閥史詞典》，國防大學出版社，1992 年，第 115 頁。

16 縣，觀察使駐康定縣；邊西道轄昌都、德榮、武城、寧靜、察雅、貢縣、察隅、科麥、恩達、鄧柯、石渠、白玉、德格、同普、嘉黎、碩督、太昭等17 縣，觀察使駐康定縣〔註37〕。尹昌衡委定縣官，從事整理政治。置軍務廳，統軍務、軍械、軍需、軍法四課；置政務廳，統內務、財政、教育、實業四科。任乃強對其評價爲「其經略川邊，爲時二稔。挾全川財賦，助趙聲威，倉卒出師，收復昌都以東 20 餘縣。因俗利導，不拂民情，克以保此殘疆，貽爲建省基礎。雖其政治建設之規模，艱苦卓絕之美德，皆不足與趙氏比擬，然拓疆之功，亦可與頡頏矣。〔註38〕」1913 年 11 月尹昌衡被召回北京，以「虧空公款」的罪名成爲階下囚，被判九年徒刑，1916 年被黎元洪特赦，後潛心治學，1953 年病逝於重慶。

1914 年 1 月 13 日，北京政府任命張毅爲川邊鎮守使〔註39〕。張毅（1876~1926 年），原名義新，別號篷山，後改名毅，原籍湖南安陸，生於四川成都，1903 年日本陸軍士官學校第三期兵科畢業。1912 年 10 月 18 日，張毅被北洋政府陸軍部授予陸軍少將，1914 年張毅任川邊鎮守使，受四川都督節制，張毅與四川都督胡景伊是同學關係，意志相合。1914 年 1 月 20 日，張毅就職任事〔註40〕。

1914 年 4 月，川邊特別行政區成立，川邊鎮守使駐康定縣。川邊鎮守使署機構組成包含：

> 其辦理政務人員，分參贊處、總務處、内務科、財政科、實業科、採運辦公處、財政籌備處、庶務處，各機關共 55 員。又辦理軍政務人員，分參謀處、副官處、軍務課、軍法課、軍醫課共 59 員，總共 114 員。其他司書同事，弁兵夫役約兩百餘人。每月開支經費共兩萬數千兩，當此財政奇絀。似宜力求，撙節不必擴張局面，庶免度支困難。現既改設鎮守使，尤應事事核實。刻值藏議未定，邊務方殷，所有邊軍十一營，陸軍十三營，均正分任鎮守使署辦理軍

〔註37〕 傅林翔、鄭寶恒：《中國行政區劃通史中華民國卷》，復旦大學出版社，2007年，第 239 頁。

〔註38〕 任乃強：《任乃強藏學文集》（中冊），中國藏學出版社，2009 年，第 518 頁。

〔註39〕 川邊鎮守使，兼管軍政和民政，受四川都督節制。見《大總統令》，《政府公報》第 606 號（1914 年 1 月 14 日）。

〔註40〕 中國第二歷史檔案館：《中華民國史檔案資料彙編第 3 輯 軍事 1》（下冊），江蘇古籍出版社，1991 年，第 877 頁。

　　事人員。擬比師司令部組織伸縮規定，又邊地設治地方三十餘縣，

　　一切行政較內地節簡，凡辦理民事人員擬縮小規定。〔註41〕

張毅初上任，提出對川邊鎮守使署縮小人員編制，經川督胡景伊呈報給陸軍部〔註42〕，茲擬定鎮守使署詳細編制如下：「鎮守使一員，參謀長一員，參謀三員至四員；副官長一員，副官三員至四員；軍務科長一員，科員三員；軍需科長一員，科員三員；軍法科長一員，科員三員；軍醫科長一員，科員三員；書記四員，共計29員。又民政組織，設秘書一員，科長二員，分爲第一、第二兩科，每科設科員四員，第一科辦理內務、教育，第二科辦理財政、實業，共計11員。其餘應設雇員、土兵、夫役各項概從減少〔註43〕」。

　　川邊鎮守使張毅在其任內，軍事上克丁青、煙袋塘、鄉城，平貢噶，瀾滄江以東地區全部肅清〔註44〕。張毅本打算將川邊鎮守使署移往巴安，不料9月發生了陳步三兵變。9月20日陳步三因故兵變，殺死嵇廉及營長許幼文，打死旅部官佐19人〔註45〕。陳步三進趨康定時，張毅被迫逃離康定，後被袁世凱撤職。

　　張毅在川邊就任鎮守使期間取得過一絲成績，他長於理財，開源節流，力求政費自給，軍政、民政皆有進步。1914年張毅對川邊部隊進行了新的整編：他同意邊軍統領顧占文辭職，邊軍增設幫統、分統，這樣邊軍共分爲三統。張毅以劉瑞麟爲統領駐巴塘，率防軍一個營、炮兵一個隊；以劉贊廷爲分統駐寧靜（原名江卡），率防軍四個營；以彭日升爲幫統駐昌都，率防軍三個營、由川內到川邊的陸軍一個營、炮兵一個隊。在民政上，張毅改定烏拉支應章程，擬定知縣獎懲學行章程等等，後任鎮守使大都按照張毅的賞罰措施來治理官吏。在邊防上，川邊基本保持了尹昌衡時期的駐防區域。張毅治軍有特長，但是缺少實戰經驗，以至於在陳步三叛亂時，無從應對，最後被革職。1915年6月，張毅隨四川都督陳宧聯袂去職，至北京將軍府賦閒。

〔註41〕《川邊鎮守使署之編制》，《蜀風報》，1914年第6期。

〔註42〕《胡景伊轉陳川邊鎮守使署縮小編制情形電》（1914年1月16日），載《中華民國史檔案資料彙編第三輯 軍事（一）》，鳳凰出版社，1991年，第879頁。

〔註43〕《川邊鎮守使署之編制》，《蜀風報》，1914年第6期。

〔註44〕陳啓圖：《廿年來康政得失概要》，載趙心愚、秦和平：《清季民國康區藏族文獻輯要》（上），四川民族出版社，2003年，第207～208頁

〔註45〕四川省甘孜軍分區《軍事志》編纂委員會：《甘孜藏族自治州軍事志》，四川人民出版社，1999年，第171頁。

　　1915 年 4 月 30 日，劉銳恒取代張毅擔任川邊鎮守使〔註46〕。劉銳恒，生卒年不詳，字春霆，一說「四川樂山人」〔註47〕，一說「重慶南川人」〔註48〕，年少家境貧困，以拉車爲謀生。1884 年中法戰爭爆發，劉銳恒跟隨鮑超（湖南提督），因其戍防有功，授予把總。1911 年劉銳恒任雲南提督〔註49〕，不久返回四川，當時年齡已過六十，被推舉爲川東團練。1914 年 9 月，定鄉發生陳步三兵變，1915 年初鎮守使張毅逃離打箭爐，4 月張毅被撤職，四川都督陳宧知其（劉銳恒）才能，推薦劉銳恒爲川邊鎮守使，晉上將銜。

　　1915 年 6 月，劉銳恒抵達康定，對人事工作進行安排：「以周炯伯爲參謀長，管軍務；以熊濟文爲秘書長，理民事；以陳遐齡爲川邊陸軍第一旅旅長，本人駐雅安；以兵一團駐防理化、定鄉、稻城；以彭日升爲邊軍統領，駐昌都；以杜培祺爲邊軍幫統，駐爐城；以劉贊廷仍爲邊軍分統，駐巴安〔註50〕」。1915 年 7 月，北京政府以李寶楚爲川邊財政分廳廳長，1916 年 1 月北洋政府在川邊設置道尹，掌管民政，川邊鎮守使掌管軍政，以達到軍民分治。隨後劉銳恒電請北洋政府這樣必然引起軍政矛盾，4 月北洋政府令川邊道尹仍歸川邊鎮守使節制，政事仍由劉銳恒掌握，廳長僅掌管財政，先前頒發的各項新稅方案無法進行，賦稅徵收還是照舊進行。

　　1916 年 8 月末，劉銳恒駐留成都，殷承瓛尚未赴爐城任職，爐城邊軍營長傅青雲叛亂。劉銳恒在傅青雲叛亂前已被免職，護國戰爭爆發時，滇黔軍入川，陳宧離開成都時，電調劉銳恒回成都，劉銳恒不安於其位，赴省辭職，1916 年 8 月 13 日殷承瓛已被北洋政府任命爲川邊鎮守使。

　　劉銳恒擔任鎮守使時，已年過六十，「前清武職，本無邊才，且年老倦勤，邊軍統領對其輕視，經常逼索欠餉，並以潰變之名恫嚇他。劉銳恒沒有良策應對，只能爲諸統領求升階、求勳章，結其歡心，以保無事。〔註51〕」劉銳

〔註46〕《申報》第 15164 號，1915 年 5 月 2 日。

〔註47〕劉贊廷：《三十年遊藏記》第 8 卷，載張羽新、張雙志編：《民國藏事史料彙編》（第二十冊），學苑出版社，2005 年，第 136 頁。

〔註48〕沃丘仲子：《當代名人小傳2》，《近代中國史料叢刊三編》（80），文海出版社，1986 年，第 48 頁。

〔註49〕《申報》第 13699 號，1911 年 4 月 1 日。

〔註50〕陳啓圖：《廿年來康政得失概要》，載趙心愚、秦和平：《清季民國康區藏族文獻輯要》（上），四川民族出版社，2003 年，第 210 頁。

〔註51〕劉禹九：《擬設籌邊處經營邊藏策略》，載張羽新、張雙志編：《民國藏事史料彙編》（第十四冊），學苑出版社，2005 年，第 237 頁。

恒爲人質樸無文，近代軍事非其所長，政治又無經驗，在職一年半，正值洪憲帝制事件之間，邊境又安，無所事事，故記載較少，邊境之幸事。

1916 年 8 月 13 日，殷承瓛被任命爲川邊鎮守使〔註52〕。殷承瓛（1877～1945 年）〔註53〕，字叔桓，又名何儀青，法號太如，雲南陸良人，1907 年畢業於日本陸軍士官學校第五期〔註54〕，在日本留學期間，與蔡鍔結識，感情深篤，期間加入同盟會。1911 年任新軍第十九鎮參謀官，率部參加「重九起義」。1912 年他被授予陸軍少將加中將銜，任雲南都督府參謀總長，7 月 23 日任雲南滇軍西征軍總司令，率部進藏作戰，兩次攻克鹽井，收復鄉城，12 月 10 日到達昆明。1913 年 4 月他被授予陸軍中將〔註55〕。1915 年 12 月 25 日，護國起義打響，殷承瓛任護國軍第三軍總司令部參謀長，打敗四川袁軍，會師武漢。經蔡鍔舉薦，1916 年 8 月殷承瓛任川邊鎮守使。

1916 年 10 月 1 日，殷承瓛才由成都啓程，10 月 23 日到達康定。〔註56〕殷承瓛率滇軍華封歌〔註57〕全團、護衛營高樹槐（應爲高蔭槐）〔註58〕一營到爐（康定），追究駐爐傅青雲營索餉劫商之事，將傅青雲及叛兵數十人槍斃。「陸、邊兩軍聞之，咸爲震懾，一時軍紀爲之肅然〔註59〕」。殷承瓛到任後，

〔註52〕 《大總統令》，《政府公報》第 220 號（1916 年 8 月 14 日）。

〔註53〕 有人認爲其生卒年爲 1877～1945 年，見李景煜主編：《雲南省志卷 80 人物志》，雲南人民出版社，2002 年，第 33 頁；桂雲創主編：《五華文史資料》第 21 輯，昆明市五華區政協文史委員會，2009 年，第 202 頁。也有人認爲其生卒年爲 1882～1946 年，見陳予歡：《雲南講武堂將帥錄》，廣州出版社，2011 年，第 1987 頁。另有人認爲其生卒年爲 1877～1946 年，見陳予歡：《中國留學日本陸軍士官學校將帥錄》，廣州出版社，2013 年，第 369 頁。

〔註54〕 還有人認爲殷承瓛畢業於日本陸軍士官學校第三期或第六期。

〔註55〕 《申報》第 14433 號，1913 年 4 月 14 日。

〔註56〕 《政府公報》第 294 號（1916 年 10 月 29 日）；周開慶：《民國川事紀要》（1911～1936 年），（臺北）四川文獻研究社，1974 年，第 157 頁。

〔註57〕 華封歌（1883～？），別號詠三，雲南呈貢人，1913 年雲南陸軍講武堂第四期步兵科畢業。1915 年 12 月參加護國戰爭，入川參加討袁戰爭，1917 年任雲南靖國聯軍總司令部第九混成旅旅長。

〔註58〕 高蔭槐（1889～1976），號蘊華，昆明人。1906 年雲南武備學堂畢業，選送河北保定陸軍速成學堂深造。1912 年參加殷承瓛西征軍二等參謀，入藏平叛。1913 年回滇，任一團三營營長。1916 年受入川滇軍將領羅佩金密召入蜀，相繼擔任四川督軍署參謀、川邊鎮守使署參謀兼獨立營營長。1927 年授予陸軍中將，後追隨龍雲。

〔註59〕 陳啓圖：《廿年來康政得失概要》，載趙心愚、秦和平：《清季民國康區藏族文獻輯要》（上），四川民族出版社，2003 年，第 211 頁。

整理邊政，提出四點：一是自清欠餉，殷承瓛徵得中央同意將爐關常茶兩稅據為邊地直接收入，由於川邊欠餉，川中無法籌撥，殷承瓛請將川邊解部之直接新稅截留，作財政部協濟邊款之用；二是編制新軍，根據杜培祺幫統在傅青雲叛亂的表現撤其職，以聶明德代為邊軍幫統，進駐昌都，陳遐齡旅長（川邊陸軍）、彭日升邊軍統領、劉贊廷邊軍分統，仍保持不變，切實訓練士兵，以為恢復失地計劃；三是擬定財賦，各種新稅各縣次第推行，又以地糧青稞、小麥、玉麥官價每斗折徵藏元兩元，而市價四五元，縣署利用折徵有利可圖，後改定青稞、小麥、玉麥一斗一律為官價藏元三元，自此各縣故意捏造折徵之風稍殺；四是整飭吏治，根據前任張毅所定獎罰學行章程將全邊各縣知事考察才學，造具清冊，呈請北洋政府薦任為各縣知事。〔註60〕

　　1916至1917年，四川境內川軍和滇軍戰爭爆發〔註61〕。1917年4月20日，北洋政府免去四川督軍羅佩金職務，以戴戡暫行兼代四川都督，「4月23日，川、滇軍在成都發生戰事。〔註62〕」川、滇軍戰爭不可避免地影響到川邊的局勢。1917年滇軍被擊敗，7月北洋政府以周道剛為四川都督，成都的滇軍相繼撤退，因殷承瓛係滇人，殷承瓛的軍隊在打箭爐被圍困，孤立無援。此時他見川人甚恨滇軍，且邊軍覬覦其鎮守使職位，於是推薦陳遐齡為川邊鎮守使，11月殷承瓛率領滇籍部下撤離打箭爐。《陸良名人錄》認為殷承瓛離開康定的原因還有：「護國戰爭後，西南軍法之間連年混戰，一年三小仗，三年一大仗，殷承瓛在西南各省護國將領紛紛參加軍閥混戰之時，沒有參戰，這是和他長期追求的共和民主、富國強兵的理想相差甚遠，1917年殷承瓛在川滇黔軍混戰中心灰意冷，決定辭職歸省〔註63〕。」

　　值得一提的是，1917年9月殷承瓛派遣劉贊廷與里化寺堪布擦打呼圖可圖、宣教師格桑餓色、曲登土司、崇喜土司、毛埡土司及保正，會同里化縣知事、白玉縣知事、義敦縣知事與洛絨丁真的代表甲工喜繞等，在里化縣噶

〔註60〕　查騫：《邊藏風土記》卷3，中國藏學出版社，1991年，第15頁。

〔註61〕　原文是：「civil war erupted between Szechuan and Yunnan in 1916～1917.」詳見：Lawrence Epstein. 《*Khams Pa Histories*: *Visions of People*, *Place and Authority*》，PLATS2000: Tibetan Studies: Proceedings of the Ninth Seminar of the International Association for Tibetan Studies, Leiden2000. PP. 15.

〔註62〕　周開慶：《民國川事紀要》（1911年～1936年），（臺北）四川文獻研究社，1974年，第177頁。

〔註63〕　《爨鄉驕子·陸良人名錄》編委會：《爨鄉驕子·陸良人名錄》，雲南科技出版社，2009年，第570頁。

不可貢生雍通地方簽訂了《噶不可條約》21 條〔註 64〕。此條約調整了川邊政府與鄉城、稻城等地喇嘛土頭的關係，在宗教上，川邊政府明顯加強了對鄉城喇嘛寺的監督與控制，試圖將該寺的人事關係限制在本縣以內；在政務上，允許在不作亂匪的情況下不在鄉城駐軍。〔註 65〕

殷承瓛還依據張毅所定知事獎罰學行章程，將全縣各縣知事，加以考核，量才更調。他還通令各縣條陳治邊各種計劃，及地方應興應革大計，經核定後，全書印刷成冊，通令各縣於五年度內實施。假設殷承瓛不去職，其書中計劃，不難逐步實現，邊政有望日新月異。殷承瓛先後參加過辛亥革命、滇軍西征西藏、護國戰爭，有一定的治邊經驗。時人認爲：「殷承瓛軍事具有特長，而行政亦富有經驗。蔡（蔡鍔）薦殷鎮康，期望甚殷，蓋以克繼趙邊使成績相責，冀其安康定藏，爲西南樹一屹然重鎮。故自到邊以來，策劃軍政，皆自切實可行著手，以推動其逐年進步之計劃，向使川滇不構怨，得蓋殷之志願，邊疆之治理，蓋可翹企以俟者也。〔註 66〕」還有人評價：「殷承瓛邊使有治康之決心與毅力，但因其時間之過於短促，故無特殊表現〔註 67〕」因此，殷承瓛在任也無大的成績。1917 年底殷承瓛辭職回滇後潛心修佛。1936 年被國民政府軍事委員會銓敘廳頒令敘任陸軍少將，1945 年殷承瓛病逝於昆明〔註68〕，國民政府明令褒揚。

1917 年 10 月 16 日，陳遐齡擔任護理川邊鎮守使〔註 69〕。陳遐齡（1873～1950 年），字立鶴，號雲皋，湖南懷化漵浦人，畢業於日本陸軍士官學校。1907 年任清軍標統〔註 70〕，率部入川駐防雅州（雅安）。1914 年陳遐齡爲

〔註 64〕　四川省甘孜軍分區《軍事志》編纂委員會：《甘孜藏族自治州軍事志》，四川人民出版社，1999 年，第 171 頁。

〔註 65〕　王海兵：《康藏邊疆政治格局演進中的戰爭與權力——1912～1939 年康藏糾紛考察》，四川大學博士學位論文，2008 年，第 65 頁。

〔註 66〕　趙心愚、秦和平：《清季民國康區藏族文獻輯要》（上），四川民族出版社，2003 年，第 214 頁。

〔註 67〕　佚名：《治理康區意見書》，載趙心愚、秦和平：《康區藏族社會珍稀資料輯要》（上），巴蜀書社 2006 年版，第 366 頁。

〔註 68〕　雲南省陸良縣志編纂委員會：《陸良縣志》，上海科學普及出版社，1991 年，第 897 頁。也有人說病逝於上海，見劉國銘：《中國國民黨百年人物全書（下冊）》，團結出版社，2005 年，第 1987 頁。

〔註 69〕　《大總統令》，《政府公報》第 629 號（1917 年 10 月 17 日）；《民國川事紀要》（1911～1936 年），（臺北）四川文獻研究社，1974 年，第 195 頁。

〔註 70〕　清末改革兵制，每鎮（師）轄二協（旅），每協轄二標（團），標的長官稱統帶，亦稱標統。

川邊陸軍獨立團團長，1915 年任川邊陸軍第一旅旅長兼雅安衛戍司令，駐防雅安（雅州府裁撤，復置雅安縣）。1917 年 10 月，他出任護理川邊鎮守使，擊潰寧遠屯墾司令張煦部，兼併寧遠七屬，據有康、雅、寧三屬地盤。〔註 71〕

　　1918 年 2 月 2 日陳遐齡正式擔任川邊鎮守使〔註 72〕。陳遐齡接任時昌都彭日升被圍甚急，彭日升分統請求接濟救援。任乃強認為此時陳遐齡駐打箭爐，素嫉邊軍，欲藉藏軍消滅邊軍，飭川軍不許進援〔註 73〕。雖然邊軍彭日升以軍事關係，保各縣駐軍營長兼任地方縣知事，使得陳遐齡所委縣長不能接篆，頗為陳鎮守使不滿。但實際上，當時陳遐齡得知藏軍大股分道入寇，知彭統領勇而無謀，所部驕縱，必不可恃，於是急電川督劉存厚，希望接濟糧餉彈藥，但劉一直拖延。同時，陳遐齡下令巴塘邊軍分統劉贊廷由南路救援昌都，打箭爐第一營營長蔣國霖從北路救援，又命陸軍二團團長朱憲文率二營前往甘孜作後援〔註 74〕。劉贊廷在南路敗退，蔣國霖在同普失利後被俘。另外，2 月陳遐齡正逢川督劉存厚命令，調赴建昌，因川內局勢動蕩，他一直在建昌逗留，3 月他才從建昌返回康定。6 月到 9 月，陳遐齡集中 9 營兵力，未能戰退藏軍，因而氣餒。10 月陳遐齡派人與藏軍簽訂了停戰協議，川邊實際控制區域只剩下 16 縣。

　　1918 年起，陳遐齡坐鎮川邊，兼有雅寧防地〔註 75〕，川邊各縣知事，基本上均由陳遐齡直接委任。川邊設有道尹，對於知事徒有監司之空名，而無考核之實權。雖有財政廳專司財務，而收支實際由鎮守使支配。在軍政方面：陳遐齡時期川邊軍隊屢有變動。1918 年夏，陳遐齡升第二團團長朱憲文為北路指揮，節制各營，駐防甘孜。1920 年，邊軍分統劉贊廷棄職，出滇北走，陳遐齡委任第二營營長楊德錫為邊軍分統，邊軍僅有四個營。1921 年，陳遐

〔註 71〕　雅州六屬：雅安、榮經、天全、蘆山、漢源、名山；寧遠七屬：西昌、會理、越雋、鹽邊、鹽源、昭覺、晃寧。參見漵浦縣志編纂委員會：《漵浦縣志》，社會科學文獻出版社，1993 年，第 666 頁。

〔註 72〕　周開慶：《民國川事紀要》（1911～1936 年），（臺北）四川文獻研究社，1974年，第 206 頁。

〔註 73〕　任乃強：《任乃強藏學文集》（上冊），中國藏學出版社，2009 年，第 110 頁。

〔註 74〕　查騫：《邊藏風土記》卷 3，中國藏學出版社，1991 年，第 22 頁。

〔註 75〕　為了緩和四川各軍閥之間的矛盾，1918 年 7 月熊克武以靖國各軍總司令名義將四川和川邊劃分十一個衛戍區，川邊陳遐齡管轄區域為第十一區，1919 年4 月，各衛戍區域改稱為駐防區域。

齡改組邊軍，在巴安、理化各設置衛戍司令部，邊軍各營改編爲川邊陸軍第二旅，朱憲文爲旅長，李幫君、張光曲爲團長，以孫涵爲第一旅旅長，戴世英爲團長〔註76〕。1923年，陳遐齡參與川中簡陽戰役，與川督熊克武大戰，大敗回雅安，旋回康定重編部隊，呈請政府任命李幫君爲第三旅旅長，陳顯雲爲第四旅旅長。在民政方面：因川局甚爲動蕩不安，各駐軍又剝削民財，擴張軍務爲其急務，毫未講求吏治。陳遐齡轄有寧遠七屬和雅州六屬，用兩郡之米糧及稅收，加上建南種煙罰款，尚可撥濟邊軍軍餉，邊地雜糧亦可撥充軍食，故數年之間，相安無事。陳遐齡在寧雅雖沒有橫征暴斂，而所委任的各縣知事，少有干練吏才，備位而已，例如丹巴縣知事金某在上任期間貪污公款，後被陳遐齡處決。各縣經費，僅能坐支四成。義敦縣因糧賦無收入，併入巴塘管轄。康南之得榮、定鄉、稻城三縣，不但行政權不能行使，甚至縣知事被害，或不能安居此縣，均爲常事。

　　陳遐齡在任期間，治理川邊成績不佳，對於其最爲詬病的是與藏方簽約將川邊境土喪失了11縣。故有「陳遐齡在其治康時間，可謂悠遠，但對於康政，反而益趨頹敗，以全康而論，喪地失權〔註77〕。」筆者認爲陳遐齡在川邊任期內失去領地有諸多因素，如邊軍餉械兩乏，彭日升派遣幾個營進窺爐城造成邊地空虛，劉成勳等人均沒有及時支持，川滇軍閥忙於關內混戰等等。邊軍分統劉贊廷認爲：「陳遐齡之爲人卑鄙齷齪，自到任置邊事於不顧。今日聯北，明日通南；今日連川，明日和滇；挑邊釁，惹外交；以致邊境政務廢弛，變局日趨危貽，遂釀成民國六年之役。〔註78〕」川邊分統劉贊廷和陳遐齡之間早有隔閡，劉贊廷之詞有誇大和逃避責任之嫌。較爲中肯的評價有：「陳氏爲人任性使氣，急功好名，未爲鎮守使時代，治軍嚴整，不妄取民財，在邊十餘年，無攤派苛雜之政令，至今康人尚樂道之。鎮邊後，喜諛詞，偏聽信，左右習近，遂有以窺測其淺深，而政令計劃，多至失當。〔註79〕」也有人對其稍持肯定態度：「陳遐齡用人行政，一秉熱誠，治兵嚴整，惟性偏急，

〔註76〕　四川省甘孜軍分區《軍事志》編纂委員會：《甘孜藏族自治州軍事志》，四川人民出版社。1999年，第97頁。

〔註77〕　佚名：《治理康區意見書》，載趙心愚、秦和平、王川：《康區藏族社會珍稀資料輯要》（上），巴蜀書社2006年版，第366頁。

〔註78〕　劉贊廷：《邊藏芻言》，上海聚珍仿宋印書局，1921年，第3～4頁。

〔註79〕　陳啓圖：《廿年來康政得失概要》，載趙心愚、秦和平：《清季民國康區藏族文獻輯要》（上），四川民族出版社，2003年，第219頁。

政府誠假公兵力，濟之以軍需糧秣，期以時日，吾知恢復領土確如所議，必有以報國也。〔註80〕」

1922 年 11 月陳遐齡被北洋政府授予康威將軍，1923 年陳遐齡參與四川內戰，被劉成勳部擊敗，1924 年 5 月他迫於劉成勳軍力，再加上軍心渙散，自請將所部給資遣散〔註81〕。1925 年，陳遐齡棄職隱住北京，1937 年回到漵浦，後擔任過湖南省參議員。1950 年 12 月他在鎮反中被錯殺，1984 年被平反，並確認為愛國人士。〔註82〕

自陳遐齡從川邊敗走後，還有短暫的代理鎮守使統轄川邊。陳遐齡部下孫兆鸞和孫涵皆擔任過川邊代理鎮守使。孫兆鸞（1885～？），又名兆暖，號元青，湖南新寧人，日本陸軍士官學校肄業，1912 年任四川軍政府直轄陸軍第三師師長，10 月被四川軍政府授予陸軍中將，1913 年 7 月任川邊陸軍第二師師長，10 月任川邊第一師師長〔註83〕，1924 年 3 月任四川建昌道〔註84〕。有認為孫兆鸞即孫紹騫〔註85〕，此說法有誤，孫紹騫（1879～1973 年），字玉峰，安徽壽州人。北洋將弁學堂畢業，曾任清陸軍第十九鎮第三十八協教官〔註86〕，1913 年參加平定川邊鄉城的戰役，任攻鄉總指揮。孫涵，1916 年 5 月被授予陸軍步兵中校加陸軍步兵上校銜〔註87〕，1920 年被授予陸軍步兵上校，1921 年晉升陸軍少將，任川邊第一旅旅長。1924 年 5 月底陳遐齡準備離開川邊，據 6 月 2 日的《申報》記載，「聞陳遐齡自行解職，取道甘肅入京，將鎮守使職交建昌道孫兆鸞代，爐關內外軍隊分飭原任將領負責。〔註88〕」因孫涵與劉成勳在川邊對峙，8 月建昌道尹孫兆鸞從雅州赴打箭爐調停，不久孫兆

〔註80〕 查騫：《邊藏風土記》（卷三），中國藏學出版社 1990 年版，第 24 頁。

〔註81〕 周開慶：《民國川事紀要》（1911～1936 年），（臺北）四川文獻研究社，1974 年，第 310 頁。

〔註82〕 王曉天、王國宇：《湖南古今人物辭典》，湖南人民出版社，2013 年，第 721 頁。

〔註83〕 陳予歡：《中國留學日本陸軍士官學校將帥錄》，廣州出版社，2013 年，第 120 頁。

〔註84〕 《申報》第 18329 號，1924 年 3 月 11 日。

〔註85〕 《康區藏族社會珍稀資料輯要》在《平鄉紀事》中認為孫紹騫即孫兆鸞。見孫紹騫：《平鄉紀事》，載趙心愚、秦和平、王川：《康區藏族社會珍稀資料輯要》（上），巴蜀書社，2006 年，第 258 頁。

〔註86〕 雲南省文史研究館：《雲南省文史研究館館員名錄》，2004 年，第 111 頁。

〔註87〕 《申報》第 15550 號，1916 年 5 月 29 日。

〔註88〕 《申報》第 18412 號，1924 年 6 月 2 日。

鸞由雅州赴成都，不願返任，孫涵實際代理川邊鎮守使，直到西康屯墾使成立，孫兆鸞回建昌任道尹〔註89〕，後孫涵部被劉成勳收編，1925 年 11 月孫涵被任命西康邊防總司令〔註90〕。

1925 年 2 月 7 日，北洋政府臨時執政府下令將川邊特別行政區改爲西康特別行政區，裁鎮守使，置西康屯墾使，兼管民政事宜，爲區內最高長官，仍下轄 1 道、30 縣、1 設治局。劉成勳爲西康屯墾使，行署爲康定。〔註91〕劉成勳（1885？～1945 年）〔註92〕，字禹九，四川大邑人，四川武備學堂畢業。1917 至 1921 年，劉成勳先後任川軍第二師第一混成旅旅長、川軍第四師師長、川軍第三軍軍長。1923 年他擔任川軍總司令兼四川省長，1925 年 2 月任西康屯墾使，10 月被授予陸軍中將加上將銜，1926 年 12 月任國民革命軍第二十三軍軍長。

劉成勳擔任西康屯墾使期間，川邊治理成效也不顯著。劉成勳上任後，協調川軍第三軍與陳遐齡邊軍的具體事項，達成條件。其要點是：「邊軍承認劉成勳爲西康屯墾使，滎經以東歸川軍第三軍，邊軍的軍餉由劉成勳代發，恢復西康雅安至康定的商運，建南防地仍歸邊軍，邊軍編制照舊，以孫涵爲西康邊防總司令〔註93〕」。孫涵駐爐城管理邊事，以張中爲民政總務處長，韓光鈞爲道尹，分管民政。1925 年 12 月劉成勳率旅長方朝珍進駐康定，因劉成勳的防區重點在上川南，不能久駐康定，劉成勳留方朝珍代理屯墾使，1926 年 1 月劉成勳回駐雅安遙控指揮。此後，「劉成勳實未嘗出雅州一步，雅州距離康定約 500 里，於是鄉稻四縣，完全脫離西康政府之管束。〔註94〕」劉成勳管轄川邊區域僅有十五縣，兩設治局九龍和丹巴設治較長時間，升級爲縣，暫定爲三等縣；設康東道（駐甘孜）、康北道（駐理化），廢川邊道；移政務

〔註89〕《申報》第 18659 號，1925 年 2 月 12 日。

〔註90〕《申報》第 18925 號，1925 年 11 月 5 日。

〔註91〕傅林翔、鄭寶恒：《中國行政區劃通史中華民國卷》，復旦大學出版社，2007 年，第 240 頁。

〔註92〕劉紹唐主編：《民國人物小傳 第 10 冊》，上海三聯書店，2015 年，第 348 頁。有認爲其生卒年爲 1883～1945 年，見四川省地方志編纂委員會：《四川省志·人物志》（上），四川人民出版社，2001 年，第 173～175 頁；王新生、孫啟泰主編：《中國軍閥史詞典》，國防大學出版社，1992 年，第 210～211 頁。

〔註93〕甘孜州志編纂委員會：《甘孜州志》（上），四川人民出版社，1997 年，第 716 頁。

〔註94〕任乃強：《西康圖經》，載《任乃強藏學文集》（上冊），中國藏學出版社，2009 年，第 50 頁。

廳駐爐城，以陳啓圖爲廳長；設實業廳，以孫世式蘭爲廳長，著手民墾，及督飭各縣籌設農牧試驗場；設財政廳，以譚礪陶爲廳長，管理全部收支，兼籌計西康全部歲入歲出，整理各縣稅收。「劉成勳又於康定設初級師範學校，造就關外各縣兩等小學師資，以便改進西康教育。惟限於經費，所有各種計劃，僅能粗具規模，而逐步實施，尚有困難〔註95〕」。時人評價：「蓋劉師（劉成勳）爲人，少殊毅力卓見，又喜以耳代目，少察多發，匪惟任人不專，又蹈博而不專之弊，以故人無肯出其死力，亦無有負其責任者，而內部逐形崩潰，其失敗殆非偶然也〔註96〕」。1927年6月劉成勳部被劉文輝擊敗，30日通電下野〔註97〕，西康屯墾使一職即無形中取消〔註98〕。1945年劉成勳病死於大邑縣。

　　1926年6月7日，吳佩孚免去劉成勳的西康屯墾使職務，任命劉文輝繼任。7月劉文輝不肯擔任西康屯墾使職務〔註99〕，劉成勳等通電反對吳佩孚，願出師北伐。「同年12月劉成勳、劉文輝相繼宣佈脫離北京政府〔註100〕」。劉文輝（1895～1976年）〔註101〕，字自乾，四川大邑縣人，保定軍官學校畢業。1920年任川軍第一混成旅旅長，1923年劉文輝任川軍第九師師長，1926年11月蔣介石委任他爲國民革命軍第二十四軍軍長。

　　1927年6月，劉成勳的部隊被劉文輝擊敗，1928年7月1日劉文輝就任川康邊防總指揮〔註102〕，劉文輝正式接管西康。劉文輝接管西康十五縣後，立即設置新機構：在成都二十軍軍部設置邊務處，任命胡子昂爲處長，並延

〔註95〕　陳啓圖：《廿年來康政得失概要》，載趙心愚、秦和平：《清季民國康區藏族文獻輯要》（上），四川民族出版社，2003年，第222頁。

〔註96〕　陳啓圖：《廿年來康政得失概要》，載趙心愚、秦和平：《清季民國康區藏族文獻輯要》（上），四川民族出版社，2003年，第222頁。

〔註97〕　四川省地方志編纂委員會：《四川省志·人物志》（上），四川人民出版社，2001年，第173～175頁。另有著作認爲：1927年7月12日，國民革命軍第二十三軍軍長劉成勳下野，見周開慶：《民國川事紀要》（1911～1936年），第364頁。

〔註98〕　李亦人：《西康綜覽》，正中書局，1941年，第53頁。

〔註99〕　《申報》第19190號，1926年8月5日。

〔註100〕　黃天華：《邊疆政制建置與國家整合：以西康建省爲考察中心（1906～1949）》，人民出版社，2014年，第57頁。

〔註101〕　王哲新等編：《保定陸軍軍官學校史研究》，中國社會出版社，2005年，第228頁。有認爲其生卒年爲1892～1976年，見劉紹唐主編：《民國人物小傳　第5冊》，上海三聯書店，2015年，第370頁。

〔註102〕　《申報》第19872號，1928年7月13日。

攬一些熟悉邊情的學者和政治家，在處內供職，邊務處是二十四軍轄區內各邊遠縣區施政設計和領導機構；設立西康財務統籌處，劉文輝下令撤銷西康財政分廳，以胡人綱爲西康財務統籌處處長，負責管理西康十五縣的財務行政，與賦稅徵收事宜。胡人綱任職只有三個月，程仲梁接任；在康定設置屯墾總司令部，任命曾擔任過二十四軍一三六師師長的唐英爲總司令，駐守康定。1928 年劉文輝見各邊區的軍事、財務機構已設置齊全，根據邊務處的建議和推薦，在康定設置西康特區政務委員會，爲西康最高行政機關，任命龍守賢、陳啓圖、程仲梁等五人爲委員，以龍守賢爲主席委員〔註 103〕。西康特區政務委員會商承川康邊防總指揮兼二十軍軍長劉文輝及二十四軍邊務處之命，辦理西康民財各政。同年 9 月 17 日，西康被國民政府批准建省，西康歷史進入新的階段。1936 年劉文輝被國民政府授予陸軍中將銜，1937 年又被授予陸軍中將加上將銜，1939 年任西康省政府主席，解放後先後擔任林業部部長、全國政協常委等職，1976 年在北京病逝。

（二）民國前期康區地方流官任職狀況

1913 年，全國統一縣制，「改土歸流」時期之新設、擬設各行政單元全部正式設縣，縣治機關稱爲縣公署，縣最高長官爲縣知事，也是國家派出的最低一級流官。1914～1927 年川邊縣公署的規制相當單薄，除縣知事以外，「僅設有課員三名，分掌案牘、徵收和庶務〔註 104〕」。民國前期康區縣知事由川邊主政者考核推薦，中央政府核准任命，這些縣知事基本由內地漢官調入〔註 105〕，然而川邊部分縣知事實際由駐軍官員兼任。1914 年前後，川邊調查員李明榘發現：「今邊藏地方之知事出於某營官之錄事，或緣於某私人之私人。」〔註 106〕如 1913 年定鄉縣知事陳步三，同時也是駐定鄉第三營營長〔註 107〕；

〔註 103〕 馮有志：《西康史拾遺》，甘孜藏族自治州政協文史資料委員會，1994 年，第 89～90 頁。

〔註 104〕 王娟：《流官進入邊疆：清初以降川邊康區的行政體制建設》，中南民族大學學報，2014 年第 1 期。

〔註 105〕 只有康定末代明正土司甲宜齋在 1917 年前後擔任短暫的理化縣知事，見四川檔案館館藏檔案：民 197～24。

〔註 106〕 李明榘：《籌藏政策》，載張羽新、張雙志編：《民國藏事史料彙編》（第 14 冊），第 348 頁。

〔註 107〕 任新建、何潔主編：《尹昌衡西藏史料彙編》，四川大學出版社，2010 年，第 220 頁。

1913～1914 年、1917～1918 年擔任邊軍分統的劉贊廷，還兼任巴安縣知事〔註
108〕；1917 年邊軍分統彭日升將所管區域內各知事「盡撤換私親」，各縣縣知
事委各營長兼代，川邊鎮守使陳遐齡所委縣知事不能接篆，第七營營長張良
臣兼任昌都縣知事，陸軍第一營營長田文卿兼任恩達縣知事，邊軍第十營營
長曹樹藩兼任察雅縣知事等等〔註 109〕。

　　川邊各縣知事參差不齊，有的縣知事勤政廉明，如 1915 年擔任懷柔縣（瞻
化）的米增湘、巴安縣知事馬昌驥、稻城縣知事胡存琮、恩達縣知事李滔、
察雅縣知事夏瑚，這五位知事試署一年期滿，川邊鎮守使諮陳內務部：「免其
送部考試，擬請大總統任命，授予五位知事，並祈傳旨嘉獎，暫緩送覲，以
資策勵而重地方。〔註 110〕」有的縣知事中飽私囊，魚肉百姓，如 1917 年擔任
過恩達縣知事的張良臣、察雅縣知事曹樹藩、甘孜縣知事蔣國霖，三人皆誤
邊殃民〔註 111〕；1918 年川邊鎮守使陳遐齡在康定以重大公款貪污為由，槍決
丹巴縣知事金席珍〔註 112〕；1923 年丹巴縣知事劉寶成濫徵苛捐，收納田賦用
大斗小秤，層層剝削，極盡搜刮，激起民憤，川邊鎮守使陳遐齡將劉寶成撤
職查辦〔註 113〕。丹巴縣歷屆知事到任，「唯籌掠奪人民，侵蝕公款之法，罕有
能體上峰撫徠邊民，整頓邊事之心者。這種風氣，養成於民三以來，歷十餘
年，積重難返。〔註 114〕」

　　從 1912 年到 1927 年，由於川邊政局不穩，匪患不斷，在加上土司和寺
院喇嘛勢力時而帶來阻力，康區各縣縣知事的平均在任時間約為一年，在很
多情況下，一個縣甚至一年幾易知事，每任知事僅任職數月。甚至還有些情
況，新任知事尚未及履任，既已調換。這樣川邊地方施政無疑處於放任狀態，
川邊治理難以有顯著成效。康南、康北部分流官雖有所設，或難於到任，或

〔註 108〕　四川檔案館館藏檔案：民 197～24；四川省巴塘縣志編纂委員會：《巴塘縣志》，
　　　　　四川民族出版社，1993 年，第 263 頁。
〔註 109〕　查騫：《邊藏風土記》卷 3，中國藏學出版社，1990 年，第 16、26 頁。
〔註 110〕　呂國璋：《道孚公牘》，載趙心愚、秦和平、王川：《康區藏族社會珍稀資料輯
　　　　　要》（上），巴蜀書社，2006 年，第 248 頁。
〔註 111〕　查騫：《邊藏風土記》卷 3，中國藏學出版社，1990 年，第 19 頁。
〔註 112〕　四川省丹巴縣志編纂委員會：《丹巴縣志》，民族出版社，1996 年，第 16 頁
〔註 113〕　四川省丹巴縣志編纂委員會：《丹巴縣志》，民族出版社，1996 年，第 418 頁；
　　　　　中國人民政治協商會議丹巴縣委員會：《甘孜藏族自治州丹巴縣文史資料選
　　　　　輯》（第 2 輯），1989 年，第 113 頁。
〔註 114〕　任乃強：《西康視察報告》，載《任乃強藏學文集》（中冊），中國藏學出版社，
　　　　　2009 年，第 33 頁。

無能實施治理，川邊施政形同虛設〔註115〕。而對於康南之鄉城、稻城、得榮三縣，其縣知事甚至被殺或被驅逐，這些縣域經常處於失治狀態。如得榮縣，自改流後，至民國廿三年（1934年）先後有十二縣令，僅三任可以安全出境，餘則非遭慘殺，即僅以身免。1923年～1932年得榮爲無縣令時代。〔註116〕至於稻城和鄉城，1918年川邊政府「僅能委派一無權力之縣長，充以代表而已」〔註117〕。1911年稻城設治爲縣，雖有縣名，但無縣衙門。直到解放初，仍只有縣名和行政區劃，而無縣城的框架與機關住房。由於土司、頭人、喇嘛寺的地方勢力強盛，歷任縣知事長期不敢到縣赴任。1912年～1927年定鄉縣有五位縣長，其中兩位沒有到任，民國前期定鄉時常處於失治和復治狀態，其政務主要是徵收賦稅、成立團防、禁煙禁毒、開墾修渠等，後期開辦有學校。〔註118〕

　　民國前期川邊縣公署一直面臨著生活艱苦、經費拮据和辦公人員極少的窘境，再加上沒有武力保障，地方治安難以維持，縣公署與地方駐軍是相互獨立的，除非川邊鎮守使調令地方駐軍協助縣知事，平時各地駐軍並無意願幫助縣公署推行政令，甚至時常爲縣知事帶來不利影響。據統計，1927年10月劉文輝接管西康時發現西康各縣知事月支俸公，原分三等，一等缺支銀七百元，二等六百元，三等五百元。自1917年以後，按月僅實支四成，各縣辦公經費，頗成拮据，劉文輝發令從1927年開始，各縣按五成實支發放俸公〔註119〕。另外，1934年，康區各縣的縣政府〔註120〕中，正式的公職人員只有4人〔註121〕。對於康區包含土司、頭人以及寺院喇嘛這樣複雜的群體，這無疑是個巨大的挑戰。縣知事在實際推行政令時，不得不借助寺院喇嘛和土司頭

〔註115〕　楊嘉銘：《康區封建農奴制社會政治》，載《甘孜州文史資料》第13輯，1993年，第77頁。

〔註116〕　佚名：《治理康區意見書》，載趙心愚、秦和平、王川：《康區藏族社會珍稀資料輯要》（上），巴蜀書社，2006年，第371頁。

〔註117〕　〔法〕古純仁：《里塘與巴塘》，李哲生譯，《康藏研究月刊》，1948年，第19期。

〔註118〕　鄉城縣志編纂委員會：《鄉城縣志》，四川大學出版社，1997年，第213頁。

〔註119〕　《革命軍》，1927年第2期。

〔註120〕　國民政府建立後，1928年開始停止使用縣知事，以縣長代替，縣公署更名爲縣政府。

〔註121〕　四川檔案館館藏檔案：民201～13，轉引王娟：《化邊之困：20世紀上半期川邊康區政治、社會與族群》，社會科學文獻出版社，2016年，第149頁。

人，當康區政局穩定，土司和喇嘛便能安分守己，聽從指揮，當康區政局紊亂，土司和喇嘛便趁機擴充勢力，與政府抗衡。

表1：1912～1927年12縣知事任職時間 〔註122〕

縣　份	歷任知事數量	平均任職時間
康定	不少於 13	不足 15 個月
道孚	不少於 18	不足 11 個月
爐霍	不少於 14	不足 14 個月
甘孜	不少於 14	不足 14 個月
理化	不少於 17	不足 12 個月
巴安	不少於 18	不足 11 個月
定鄉	不少於 5，其中 2 位沒上任，大部分時間處於失治狀態	不足 12 個月
得榮	不少於 12，1923～1927 年無縣令	不足 11 個月
稻城	不少於 2，無縣公署，歷任縣長不敢到任，大部分時間處於失治狀態	不足 11 個月
丹巴	不少於 15	不足 10 個月
瞻化	不少於 11	不足 12 個月
九龍	不少於 14	不足 11 個月

三、土司任職狀況

民國前期康區土司大面積復辟，土司的世襲制度被廢除，土司被授予的職官名義上由公舉產生，然而實際上多由土司後裔繼續擔任。與「改土歸流」

〔註122〕　參考王娟：《化邊之因：20 世紀上半期川邊康區政治、社會與族群》，社會科學文獻出版社，2016 年，第 155 頁。原表只有六縣知事任職時間，筆者又增補幾縣，整理得出。又參考趙心愚、秦和平：《康區藏族社會珍稀資料輯要》（上），巴蜀書社，2006 年，第 371 頁；鄉城縣志編纂委員會：《鄉城縣志》，四川大學出版社，1997 年，第 214 頁；董用霖：《稻城縣概況》，《邊政》，1930 年第 4 期；四川省甘孜藏族自治州丹巴縣志編纂委員會：《丹巴縣志》，民族出版社，1996 年，第 418 頁；《西康瞻化縣紀要》，《邊政》，1931 年，第 7 期；《九龍縣文史資料》第 1 輯，第 113～114 頁。

前相比，民國前期土司對下層百姓的權力基本沒有變化，土司直接支配人民，「生命財產，子女牛馬，並當受高級土酋支配，赴湯蹈火，唯命是從」〔註 123〕。民國前期土司對土地權、司法權的控制基本恢復先前的狀態，「番民有事，皆就決於土司，罕訟於縣署者〔註 124〕」。由於地方流官的進入，民國前期康區土司職務由地方政府任命，土司也須上糧納稅，還得肩負催繳賦稅，催派烏拉，維持治安之責。「過去大土司有管十數部落者，今已無能號召千家以上之土頭存在」〔註 125〕。

趙爾豐改土歸流後，絕大部分土司都繳納了印信號紙，接受清政府重新授予的都司、守備、千總、把總等世襲頭銜，並發給贍銀，這些頭銜多具有象徵意義。部分土司被授予地方基層官職，如保總、保正、村長、保甲長、聯保主任等，擔任這類職位的多是本地土著人，這類職務在民國時期一直保留下來。如 1919 年巴底土司病死，受土婦澤旺娜姆之請求，陳遐齡正式發給巴底以其子貢嘎旺緒承襲土司的執照；1920 年，陳遐齡分別委任上瞻、中瞻、河東、河西東本爲四個區的「總保」，各村頭人爲「保正」，讓其世襲〔註 126〕。時人胡巨川認爲此原因是：「查康區土司，自清改土歸流，其後裔失其權勢久已，應與平民無異。乃一般夷民，舊念太深，仍存部落之見，對於曩日服從土官，不能遽然背棄。故歷任康區知事，於從前曾任土司者或土司之後，均委以總保、保正、村長等職，以示羈縻，而徇民意〔註 127〕。」

明正土司擔任康定總保正可以說是康區土司在地方政治中發揮作用的一個縮影。民初末代明正土司甲宜齋和大多數土司一樣爲地方政府效力，儘管 1922 年甲宜齋發生叛逃而亡，但其後裔繼續爲地方政府所用。這點也和其他土司後裔一樣具有相同的命運。1911 年，明正土司繳印改流，土司一律取消，然而土司實權依舊存在。民國初期，川邊歷屆政府仍依靠明正土司實力以鞏固自己的統治。1912 年 7 月，尹昌衡率部西征，明正土司也盡力幫助，從而得到尹昌衡的信任，《康定縣志》記述：「查此次爲民國出力，首推明正土司，

〔註 123〕 任乃強：《康區視察總報告書》（節錄），載《任乃強藏學文集》（中冊），中國藏學出版社，2009 年，第 117 頁。

〔註 124〕 任乃強：《西康視察報告》，載《任乃強藏學文集》（中冊），中國藏學出版社，2009 年，第 33 頁。

〔註 125〕 任乃強：《康區視察總報告書》（節錄），載《任乃強藏學文集》（中冊），中國藏學出版社，2009 年，第 117 頁。

〔註 126〕 趙宏：《康區土司》，中國文化出版社，2011 年，第 21 頁。

〔註 127〕 胡巨川：《西康土司考》，《西北問題季刊》，1936 年第 2 卷第 12 期。

核請獎勵土司甲木參瓊珀〔註128〕」，尹昌衡授予明正土司勳章。1915 年，川邊鎮守使署授明正土司以康定總保正之職。民國七年，藏軍進攻川邊，與川軍大戰於甘孜絨壩岔。1918 年 10 月，川邊鎮守使署委康定知事韓光均、總保正甲木參瓊珀（甲宜齋）為交涉員，與西藏代表磋商，訂停戰條款 4 條而停戰。1922 年，末代明正土司甲木參瓊珀乘川邊鎮守使陳遐齡向川中發展勢力而發生戰亂之時，在關外組織力量，意欲自立，川邊鎮守使署發覺，以反對現政權的罪名，將其逮捕投入康定縣獄中，後其屬下劫獄得逃，甲木參瓊珀在逃亡中溺死於雅拉河中。甲木參瓊珀死後，其有三子，川邊主政者優待土司後人，特許此子甲聯芳不經考試入西康文官仕學館，准第三子甲聯科入西康陸軍軍官學校。明正土司衙署由甲聯芳繼承。後甲聯芳承襲木坪土司，被害於木坪。甲聯科到內地學習歸來，又病死於途中。土司勢力雖已削弱，土司衙署仍准其繼承，所遺孀婦仍受保護，於是將在德格學醫的長子甲聯陞接來管理土司衙署事務，兄襲弟職。

　　另外，還有一類地方基層職務，完全是專門為了土司而設定的官職，如「土兵營長〔註129〕」、「縣保安隊副總隊長」、「調查員」等等，這些土司官職是康區特有的，也是民國時期康區政治變遷的重要特徵之一。陳遐齡在任時，為了防止西藏對川邊土司的利誘，在甘孜組建土兵營，加委孔薩土司恩珠宜美、白利頭人鄧德傑、絨壩岔頭人阿都翁嘎和東谷土司賜儒登真為土司土兵營營長〔註130〕。1923 年理塘毛埡土司權勢日增，成為康南最大的土司，土司施郎降澤歷任民團指揮、土兵營長、督察長、軍糧轉運官等職，陳遐齡為其請得五等嘉禾勳章〔註131〕。土司也賄賂陳遐齡以獲得更多權益，可以說，「陳遐齡受各地已廢土官賄賂，盡委以土兵營長名義，使仍管其部眾，致土司復

〔註128〕　四川省康定縣志編纂委員會編纂：《康定縣志》，四川辭書出版社，1995 年，第 419 頁。

〔註129〕　多處論著出現將「土兵營長」和「士兵營長」稱呼混淆，本文均使用「土兵營長」稱呼。有使用「士兵營長」一詞，見《開發西北》，1934 年第 2 卷第 2 期；《創進月刊》，1934 年第 5 期；四川省甘孜軍分區《軍事志》編纂委員會：《甘孜藏族自治州軍事志》，四川人民出版社 1999 年版，第 13 頁等等。

〔註130〕　甘孜縣志編纂委員會：《甘孜縣志》，四川科學技術出版社，1999 年，第 10 頁。

〔註131〕　甘孜州志編纂委員會：《甘孜州志》（上），四川人民出版社，1997 年，第 833 頁。

活，邊事不復寧矣〔註132〕。」此類官職在國民政府時期不斷增多，如德格土司授予土兵營長是在國民政府成立之後增加的，1918 年至 1932 年德格地區一直被藏軍佔領，西藏地方政府在德格恢復土司統治。其中 1926 年，被西藏地方政府軟禁拉薩的二十代德格土司多吉僧格去世，十三世達賴喇嘛允准澤旺鄧登襲任第二十一代德格土司。1932 年，川康邊防軍恢復對德格的管轄後，在設政機構的同時，委以二十一代土司澤旺鄧登土兵營長、團務督察長、保安副總隊長等職，使得地方政權與土司統治並存的政治格局，一直維持到建國初。

表2：1928年西康特區政務委員會彙報各屬舊有土司土職調查表〔註133〕

縣別	名稱	現存後裔姓名	住地	是否任有公務	恭順或強頑
康定	明正土司	甲聯芳	明正衙門	木坪土司職	尚數恭順
	魚通土司	甲安仁	上魚通麥笨村	調查員	尚數恭順
瀘定	咱里土司	古廷彥	咱里	團練局長	恭順
	冷邊土司	周輔臣	冷磧	無	恭順
爐霍	朱倭土司	劉雍切繞	朱倭鄉	朱倭保正	尚數恭順
	章谷土司	無	無	無	無
九龍	八阿龍土千戶	銀喜曲登	八阿龍村	無	素稱恭順
丹巴	丹東土司	登登旺佳	丹東官寨	丹東總保	恭順
	巴底土司	根卡旺皆	巴底瓊山寨	巴底總保	頑梗
	二十四寨土千戶	楊國材	格宗村	總村長兼土兵（原文爲士兵）營長	破稱恭順
瞻化	刀登土百戶	刀登	沙堆	村長	強頑
理化	毛丫土司	鎖加	毛丫	無	尚無違誤
鹽井	覺隴土百戶	白工宜馬	覺隴村	村長	破稱恭順

〔註132〕 任乃強：《民國川邊遊蹤之西康箚記》，中國藏學出版社，2010 年，第 34 頁。
〔註133〕 四川省檔案館：《近代康區檔案資料選編》，四川大學出版社，1990 年，第 361～366 頁。1928 年金沙江以東還有德格、石渠、白玉、鄧科被藏軍佔領，川邊實際轄區爲 15 縣，鄉城、得榮、稻城縣知事沒到任，故無相關數據。

縣別	名稱	現存後裔姓名	住地	是否任有公務	恭順或強頑
巴安	大營館（宣撫司）	翁堆	馬團部駐紮地點	無	尚稱恭順
甘孜	甘孜安撫司	孔德欽	甘孜	總保	尚屬恭順
雅江	崇西（喜）土司	阿稱	崇喜官寨	總保正	恭順
道孚	榆科（魚科）土司	倩那錯	榆科	總保正	跡近強頑

第三節　民國前期康區的土流關係和評述

一、流官和土司關係

　　土司、頭人和寺院喇嘛是康區社會傳統的統治階級，清末趙爾豐川邊「改土歸流」後，流官大批進入川邊，土司、頭人在康區「土流並置」中依然扮演著重要的角色。辛亥革命後，川邊有一部分土司由於「改土歸流」或則戰亂而失去權勢，如「巴塘正、副宣慰司，理塘正、副宣慰司，咱里土千戶，冷邊和沈邊長官司〔註134〕」；還一部分恢復勢力的土司被川邊政府委任爲全國縣以下基層通行職位保正、總保等之類的職務，充當國家權力和基層社會的中間人；另外，川邊政府專爲部分土司量身訂做了一些官銜，並賦予他們一定的特權，如授予土司土兵隊長、調查員等職位。「這些被委任官員的土司繼續操縱地方實權，與流官形成雙軌統治〔註135〕。」土司的職位是由康區主政者委任，土司協助地方流官辦理政務，受地方流官管轄，這樣他們在形式上對中央政府是保持認同的。民國前期這些舊土司並不總是服從地方流官的領導，前述土司調查表格我們發現，土司對縣公署的態度不一。根據地方政府行政控制的強弱，當地部分土司也會表現時好時壞的狀態。

　　有時土司、頭人對政府表現恭順，便能得到川邊政府的褒獎和優待。如1914 年丹巴縣二十四寨楊千戶，沒有追隨丹巴其他土司叛變，便得到川邊鎮守使的優撫。1914 年川邊鎮守使署制用科公函有記載：「查楊千戶前因丹巴叛

〔註134〕 趙宏：《康區土司》，中國文化出版社，2011 年，第 22 頁。
〔註135〕 郭卿友：《民國藏事通鑒》，中國藏學出版社，2008 年，第 435 頁。

亂不肯附和，所轄人戶慘遭擾害，殊堪憫惻。該千戶於我軍剿辦時，猶復率夷幫助，服物勤勞，殊屬深明大義，應予從優獎撫，以示鼓勵。著獎給該千戶三等勳照一張，獎牌一面，隨令發給，仰即轉飭承領。至該千戶所轄二十四寨去歲應納丁糧牲稅，概予豁免，用示體恤，並予傳知遵照〔註136〕。」在前述表格中，我們可以發現該千戶1928年還在擔任總村長兼土兵營長，深得政府滿意。

有時土司、頭人與政府處於敵對狀態，或表現頑梗，川邊政府會採取相應的制裁措施。如1928年西康臨時政務處呈：「近年以來，防務鬆懈，致關外各屬土司土職後裔狡黠者潛蓄勢力，妄思恢復從前職權。如丹巴之巴底土司後裔根卡旺皆，宅壟屯防千總後裔雍鶴齡，均著頑梗之狀，瞻化之甲拉溪土千戶後裔穹穹工布亦露刁橫之狀。其甚者理化營官壩之阿格仲噶曾運動恢復舊職，經該縣知事王政和嚴加制裁，方始斂跡。……現值我軍長垂念國防整飭邊氓之際，與其平居恭順者，允宜特予保護；其強頑不化者，尤當嚴加制裁，庶足以昭懲勸而示懷綏。」〔註137〕

地方流官還參與土司之間糾紛的調節，如1918年九龍設治委員上呈明正土司與木里土司關於土地歸屬的糾紛案件，呈文內容為：「麥地龍向為明正土司轄地，與木里土司區域判若鴻溝，彼此從無侵犯。嗣因明正土司改土歸流，該木里土司遂趁機強佔，前明正土司甲宜齋曾經據實詳覆鎮署，有案可查〔註138〕。」還有1928年爐霍縣朱倭土司與章谷壽寧寺發生的械鬥案，各縣知事參與調解，包括爐霍、甘孜、瞻化三縣知事，最後向營長理縮率隊出關到爐霍後，勒令雙方退兵，會同三縣知事分別處罰賠償朱倭與壽寧寺，此案才結束。〔註139〕

另外，我們不能忽視康區的寺院喇嘛，他們對康區地方政治也發揮著重要的影響力。康民大多崇信佛教，凡有兩個兒子的人家，必須分送一個去當

〔註136〕《一九一四年二月十九日川邊鎮守使署制用科公函》，載四川省檔案館：《近代康區檔案資料選編》，四川大學出版社，1990年，第356頁。

〔註137〕《一九二八年西康臨時政務處呈》，載四川省檔案館：《近代康區檔案資料選編》，四川大學出版社，1990年，第360頁。

〔註138〕《一九一八年二月九龍設治委員呈》，載四川省檔案館：《近代康區檔案資料選編》，四川大學出版社，1990年，第359頁。

〔註139〕分別參考了四川省檔案館：《近代康區檔案資料選編》，四川大學出版社，1990年，第347頁；任乃強：《爐霍縣視察報告》，載《任乃強藏學文集》（中冊），中國藏學出版社，2009年，第50～64頁。

喇嘛。直接繼承子嗣的，普通只留一個兒子。在西康各地每一家庭，不論其貧富，差不多都有充當喇嘛的，於是寺院能支配每一家庭的心理，把握康區的行政權力，成為一個實際的權威者。喇嘛寺常放貸於民間，這時常增加了百姓的負擔，「喇嘛寺與教徒，以權力甚大，肆行高利貸，致造成地方發展之障礙〔註140〕。」喇嘛寺又是一個武力集團，於是喇嘛寺在康區具有一定的影響力。

　　殷承瓛任川邊鎮守使時，於 1917 年 9 月派人在理化噶不可訂立了著名的《噶不可條約》，這是地方政府協調土酋和寺院喇嘛的關係的重要憑證，川邊政府明顯加強了對鄉城喇嘛寺的監管與控制。其中規定：「理塘寺的鄉城籍喇嘛仍歸理理塘鄉城孔村誦經朝佛，不得改入桑披寺，並不得散處別縣，此項喇嘛均照，理寺眾僧不支差徭〔註141〕。」劉成勳擔任西康屯墾使時，積極籠絡地方宗教上層人物，加強川邊地方的穩定。1926 年他委任理塘寺傳號〔註142〕娃仁措為理塘、巴塘、鄉城、稻城、雅江 5 縣的「五路團總」，統帥 5 縣的地方武裝。傳號在寺廟任期兩年，雖一再換人，而「五路團總」之職一直由理塘寺傳號擔任。〔註143〕

二、民國前期康區「土流並置」評述

　　民國前期康區土司出現兩次復辟高潮，因土司紮根於川邊地方社會，部分土司後裔在當地繼續委以職務。民國時期康區土司一直存在於地方政治中，土司在康區地方政治舞臺上扮演著重要的角色，這樣就形成了土司協助流官共同治理的政治現象。民國前期康區政治治理中「土流並置」措施是由當時特定的社會背景決定的。民元以後，康區和內地一樣設立縣治，但是康區各縣公署由於財力拮据、人員極少、缺乏武力後盾等因素制約，各縣知事對地方控制力不從心。而植根於康區幾百年之久的土司已深入康民，土司在地方政治運作中依然發揮作用。民國前期康區的「土流並置」現象是對於那些「廢不掉」土司的一種妥協和羈縻。

〔註140〕〔法〕古純仁：《川滇之藏邊》，李哲生譯，《康藏研究月刊》，1948 年第 15 期。
〔註141〕　鄉城縣志編纂委員會：《鄉城縣志》，四川大學出版社，1997 年，第 407～410 頁。
〔註142〕　傳號，這一職稱僅見於理塘寺，其地位僅次於堪布，主管理塘寺內外事務。
〔註143〕　朱革：《藏傳佛教在康區的傳播》，載中國人民政治協商會議甘孜藏族自治州委員會：《甘孜州文史資料》（第 16 輯），1998 年，第 191 頁。

　　民國前期康區「土流並置」發揮的積極作用。康區各縣知事作爲國家的地方流官，有三項主要任務就是收糧、催差和維持治安〔註144〕，「縣長之職務大都爲提取稅收與催支差徭，司法問題則由隸屬之頭人解決之〔註145〕。」這也是上級考察其政績的首要指標，但是各地縣知事單憑自己的力量很難完成，通過土司和流官的合作將很好的完成任務。關於土司維持治安方面，截止1934年，全康土司頭人中僅委以土兵營長職務的人數達16人，共轄有土兵五六千人，協助駐軍。〔註146〕關於民國康區烏拉差役方面，康區地勢高寒、道路崎嶇、人口稀少，漢人出關非備烏拉不可，否則極易飢寒而致死，所以烏拉供差變得十分重要，而土司喇嘛對烏拉具有決定支配權。1914年康定縣呈：「竊本縣地居首要，轉運糧餉，輸送槍彈，南北兩路支應雜差，需用烏拉絡繹不絕。」鎮守使批覆：「該知事督催烏拉，以顧前方輸運，頗爲勤勞，深堪嘉許，各保正等奉公無懈，辦事勤能，均應從優獎敘〔註147〕」。每個地方行政官將區域分若干個保正管轄，保正安排人支應烏拉，輪流提供烏拉。〔註148〕關於康區糧食徵收方面，川邊土地貧瘠，災害頻發，糧食經常歉收，時常還有鄉匪串擾，百姓生活困苦，此類任務由當地保正和村長協助縣知事辦理。如1918年稻城縣呈：「知事目擊該夷等困苦，惻然於中，遷延半月，隱調查民間現狀，有糧可納者十分之三，爲患滋大，復傳集各村保正村長等好言相勸，飭民間有糧者納糧，無糧者按照官價折徵〔註149〕。」

　　民國前期康區「土流並置」產生的負面影響。民國前期川邊土司大面積復辟，使得土司在康區當差、服役、納糧中繼續享受特權，康區百姓依然處於雙重被剝削的狀態，生活十分淒苦。時人孤僧對此有深刻的認識：

〔註144〕　王娟：《化邊之困：20世紀上半期川邊康區政治、社會與族群》，社會科學文獻出版社，2016年，第182頁。

〔註145〕　〔法〕Gore，F. 蔣宗三譯，《川邊與滇邊遊記》（待續），《康導月刊》，1941年，第3卷第89期。

〔註146〕　此處「土兵營長」原文爲「士兵營長」，見《創進月刊》，1934年第5期。

〔註147〕　《一九一四年三月康定縣呈》，載四川省檔案館：《近代康區檔案資料選編》，四川大學出版社，1990年，第195頁。

〔註148〕　Oliver R. Coales. Narrative of A Journey from Dachienlu to Ch'amdo and Back via Batang, in The History of Tibet, Vol.III, Alex McKay, (ed.), London: RoutledgeCurzon, 2003, PP. 231.

〔註149〕　《一九一八年四月十三日稻城縣呈》，載四川省檔案館：《近代康區檔案資料選編》，四川大學出版社，1990年，第160～161頁。

自改土歸流後，土司即改其名為頭人、為總保、為聯保。此種
改制，不經官擇，不由民選，一仍土司之舊而世襲其職（間有官擇
民選者殊少），不過再經官府加委。對於官府為屈服，而土民制為其
頭人之家臣，故實權仍操之頭人、區長（保正）等之手，所謂換湯
而不換藥者也。自茲而後，農奴對官府當差服役納糧而外，復對頭
人、區長盡當差、服役、納糧等之義務，於是土民之負擔遂為兩重，
所為農奴，不但無解放之，而且苦痛更甚於前，此漢官施治已數十
年，而仍無良好之現象也。〔註150〕

總體來說，民國前期川邊各縣縣知事在實際推行政令時，不得不借助寺院喇
嘛和土司頭人。當康區政局穩定時，土司和喇嘛便能安分守己，聽從指揮；
當康區政局紊亂時，土司和喇嘛便趁機擴充實力，與政府抗衡。「土流並置」
是民國前期康區政治治理中的主要表現形式，「土流並置」通過委以土司職
權，緩和了土流關係，土司協助政府徵收百姓賦稅和催派烏拉，加強了地
方政府對百姓的管理，客觀上有利於漢藏民族關係的緩和，有利於康區政
治的穩定。然而，從 1912 至 1928 年，康區歷任主政者經歷了尹昌衡川邊
鎮撫使、四任川邊鎮守使、劉成勳西康屯墾使直到劉文輝川康邊防總指揮，
平均在任時間較短，要麼來不及實施各自治邊計劃，要麼無暇經營。在短
短 16 年期間康區發生了兩次康藏糾紛、多次兵變、康南盜匪作亂等等，在
加上川邊各縣知事也更替頻繁，這進一步影響到川邊地方的治理。尤其從
1918 年絨壩岔和議簽訂後，川邊失地過多，川邊政府權威在百姓的心理發
生了變化。康區土司特權再次恢復，百姓給政府和土司都需繳納糧稅和徭
役，這無疑又增加了百姓的負擔。康北土司基於治權之較穩定，對政府不
敢有違背之舉，政務基本維持，百姓尚能服從政府。康南十幾年來，政府
尚未有大的治理成績，甚至一度出現數縣失治狀態，土司對於政府只有敷
衍的情況，百姓時而出現抗糧抗差現象。故民國前期康區「土流並置」的
成效並不顯著。

　　雖然民國前期康區「土流並置」整體成效不大，但「土流並置」措施是
康區主政者努力「安康」的創新舉措，也是傳統帝國向現代國家轉變過程中，

〔註150〕　孤僧：《西康之土司喇嘛》，載趙心愚、秦和平：《清季民國康區藏族文獻輯要》
　　　　　　（上），四川民族出版社，2003 年，第 558 頁。

康區治理在政治變遷中表現的調適與反應。民國前期康區「土流並置」一直到 1956 年康區民主改革才退出歷史舞臺，這段時期「土流並置」成爲康區基層政權治理的範式。

第五章　民國前期康區的經濟治理

第一節　民國前期康區農牧業、手工業和商業

一、農業和畜牧業

民國前期康區的產業形態主要是農牧業，手工業和商業比例較小。康區的手工業主要是家庭手工業，農牧民幾乎每家都從事家庭手工業，以滿足自身的需要，只有極少部分手工業製品流入市場。康區商品經濟發展程度較低，處於以物易物階段，只有極少數城鎮開展有限的貿易。農牧業是康區的經濟基礎，康區財政的來源主要基於農牧關係而定。

民國前期康區經濟制度處於封建農奴制階段，土地掌握在土司、頭人、寺院喇嘛手裏，老百姓生活只能自給自足。因趙爾豐在川邊「改土歸流」時對土地政策未徹底改革，康區的下層百姓是沒有土地權的，辛亥革命後康區土司復辟，在沒有土司復辟的地方又滋長頭人，還有各寺院喇嘛，流官無力鎮壓他們，土地權又重新掌握在三大階層手裏，他們成為地方經濟的權威者。

清末趙爾豐在川邊「改土歸流」，曾發動移民對康區進行墾殖，取得過一定成效。辛亥革命後，川邊戰亂頻繁，不但荒地未加開墾，已開墾者亦日舊荒蕪。因康區土地權不在百姓手裏，地方政府對土司、頭人控制力有限，墾民得不到政治保障，受當地人排擠，墾務逐漸鬆弛。內地漢人移民或逃或被殺，墾殖事業一落千丈，30 年代初有人發現，「所有墾務成績，只有巴安、雅

江、爐霍、道孚四縣保留一部分而已〔註1〕」；康民多事畜牧，生活簡單，性情疏懶，「全康除極少的土地已經農墾外，大部分都保持著原始的畜牧生活」〔註2〕；「二十年以來，西康實無墾務之可言也」〔註3〕。所以，民國前期康區土地開墾基本沒有進展，而康區農牧業的墾殖發展時期主要是從西康建省（1939 年正式建立）左右開始的，成績也不大。

從農牧業分佈情況來看，大致康東、康南，以農業爲主，畜牧占十分之二、三，康北以畜牧爲主，農業占十分之三、四，康東之九龍、康定、丹巴，康南之巴塘、得榮、鄉城、稻城七縣爲純農業或牧業極少地區，康北之石渠、色達則爲純牧業地區。總的來說，農業經濟的比重較大〔註4〕。

康區地處橫斷山脈，（民國時期）除西部被藏軍佔據外，東部有大渡河、雅礱江、金沙江橫跨。康區平均海拔爲 4000 米之高原，3000 米以下之河谷，佔地僅得全康面積十分之二三，且被絕壁斜坡占去大部，可耕之地又僅得其十分之二三。是故西康糧食奇乏，至於不能供給此每平方公里一人之需要。4000～5000 米之地，約占全康面積十分之五，爲牧場草地。〔註5〕康區農業中心一般在海拔 3000 米以下之河谷，畜牧中心爲海拔 4000 米左右之草原，森林在海拔 3600 米以下河谷兩岸傾斜之山側上。康區崇山峻嶺，地廣人稀，土地貧瘠，氣候一般，故生產力有限。

（一）農業

康區農業區域主要分佈在：「西康金川、雅礱、金沙、瀾滄諸江流域之下游，氣候和煦，土質肥沃。」〔註6〕因地勢、氣候不同，康區農產品在各地生

〔註1〕 此書寫於 1936 年，見佚名：《治理康區意見書》，載趙心愚、秦和平、王川：《康區藏族社會珍稀資料輯要》（上），巴蜀書社，2006 年，第 341 頁。

〔註2〕 黃舉安：《西康的畜牧事業》，《開發西北》，1934 年第 2 卷第 2 期。

〔註3〕 梅心如：《西康》，正中書局，1934 年，第 230 頁。

〔註4〕 此爲 1954 年寫的甘孜調查報告，包含 20 縣和 1 區：康定、瀘定、丹巴、九龍、乾寧、雅江、理塘、巴塘、鄉城、稻城、義敦、得榮、甘孜、德格、新龍、白玉、鄧柯、石渠、爐霍、道孚和色達地區，見楊靜仁、李子傑、鄧銳齡：《關於西康省藏族自治區基本情況的報告》，載四川省編輯組：《四川省甘孜藏族自治州藏族社會歷史調查》，四川省社會科學院出版社，1985 年，第 3～4 頁。

〔註5〕 任筱莊：《西康蘊藏的富力與建設的途徑》，《新亞細亞月刊》，1936 年，第 11 卷 1 期，載《任乃強藏學文集》（下），中國藏學出版社，2009 年，第 556～557 頁。

〔註6〕 楊仲華：《西康紀要》，商務印書館，1937 年，第 196 頁，載張羽新、張雙志編：《民國藏事史料彙編》（第二十七冊），學苑出版社，2005 年，第 345 頁。

長有差異，主要作物爲青稞、麥、豆類，水稻較少。在東南部產豆、麥、米、薯、瓜、蔬菜類，西南部產品稍次之，西北與北部僅產有少許之豆、麥類。尤以康定之豆、麥、小米、青稞，及巴安之青稞、豆、瓜類等出產最多。〔註7〕康北各縣，大都年產一季，康南之巴安、德榮（得榮）、定鄉、稻城各縣，地勢較低，偏臨雲南，氣候較熱，農產品每年有產兩季者。

　　清末各省設立「農事試驗場」，至 1911 年僅四川省就有農事試驗場 74 處，可以說是中國由政府辦理農業科技改良的開始〔註8〕。康區農業技術落後，因而有巨大的提升空間。在這樣的時代背景下，川滇邊務大臣趙爾豐下令各縣試辦「農事試驗場」，從內地引進水稻、小麥、馬鈴薯、蕎麥、高粱以及各種豆類和蔬菜品種，進行試種並向農民擴廣，於是川邊地區悉有蔬菜產品〔註9〕。趙爾豐還聘請日本農學專家，提倡在川邊改良農業〔註10〕。民國時期康區各地嘗試對農業進行改良，具體到川邊各縣而言，如貢覺縣至 1914 年（民國三年）縣知事劉欽萱教人民習食菜蔬，以菜合糌粑熬粥，人民德之。現在亦知菜根之有味也〔註11〕；1915 年丁正華〔註12〕奉命在道孚縣城開辦農事試驗場，從內地引進豆、麥類良種，蔬菜種籽，蘋果、寧檎、核桃、桑樹等種籽和樹苗，使縣境蔬菜品種劇增，香甜果實安家落戶〔註13〕。1917 年吳樂賡擔任寧靜縣知事，教種馬鈴薯，收穫甚豐。蓋西康高原半爲沙田，宜種馬鈴薯，尤宜大豆，現已爲大宗食料〔註14〕；1917 年劉鼎彝蒞任九龍縣，劈地百畝，設爲農民試驗場〔註15〕。

〔註7〕　翁之藏：《西康之實況》，上海民智書局，1930 年，第 57 頁。
〔註8〕　岳探主編：《中國農業經濟史》，中國人民大學出版社，1989 年，第 425 頁。
〔註9〕　王川：《西康地區近代社會研究》，人民出版社，2009 年，第 201～202 頁。
〔註10〕　楊仲華：《西康紀要》，商務印書館，1937 年，第 345 頁，載張羽新、張雙志編：《民國藏事史料彙編》（第二十七冊），學苑出版社，2005 年，第 383 頁。
〔註11〕　《中國地方志集成・西藏府縣志輯》，巴蜀書社，1995 年，第 122 頁。
〔註12〕　丁正華（1869～1935 年），字培芝，道孚漢商，1912 年爲保正、「漢團」團總，1913 年任縣署監造，1920 年任學督，1933 年任縣公安局長，1934 年任道孚保安大隊總隊副。「其權力直與縣官比肩，視之如一土司。」見四川省道孚縣志編纂委員會：《道孚縣志》，四川人民出版社，1998 年，第 551 頁；任乃強：《西康圖經》（民俗篇），載《任乃強藏學文集》（上冊），中國藏學出版社，2009 年，第 407～408 頁。
〔註13〕　四川省道孚縣志編纂委員會：《道孚縣志》，四川人民出版社，1998 年，第 7 頁。
〔註14〕　《中國地方志集成・西藏府縣志輯》，巴蜀書社，1995 年，第 619 頁。
〔註15〕　劉建邦：《清末民（國）初西康東部各縣墾務概況》，載《甘孜州文史資料》（第 14 輯），1996 年，第 99 頁。

　　第二次康藏戰爭爆發後，康區戰火不止，康藏零星戰鬥持續到 1923 年，川邊農作物被毀嚴重，「農事試驗場」暫時停止。直到 1925 年，道孚縣政府倡種油菜，產量甚豐，特集資建榨油房一座，就地解決部分食用菜油的供應〔註16〕；1927 年九龍縣城呷爾辟地百畝舉辦農事試驗場，人員很少，先後於華丘村試種水稻失敗，指導八窩龍引種水稻成功〔註17〕。1928 年春，西康特區政務委員會人員胡人綱和陳啓圖共同遞交提案，「呈請恢復西康農事試驗場，附設苗圃〔註18〕」。5 月，「西康農事試驗場」正式設立於康定城中心，即著名的明正土司故址上。「6 月 18 日，劉文輝呈請國民黨政府主席蔣介石，稱已經恢復西康農事試驗場，籌設籽種倉庫於雅安，籌設農具製造廠於滎經〔註19〕。」「西康農事試驗場的建立，結束了民國以來康定縣乃至西康一無科研機構，二無專業科技隊伍的歷史，可以說是從此西康農業研究與農業技術推廣進入一個新階段。〔註 20〕」但民國前期康區的農業試驗場還處於實驗階段，推廣程度不高，影響不夠廣泛，因而農業技術取得的進步有限。

　　總體來說，民國時期康區農業發展緩慢，主要是封建農奴制度嚴重束縛了農業的發展。除經濟制度因素，還有其他因素的制約：一是民國前期康區土地未盡開墾，耕地甚少，人口稀少，而稼穡作業多由女子承擔，男子僅於耕地之時以及收穫運輸之時參加勞動；二是農具簡單，耕種方法簡陋，農業知識幼稚異常。農具主要是木犁、木耙、鶴嘴鋤、連枷等，寸鐵全無的木犁依然是主要的農具，鐵鏵只在康東使用，康北、康南地區很少見到鐵鏵。這種木犁還只是耒耜向犁的過渡形式，使用木犁，牽挽非常費力；三是種子惡劣，又不用肥料、除草、除蟲，年輪歇地在四分之一以上，普遍使用撒播法，下種之後聽其自身自長，自花自食；四是各地農業生產中禁忌頗多，對生產極其不利。如男不背糞，女不犁地，馬不能耕地，不

〔註16〕　四川省道孚縣志編纂委員會：《道孚縣志》，四川人民出版社，1998 年，第 143 頁。

〔註17〕　四川省九龍縣志編纂委員會：《九龍縣志》，四川人民出版社，1997 年，第 174 ～175 頁。

〔註18〕　《邊政》，1929 年第 1 期，「例載」第 25～26 頁。

〔註19〕　四川省檔案館：《近代康區檔案資料選編》，四川大學出版社，1990 年，第 33 頁。

〔註20〕　王川：《西康地區近代社會研究》，人民出版社，2009 年，第 205 頁。

灌水、不澆地，不施人糞，喇嘛寺廟未貼出春種、秋收的通知，農奴不能開始春耕、秋收等〔註21〕。

（二）畜牧業

畜牧佔有康區百姓生活之大部分，在社會經濟中佔有重要成分。因牧民取牛羊乳以製酥油及奶餅子、奶渣子、酸奶子，爲生活所需。每年剪牛毛一次、羊毛二次，除用以製帳幕及毡之而外，還可作爲商品，以牛糞爲燃料，羊皮爲衣，遠出經商多用馬騾，故西康人民之衣食住行，與馬牛羊關係密切，畜牧產品以牛羊爲主，馬騾次之，人民以牛馬之多少定家產之貧富，西康的陸路交通，完全以牛馬代步，運物大多用牛，牛馬也是康區烏拉必不可少的工具。康區牧業除瀘定以外，每個縣都有牧場，如「康定草原牧場，十倍於可耕地面，草茂水甜，遠甚於新疆、蒙古等地，爲國家之最佳牧場」。〔註22〕

因西康地勢關係，耕牧之地相雜，牧民可分爲四類：一爲純粹牧民，此類牧民大概支天幕爲家室，逐水草而居。一年四季與牛羊相伴，僅有少數人經營商業；二爲分莊牛廠娃，此類牧民大概爲地主之類，因土地廣大、牛羊眾多，在附近山中特劃牧場，以資游牧。管理方面，由家人輪流前往經營，或雇僕役專司其事，其在山中居住之時，生活情形完全與純粹牧民相同；三爲半耕半牧民，此類牧民以農業爲主，以餘資夠買牧畜，就近放牧，以取牛乳酥油。其放牧方法多係早出晚歸，與純粹牧民不同。秋冬之際，水涸草衰，即於自己家內豢養；四爲寄養牧民，此類牧民擁有廣大之牧場，而自己牛羊爲數不多，則收受附近農村人民之牛羊騾馬代爲放牧，每年滋生之小牲和酥油，牧民與牲主平分。〔註23〕

總體來說，民國前期康區畜牧業發展滯緩，除了封建農奴制度的嚴重束縛外，還有其他因素的制約。一是康區人民仍缺乏飼養畜牧的良好方法，「許多地方沒有儲備冬草的習慣，一到冬季，牲畜就有大量凍餓致死的危險，牧

〔註21〕 四川民族調查組德格小組：《德格地區的農奴制度》，載四川省編輯組：《四川省甘孜藏族自治州藏族社會歷史調查》，四川省社會科學院出版社，1985年，第81頁。

〔註22〕 此調查時間爲1929年，見任乃強：《西康視察報告》，載《任乃強藏學文集》（中），中國藏學出版社，2009年，第11頁。

〔註23〕 楊仲華：《西康紀要》，商務印書館，1937年，第208頁，載張羽新、張雙志編：《民國藏事史料彙編》（第二十七冊），學苑出版社，2005年，第348頁。

民就不得不趁早宰殺老弱的牲畜，所以牲畜繁殖的很慢〔註24〕」；二是瘟疫的影響，「牛瘟羊瘟、毒草毒水、害蟲害鼠（破壞草場）為牧區三大害，又以牛羊瘟疫為最〔註25〕」。由於沒有畜牧獸醫機構，主要請喇嘛念經消災，祈求神靈保祐，對於防止瘟疫束手無策，而瘟疫一來，往往流行不止。牛羊馬生長率只有百分之四十，再加上瘟疫，牲畜死亡率較高，顯然牧民畜牧收成較低。如 1927 年理塘牛瘟流行，本果鄉卡須村達娃才仁家（貧牧）以前有牲畜 100 多頭，一次就病死 88 頭〔註26〕。三是自然災害造成牲畜傷亡，威脅最大的是雪災冰雹，其次還有地震的發生，如「1921 年 5 月鹽井縣發生大地震，造成眾多房屋及鹽田垮塌、人畜傷亡的重大損失，1923 年 5 月，寧靜一帶發生 6.8 級大地震，人畜均有傷斃，房屋震裂、震跨嚴重」〔註27〕。

二、手工業和商業

（一）手工業

民國前期康區的手工業主要是家庭手工業，尚未出現手工業工場。幾乎每家農民和牧民都從事家庭手工業，以滿足自己家庭的需要，只有極少部分手工業製品流入市場。事實上康區手工業尚未完全從農牧業中分離出來，獨立手工業者很少，手工業主要是作為農牧民的家庭副業而存在的，手工業者絕大多數兼事農牧業，而且從農牧業中分離出來的手工業，基本上只限於農牧民自己無力製造的物品。農牧民的家庭手工業以紡毛線和製毡子為主，還有熟皮、製靴、磨房、釀酒、木工、石工、銀工、水磨、縫紉、製革等，銅匠、鐵匠很少。

康區的手工業總體來說是比較落後的，但部分手工業製品享有一定的聲譽。如白玉河坡的佩刀，德格更慶的紙張和印經，鄉城的毡子，甘孜的製陶，巴塘的製革、製陶、銅器和紡織，康定的銀飾和鐵器等等，這些產品製造規模較小，設備簡陋，產量較低。就金屬器具的鑄造而言，主要的產品是銅瓢、

〔註24〕 張正明：《甘孜藏區社會形態的初步考察》，載四川省編輯組：《四川省甘孜藏族自治州藏族社會歷史調查》，四川省社會科學院出版社，1985 年，第 8 頁。

〔註25〕 楊靜仁、李子傑、鄧銳齡：《關於西康省藏族自治區基本情況的報告》，載四川省編輯組：《四川省甘孜藏族自治州藏族社會歷史調查》，四川省社會科學院出版社，1985 年，第 4 頁。

〔註26〕 四川民族調查組理塘小組：《理塘毛埡牧區調查》，載四川省編輯組：《四川省甘孜藏族自治州藏族社會歷史調查》，四川省社會科學院出版社，1985 年，第 225 頁。

〔註27〕 芒康縣地方志編纂委員會：《芒康縣志》，巴蜀書社，2008 年，第 317 頁。

銅鍋、鐵瓢、鐵鍋等生活用品，還有佩刀，而鋤、耙等農具就很少了，鐵鏵就更少；就製陶而言，尚未使用陶輪；就紡織而言，尚未使用紡車，而是用木製或石製的紡錘，織毯子用的是木製的織機或沒有機架的織器〔註28〕。

康區絕大部分手工業品和全部工業品需要從其他民族地區供給。如茶葉首先從內地漢族區域輸入，貧苦的藏民買不起茶，就只能採集一些氣味略近的樹葉，焙製成假茶；銅器大多來自雲南，藏族手工業者也製造銅器，但產品以佛像和法器居多；鐵器大多來自雅安，一部分鐵器從雲南和四川漢區輸入。這種在成品和原料都極大程度地依賴於其他民族地區的狀況，一方面漢藏民族之間的經濟聯繫密切了，另一方面康區的部分手工業慘遭淘汰，如製陶業，就是因為瓷器的大量輸入而衰落，其他的如製鐵業、銅器業也有類似情況。這也是康區農牧業和手工業僅是初步的分工有關，而漢區的手工業與康區的農牧業之間存在明顯的分工。

（二）商業

1911 年，康屬各縣實行縣治，設流官，闢市場，甘孜、德格、理化、巴安、道孚等縣已經形成商品集散地〔註29〕。民國前期康區康藏衝突不斷，康藏交通路線時梗時通，康藏商業日益蕭條。由於封建農奴制度的束縛，康區的交換和貨幣關係不發達，人民多以物易物。在偏僻的部落裏農牧民主要是以物易物的貿易，如昌都以北至大金川流域大部分地區就是此類貿易；在城市與偏僻的部落間也有物物交換與貨幣購物的貿易；在城市裏也有完全是貨幣購物的貿易，此類貿易人數較少。〔註30〕康區之古就是漢藏貿易交匯地帶。

民國前期從內地輸入康區的商品主要有：茶葉、鹽、布、糖、鐵器、銅器；出口商品主要有：赤金、鹿茸、麝香、蟲草、貝母、大黃、秦艽、羌活、赤芍、藏藥、羊皮、狐皮、雜皮、鹿尾、鹿角、羊毛等〔註31〕。民國前期康區的商人分為藏商與漢商。藏商無組織，主要是各地寺院喇嘛、土司、頭人

〔註28〕　張正明：《甘孜藏區社會形態的初步考察》，載四川省編輯組：《四川省甘孜藏族自治州藏族社會歷史調查》，四川省社會科學院出版社，1985 年，第 9〜10 頁。

〔註29〕　甘孜州志編纂委員會：《甘孜州志》（中），四川人民出版社，1997 年，第 1244頁。

〔註30〕　《西康之經濟概況》，載趙心愚、秦和平：《清季民國康區藏族文獻輯要》（上），四川民族出版社，2003 年，第 248 頁；翁之藏：《西康之實況》，上海民智書局，1930 年，第 89 頁。

〔註31〕　羅肅華：《西康之交通及商業概況》，《四川月報》，1938 年第 12 卷第 34 期。

和富商大賈，漢商以地域分派，有雅州、名山、邛州、天全、川北、成都、陝西、雲南等幫〔註32〕。

民國前期康區並沒有嚴格意義上的城市。所謂城市，無非是大喇嘛寺所在的地點，和大土司官寨所在的地點，甘孜、德格、理塘、巴塘等地則是兼而有之。他們是城市的政治中心，也是不大的市集，又是手工業者比較集中的地點，可以說是城市的胚胎。土司官寨四周有高牆矗立，喇嘛寺也有圍牆。由於康區內部商業和手工業的不發達，在甘孜康區僅有300戶左右的小城市6個，即康定、甘孜、理塘、巴塘、丹巴、道孚。其中康定、甘孜、理塘人口均在500戶以上，商業較發達〔註33〕。甘孜藏區這些商業市鎮中心，向外輻射到臨近的西藏、雲南、青海、甘肅和雅安、阿壩、西昌等地區，以及本區內的縣鄉和農村、牧場〔註34〕。另外，川康藏商業交易中昌都也是重要的商業城鎮。下面對民國前期這幾個小城市的商業情況略作介紹：

康定，又名打箭爐，是康區商業和手工業的中心，具備了城市的雛型。從明末清初及民國時期，商業貿易均以川茶葉為大宗，絹布、藥材、羊毛、煙酒次之。據1918和1929年爐關確稅記載，稅政收入仍以茶葉所佔比例為大。〔註35〕1910年康定縣第一屆商會成立，康定商會賬冊記載：「1903年集體會員有24個，1932年減少2個，一個是廣布幫為邛布幫擠走，一個是建昌幫以人數太少而停止稱幫」〔註36〕。1928年，國民政府發佈《全國商會條例》，定上海、武漢、康定為總商會，並以三地為三大商埠。康定為康藏進出口商埠，每年輸出金額3000多萬元〔註37〕，藏漢商往來更加頻繁〔註38〕。

〔註32〕 任乃強：《西康視察報告》，載《任乃強藏學文集》（中冊），中國藏學出版社，2009年，第15頁。
〔註33〕 楊靜仁、李子傑、鄧銳齡：《關於西康省藏族自治區基本情況的報告》，載四川省編輯組：《四川省甘孜藏族自治州藏族社會歷史調查》，四川省社會科學院出版社，1985年，第5頁。
〔註34〕 來作中：《解放前康區商業簡述》，載《甘孜州文史資料》（第7輯），1988年，第89頁。
〔註35〕 劉仕權：《解放前康定商業簡述》，載《甘孜州文史資料》（第8輯），1989年，第125頁。
〔註36〕 劉仕權：《解放前康定商業簡述》，載《甘孜州文史資料》（第8輯），1989年，第129頁。
〔註37〕 《康定縣志》記述康定每年輸出金額約300多萬元。見四川省康定縣志編纂委員會：《康定縣志》，四川辭書出版社，1995年，第168頁。
〔註38〕 甘孜州志編纂委員會：《甘孜州志》（中），四川人民出版社，1997年，第1247頁。

昌都，察木多之異譯，位於瀾滄江上游，昂曲、雜曲二河會流處，是川、青、滇、藏四地區的貨物集散地。各地商人在昌都都設有分莊，各地山貨都先集中到這裡，然後再運往別處。主要的輸入品是茶葉、綢緞、布匹、煙草等，輸出的多爲藥材、羊毛等土產品〔註39〕。

甘孜，位於雅礱江上游，可稱爲西康第二商埠。蓋打箭爐外，舊推巴塘繁盛，民國前期川藏交通移於北道，巴塘線路受冷落，甘孜日益發達。1929年計查甘孜共有共有陝商 8 家，川商 7 家，西寧商 1 家，藏商 2 家，喇嘛寺商 7 家，土司家商 2 家，皆資本千兩以上者。甘孜商業以爐城運茶爲主，其次爲青海地方之鹽，再次爲羊毛、鴉片等〔註40〕。

理塘，也作里塘、理化，位於西康高原正中，面積在全康各縣中居第一位。民初被鄉匪禍亂，漸漸衰落。1919 年 1 月 15 日，商號被匪徒搶劫，計有茶商「同心源」、「明順通」、「福聚魁」等十三個茶號被劫，共計損失銀三萬餘兩，茶商資本雄厚可見一斑〔註41〕。1930 年理塘有較大商家 10 餘家，以收買蟲草、或自雲南以及鄉、稻等處販運鴉片、碗兒糖等來此分銷康地。商人資本，喇嘛寺最多，陝商其次，藏商再次，川商最少。〔註42〕

巴塘，又名巴安，位於金沙江東，巴曲平原上。清末趙爾豐擬以巴塘爲川邊省會，招民領墾，住戶由數百戶增至一千戶，幾成西康第一都會。1913年川邊首府移治爐城，漢藏商業趨赴北道。1918 年，寧靜以西陷於藏軍，巴安市場迅速衰落。1920 年巴塘兵亂發生，縣官政令不能出城 10 里，政治商業相俱墮落，巴塘成爲一尋常市鎮。巴安縣城東街、南街之商業較爲興盛，商會在東街藥王廟內〔註43〕。該縣商業由雲南、四川、印度輸入絲綢、漢廣雜貨布匹等，輸出藥材、皮貨。〔註44〕

〔註39〕　中國社會科學院民族研究所西藏少數民族社會歷史調查組：《昌都地區社會調查材料專冊》（初稿），1963 年，第 20 頁。

〔註40〕　任乃強：《西康視察報告》，載《任乃強藏學文集》（中冊），中國藏學出版社，2009 年，第 70～72 頁。

〔註41〕　王治：《解放前康屬商品經濟概況》，載《甘孜藏族自治州文史資料選輯》（第 5 輯），1986 年，第 124 頁。

〔註42〕　任乃強：《西康視察報告》，載《任乃強藏學文集》（中冊），中國藏學出版社，2009 年，第 99 頁。

〔註43〕　任乃強：《西康圖經》（境域篇），載《任乃強藏學文集》（上冊），中國藏學出版社，2009 年，第 69～70 頁。

〔註44〕　梅心如：《西康》，南京正中書局，1934 年，第 279 頁。

丹巴，大小金川會流處。藏民交易方式多是以物易物，外縣客商資本較雄厚者，長住縣城、林卡、犛牛、東谷等處棧內，坐收藥材、麝香等土產，運往爐城、成渝或滬漢出售。〔註45〕

道孚，位於雅礱江支流霍水（即鮮水河）之下游。原名道塢縣，道孚縣城和泰寧二處為商業中心。內地漢商，多派人來此坐收鹿茸、麝香、蟲草、貝母、蒹艽、大黃等藥材。本地漢戶之富者，與喇嘛寺並自經營隊商，或自養馱牛，或雇傭馱腳娃，從打箭爐販運關外土產、獸皮、藥材、鹽巴等。〔註46〕

第二節　民國前期康區賦稅徵收

一、川邊財政廳歷史沿革

1912 年 10 月川滇軍停止西征後，尹昌衡遂裁撤西征軍總司令部，成立川邊鎮撫府，歸四川都督節制。尹昌衡隨後設立政務處，下隸四司，郭開文為財政司長。邊款悉由川中支給，月撥濟銀二十四萬兩。1913 年 6 月，袁世凱授尹昌衡川邊經略使，直接由中央節制，邊餉責成四川接濟，置政務廳，下轄財政科。1914 年 1 月張毅為川邊鎮守使，裁撤川邊經略使，受四川都督節制，張毅上任首將軍費、政費劃分，軍餉由四川協濟，政費由邊地自取，軍餉月需十四萬九千四百兩。1914 年 7 月 29 日，北洋政府設川邊財政分廳，張毅自兼廳長，設總務、賦稅、會計三科，隸屬四川財政廳。10 月，川邊協餉削減為按月十三萬五千三百元。張毅擬設川邊官銀行，調劑全邊金融，不料陳步三叛亂於鄉城，康南以及爐城皆受動蕩，張毅鎮守使被解職，擬定計劃失敗。

1915 年 5 月，張毅專任川邊財政分廳廳長，廳與鎮守使署平行〔註47〕，而據《申報》記載，1915 年 4 月 12 日陳光璠還在擔任川邊財政分廳廳長〔註48〕。5 月 29 日，廖治暫署川邊財政分廳廳長〔註49〕。6 月 10 日廖治因病去

〔註45〕　任乃強：《西康視察報告》，載《任乃強藏學文集》（中冊），中國藏學出版社，2009 年，第 29～31 頁。

〔註46〕　任乃強：《西康視察報告》，載《任乃強藏學文集》（中冊），中國藏學出版社，2009 年，第 43～44 頁。

〔註47〕　陳啟圖：《廿年來康政得失概要》，載趙心愚、秦和平：《清季民國康區藏族文獻輯要》（上），四川民族出版社，2003 年，第 210 頁。

〔註48〕　《申報》第 15144 號，1915 年 4 月 12 日。

〔註49〕　《申報》第 15193 號，1915 年 5 月 31 日。

世〔註50〕，6 月 17 日，大總統令財政部呈請任命鍾壽康署川邊財政分廳廳長
〔註51〕。7 月 15 日，大總統令財政部呈請任命李寶楚爲川邊財政分廳廳長〔註
52〕。1916 年 1 月 23 日北洋政府設立川邊道並兼理川邊財政分廳廳長〔註53〕。
2 月 20 日李寶楚任道尹，仍兼川邊財政分廳廳長〔註54〕。劉銳恒擔任川邊鎮
守使期間，川邊財政分廳廳長人事任命變更頻繁，政事由鎮守使主管，廳長
僅主理財政，一切仍沿張毅時期辦理，各項新稅無法進行。

　　1916 年 8 月 29 日，大總統令熊廷權爲川邊財政分廳廳長〔註55〕，道尹、
廳長係歸川邊鎮守使管轄。殷承瓛擔任川邊鎮守使期間，財政部同意將打箭
爐關劃歸川邊財政分廳監管，自此打箭爐常茶兩稅爲邊地直接收入。1917 年，
北京政府規定，改川邊財政分廳爲川邊財政廳，在打箭爐設關監督一員，川
邊財政廳隸屬中央。〔註56〕殷承瓛離職前推薦陳遐齡爲川邊鎮守使，陳啓圖
爲川邊財政廳長。1918 年陳遐齡入主川邊，7 月 30 日陳啓圖署理川邊財政廳
廳長〔註57〕。當時川中主政者爲熊克武，南北分裂，熊克武傾向南方軍政府，
所有邊餉，按月協餉隨之停止，後川邊靠雅寧各縣接濟。劉成勳任西康屯墾
使期間，陳啓圖爲政務廳廳長，譚礩陶爲財政廳廳長〔註58〕，期間還有葉殿
傳於 1925 年 2 月 19 日擔任西康財政廳廳長〔註59〕，1926 年葉子充擔任過川
邊財政廳長〔註60〕，川邊邊餉依然靠雅寧稅收。

〔註50〕 《政府公報》第 1119 號，1915 年 6 月 20 日。
〔註51〕 《申報》第 15213 號，1915 年 6 月 20 日；《政府公報》第 1118 號，1915 年 6
　　　　月 19 日。
〔註52〕 《申報》第 15240 號，1915 年 7 月 17 日；《政府公報》第 1154 號，1915 年 7
　　　　月 25 日。陳啓圖認爲 1915 年 10 月北洋政府以李寶楚爲川邊財政分廳廳長，
　　　　張毅交卸回川，此説法應該有誤。見陳啓圖：《廿年來康政得失概要》，載趙
　　　　心愚、秦和平：《清季民國康區藏族文獻輯要》（上），四川民族出版社，2003
　　　　年，第 210 頁。
〔註53〕 《政府公報》第 25 號，1916 年 1 月 30 日。
〔註54〕 《申報》第 15453 號，1916 年 2 月 22 日。
〔註55〕 《申報》第 15645 號，1916 年 9 月 1 日。
〔註56〕 四川省檔案館：《近代康區檔案資料選編》，四川大學出版社，1990 年，第 79
　　　　頁。
〔註57〕 《申報》第 16329 號，1918 年 8 月 2 日。
〔註58〕 陳啓圖：《廿年來康政得失概要》，載趙心愚、秦和平：《清季民國康區藏族文
　　　　獻輯要》（上），四川民族出版社，2003 年，第 222 頁。
〔註59〕 《政府公報》第 3913 號，1925 年 2 月 20 日。
〔註60〕 《申報》第 18997 號，1926 年 1 月 17 日。

　　1927 年劉文輝下令撤銷西康財政廳（即川邊財政廳），設置西康財務統籌處，任命胡人綱爲處長，負責管理西康十五縣的財政行政與賦稅徵收事宜，積極整頓、不遺餘力。胡人綱任職只有三個月被免職，由程仲梁繼任統籌處長，程仲梁是二十四軍在成都建立的財政專門學校校長，他還帶來財專學生，分別被派到各縣任徵收課長和稅關委員等職。〔註61〕程仲梁上任後，以科學新法，整理財務，持續達四年，始有規模。

二、民國前期康區賦稅徵收狀況

（一）田賦、牲稅徵收

　　民國前期康區軍費在較長時間內由四川供給，政費就地解決，賦稅徵收是康區地方政府籌集民餉的主要來源。民國康區賦稅徵收基本以清末趙爾豐時期爲基礎，康區人民上繳賦稅的形式主要是田賦和牲稅。田賦即地糧，在康區農區徵收；牲稅即牧地稅，在康區牧民中徵收。

　　康區田賦徵收正式起於趙爾豐時期，採取以物納稅的形式。1909 年 10 月趙爾豐擬定巴塘等處徵糧暫行章程，其中地糧徵收有幾條重要標準爲：「地分爲三等：上等下種一斗者，徵糧一斗二升；中等徵糧一斗；下等徵糧八升；徵糧制用官斗，每米一斗，重官秤三十斤，青稞、麥子等類，各重二十七斤；委員收糧，均用官斗；蠻民不准私自開墾，需向土司領地，准給者方能耕地，名爲官地。」〔註62〕民國前期康區徵糧皆以此爲基礎。民國前期康區牲稅除瀘定縣以外各縣皆需上繳，其稅率也是以趙爾豐時期所釐定爲基礎。趙爾豐規定每戶牛馬在十三頭內，爲聽差及耕墾之用，不取稅。稅額定爲：馬一匹年取藏洋半元，牛四頭年取藏洋一元，羊四隻作牛一頭計算。〔註63〕

　　民國前期川邊地方政府在田賦、牲稅徵收上均採取過相關的措施。1914年張毅任川邊鎮守使時，川邊田賦預算收入爲 114059 元〔註64〕，後改定徵收

〔註61〕　馮有志：《西康史拾遺》，甘孜藏族自治州政協文史資料委員會，1994 年，第90 頁。

〔註62〕　四川省民族研究所：《清末川滇邊務檔案史料》（中），中華書局，1989 年，第457～458 頁。

〔註63〕　佚名：《治理康區意見書》，載趙心愚、秦和平、王川：《康區藏族社會珍稀資料輯要》（上），巴蜀書社，2006 年，第 353 頁。

〔註64〕　翁之藏：《西康之實況》，上海民智書局，1930 年，第 169 頁。

支撥糧稅章程，以為考核縣知事功過之標準。嚴禁各縣折徵地糧，統收實糧，蓋數撥充軍食。委派民政兩科主要人員，詳查邊務大臣舊卷，與各治局當日所造戶口牲稅清冊，確切鉤稽。據記載：「1915 年春，計全邊糧稅，未復趙、傅舊案者，僅巴安、定鄉兩縣。」〔註65〕1916 年 4 月 21 日川邊財政分廳對田賦徵收擬定了《川邊徵收田賦暫行章程》〔註66〕，主要內容有：

> 一、川邊田賦以上地下種一斗，徵糧一斗二升，中地下種一斗，徵糧一斗，下地下種一斗，徵糧八升；二、地糧概徵本色，不得折徵；三、地糧如遇荒欠或他項情事，詳準徵收折色；四、地糧折徵官價：青稞、小麥、豌豆、玉麥每斗折徵藏元 2 元，大麥每斗折徵藏元 1 元 2 咀，蕎麥、粟米、元根每斗折徵藏元 1 元；五、川邊徵糧概以舊定 30 斤官斗量收，平量平收，不得尖斗浮收，違者重究；六、徵糧係照舊章，就縣治官倉上納。如有任便存儲，一經失事，經徵官除懲戒外，照數賠償。七、徵收地糧每年開徵，自本年陰曆七月初一起，至次年四月底止，一律掃數完徵；八、各屬田賦，地方官完全負徵收之責，各屬公署，設徵收一科，經營徵收事宜，各屬轄地分為數區、數路，每區照章設保正一名，除督催調烏拉及公差事宜外，兼有催收本路糧稅之責，每路分若干村，每村設村長一名，經營戶口糧稅事宜；九、川邊徵糧最重，如遇荒欠，派員勘驗，予以減免；十、各屬糧稅，以保正催收各路，以村長催收各，除照章得領薪水口食外，不得私向民間需索分文，違者嚴辦。〔註67〕

1916 年 8 月殷承瓛擔任川邊鎮守使，他飭行財政廳將各縣之經收田賦成績，一律加以考核，諮報財政部，並將各縣徵課員，連帶負責考核。又以地糧青稞、小麥、玉麥，官價每斗折徵藏元貳元，而市價四五元，縣署利用折徵有贏餘可圖，多方捏故請求折徵，妨礙軍食，徒飽私囊，虧公甚巨，改定青稞、小麥、玉米一斗一律為官價藏元三元，自是各縣捏故折徵之風

〔註65〕　陳啓圖：《廿年來康政得失概要》，載趙心愚、秦和平：《清季民國康區藏族文獻輯要》（上），四川民族出版社，2003 年，第 209 頁。

〔註66〕　四川民族調查組：《北洋政府與國民黨統治下的西康藏區檔案資料》（第二分冊），1963 年，第 51～56 頁。

〔註67〕　《川邊徵收田賦暫行章程》，載四川省檔案館：《近代康區檔案資料選編》，四川大學出版社，1990 年，第 87 頁。

稍殺。1916 年川邊田賦預算收入爲 253369 元〔註 68〕。由於川邊軍費積年未清，政費緊張，各縣治歲入之款有減無增，賦稅上報時有隱漏現象，1917年 3 月川邊財政廳下令對川邊戶口地畝牲畜進行調查，以增加賦稅收入，各縣調查限期一月辦理完畢，造冊呈報〔註 69〕。1917 年川邊財政廳統計，除科麥、察隅、嘉黎、碩督、太昭五縣早已失於藏人不計外，川邊二十七縣，共收地糧兩萬四千零三十一石〔註 70〕，收牲稅藏洋十三萬四千零五元。〔註 71〕

　　1917 年康藏戰爭後，川邊所轄區域實際只剩下 15 縣，地糧明顯減少，金沙江以西淪入西藏，兼之康民對於牲畜之繁殖素不講求，死亡率甚大，牲稅日漸短絀。康北各縣，因政府之治權，尚可以使牲畜收入較康南各縣爲多；康南數縣經常失治，搶劫之風盛行，牲畜被害被搶時有發生，牲稅愈來愈少。1919 年川邊田賦預算收入爲 249437 元〔註 72〕，據 1920 年調查，「西康殘存十四縣，年計約徵糧一萬九千餘石，後因邊政廢弛，知事治理能力弱，除北路各縣尚可徵外，南路各縣大半相率抗拒，無法徵收，年約減徵八九千石。」〔註 73〕1927 年劉文輝主政川邊，設置西康財務統籌處，知事實際到任僅有 12 縣，川邊僅收得地糧爲一萬零四百餘石，牲稅藏洋一萬七千餘元〔註 74〕，1928 年康區田賦、牲稅徵收成績開始好轉。

〔註 68〕　翁之藏：《西康之實況》，上海民智書局，1930 年，第 169 頁。還有記載 1917年川邊地糧爲兩萬三千零三十二石，見《三十年來西康建省經費》，《四川月報》，1938 年第 12 卷 34 期。

〔註 69〕　《戶口地畝牲畜調查》，載四川省檔案館：《近代康區檔案資料選編》，四川大學出版社，1990 年，第 21 頁。

〔註 70〕　此數據與下述表格數據有一定出入，見楊仲華：《西康紀要》（上），商務印書館，1937 年，第 138 頁。

〔註 71〕　與下述表格數據有出入。見西康財政廳編：《西康通志稿‧西康財賦志》，載四川省檔案館：《近代康區檔案資料選編》，四川大學出版社，1990 年，第 141頁。

〔註 72〕　財政部印刷局：《民國八年康區財政預算書》，載趙心愚、秦和平、王川：《康區藏族社會珍稀資料輯要》（上），巴蜀書社，2006 年，第 285 頁。

〔註 73〕　楊仲華：《西康紀要》（上），商務印書館，1937 年，第 138 頁。

〔註 74〕　僅康定、瀘定、丹巴、九龍、道孚、爐霍、甘孜、瞻化、雅江、理塘、巴安十二縣，見《三十年來西康建省經費》，《四川月報》，1938 年第 12 卷 34期。

表3：一九一七川邊糧稅年收概數表〔註75〕

縣名	地糧（老石）	牲稅 （藏洋：元）	縣名	地糧（老石）	牲稅 （藏洋：元）
康定	994.930	169.25	武城	309.700	841.00
瀘定	680.000	無	義敦	50.400	5089.75
昌都	880.000	4483.75	得榮	914.300	1142.25
巴安	1300.000	1073.25	鹽井	818.400	16.25
雅江	305.000	119.00	寧靜	605.100	1895.25
理化	734.000	1851.25	瞻化	574.500	10165.75
道孚	653.100	1962.25	定鄉	1788.600	503.75
爐霍	1197.900	979.00	鄧柯	991.800	7995.00
同普	271.100	11690.25	貢縣	694.300	3164.00
察雅	856.600	5584.04	丹巴	455.476	112.00
甘孜	2653.000	4829.29	稻城	404.400	3415.75
德格	1250.600	13339.25	九龍	343.750	564.01
恩達	63.300	4575.00	石渠	106.688	45243.25
白玉	1041.000	5639.75	共計	20944.844	136573.34

（二）其他賦稅徵收

民國前期康區賦稅徵收以地糧和牲稅占主要成分，其次為茶稅，還有契稅、屠宰稅、印花稅、酒稅等所佔稅額較少。張毅上臺推行新稅，如：驗契稅、契稅、屠宰、印花、酒稅等，1915 年春新稅徵收後統計，以驗契稅、契稅為最，礦產稅次之。1915 年 10 月，劉銳恒時期各項新稅無法進行，仍按照張毅時期的稅收辦理。1917 年，殷承瓛時期爐關常茶兩稅歸川邊監管，並將契稅、屠宰稅、礦稅、酒稅等新稅截留，由報解財政部轉為邊款之用。據 1917 年統計，「康區印花稅有兩千四百元，酒稅一千九百餘元〔註76〕」。「1921 年川

〔註75〕　四川省檔案館：《近代康區檔案資料選編》，四川大學出版社，1990 年，第 99 頁。

〔註76〕　楊仲華：《西康紀要》，商務印書館，1937 年，第 155～156 頁，載張羽新、張雙志編：《民國藏事史料彙編》（第二十七冊），學苑出版社，2005 年，第 335 頁。

邊相繼徵收屠宰稅、酒稅、磨課稅、門戶捐、營業稅、馱捐、牌照稅、印花稅等」〔註77〕。1927 年西康財務統籌處成立後，康區屠宰稅年收入爲大洋七八千元，約占營業稅的一半。〔註78〕下面僅以茶稅和契稅爲例。

1. 契稅。「契稅是對房屋買賣、典當、贈與或交換而使用權發生轉移變動時，按照當事人雙方訂立的契約，向產權承受人徵收的一個稅種。〔註79〕」1914 年張毅擔任鎮守使在邊地推行契稅，川邊「改土歸流」未久，向無官契，荒地牧場佔有多數，所有墾闢田地及房屋並無買賣典當，驗契一節，無從辦理。但邊地因無官契，侵佔紛爭，層見迭出，如發給官契，以杜爭端而裕稅入。此項稅率甚輕，僅收一次，不再徵收。5 月川邊設契稅籌辦處，張毅鎮守使頒佈契稅實施細則，主要內容有：「川邊田地、牧場、房產、寺廟向無官契，茲由本府頒發官契，注明界址，給與業主永遠管業，以杜侵佔紛爭之弊。田地、牧場按照徵收糧稅清冊，造具契稅底冊，房產、寺廟由保正村長報造具底冊。」〔註80〕1914 年僅有康定、瀘定、丹巴、九龍四縣開徵。凡典賣應一律註冊，每契收紙價 1 元，註冊費 0.1 元，所有舊契不呈驗者，予訴訟時不能作爲憑據。到了 1917 年川邊財政分廳對川邊契稅細則進行修訂，原契稅稅率按賣六、典四徵收，自 3 月 1 日起改按買契 6%、典 3% 徵收，沿襲至新中國成立〔註81〕。1917 年 5 月，川邊只剩德格、石渠、鄧柯、白玉四縣尚未辦理完契稅，年收契稅約 10 萬元左右。因康民風氣未開，數縣契稅仍落實不到位。

2. 茶稅。「邊茶」，是康藏人民生活必需品。茶課（即茶稅）主要是在爐關，針對商人徵收，並非針對廣大康區農牧民百姓，也是爐關的主要稅收來源。康藏各地，從不產茶，於是距離較近之雅屬，茶產適合需要，以雅茶爲大宗。專銷藏區的茶稱邊茶，以雅安爲茶葉製造中心。民國前期康藏在金沙江對峙，英藏勾結，印茶內銷西藏，雅茶在康藏貿易中受損，只能由康定發

〔註77〕 郭卿友：《民國藏事通鑒》，中國藏學出版社，2008 年，第 493 頁。

〔註78〕 甘孜州志編纂委員會：《甘孜州志》（中），四川人民出版社，1997 年，第 1473 頁。

〔註79〕 甘孜州志編纂委員會：《甘孜州志》（中），四川人民出版社，1997 年，第 1470 頁。

〔註80〕 《民國三年五月分川邊鎮守使張毅頒佈川邊契稅施行細則》，載四川民族調查組：《北洋政府與國民黨統治下的西康藏區檔案資料》（第二分冊），1963 年，第 122～124 頁。

〔註81〕 甘孜州志編纂委員會：《甘孜州志》（中），四川人民出版社，1997 年，第 1470 頁。

往川邊各地銷售。1921 年後，四川軍閥連年混戰，影響了邊茶原料的收購，尤其是軍閥劉成勳和陳遐齡在雅安、康定一線爭奪地盤，茶葉生產大受影響。〔註82〕1914 年，爐關（打箭爐關）主要收入是茶課，分天全、邛崍、雅安、榮經、名山五屬商人分擔定額，計票額十萬八千張，每引徵稅銀 1 兩，年徵稅銀 10.8 萬兩。1917 年改「引」為票，定額及稅銀未變，爐關茶課歸川邊財政分廳管轄，茶稅為十五萬五千元（單位：大洋）〔註83〕。1918 年川邊鎮守使擬定邊茶章程，指出：「查邊茶額票為十萬張，現極力提倡保護，以杜印茶進入，尚可增發查票兩萬張」〔註84〕，實際運行時茶票增至 11 萬張，但每年均未銷完。1927 年西康財務統籌處徵收 12 縣茶稅為十二萬八千六百元〔註85〕。

三、民國前期康區賦稅徵收評述

　　民國前期康區軍費主要由四川供給，政費就地解決，賦稅徵收是康區地方政府籌集民餉的主要來源。民國前期康區的賦稅始終不能夠滿足邊地需求。尹昌衡時期，邊款由川中支給，每月二十萬兩；張毅時期邊地軍、政費分開，政費可以自給；1916 年護國戰爭開始，不久川滇交惡，殷承瓛時期邊地欠餉，中央遂將爐關常茶兩稅劃歸川邊收入，並將川邊之解部直接新稅截留，作財政部協濟邊款之用；陳遐齡主政川邊時，他與川內熊克武不和，川內協濟停頓，後經中央調解才緩和，然後四川發生混戰，川邊只能靠雅寧各縣接濟；劉成勳時期，川邊政局不穩，邊餉仍依靠雅寧稅收。

　　歷任川邊主政者在任期間，頒佈了一些賦稅徵收章程，從一定程度上維護了賦稅徵收秩序，期間還增加了一些新稅，比如契稅，既減少了土地侵佔紛爭，也增加稅款，對於康區的經濟治理具有積極意義。但由於川邊執政者和縣知事更替頻繁，諸多措施沒有完全落實下去。尤其是民七之後，防軍內調，失地甚多，川邊政治失常，關外各縣抗糧抗差相習成風，應徵地糧和牲稅愈來愈少，康區賦稅徵收成效不佳。

　　民國前期康區賦稅徵收整體成效不大，其原因主要有以下幾點：

〔註82〕　盛明：《邊茶貿易與康藏地區經濟》，載楊嶺多吉主編：四川藏學研究（二），中國藏學出版社，1994 年，第 73 頁。

〔註83〕　《三十年來西康建省經費》，《四川月報》，1938 年第 12 卷 34 期。

〔註84〕　《一九一八年十一月九日川邊鎮守使電》，載四川省檔案館：《近代康區檔案資料選編》，四川大學出版社，1990 年，第 243 頁。

〔註85〕　《三十年來西康建省經費》，《四川月報》，1938 年第 12 卷 34 期。

　　（一）土地貧瘠，自然災害頻發。康區自然條件惡劣，氣候土質均不好，生產方式落後，百姓使用木犁、木耙等工具。百姓對牲畜的飼養、管理粗放，對牲畜疫病大多束手無策。一遇災荒，康區農牧業收成均受影響。如 1916 年察雅縣上報 1915 年的地糧數目受災之事，「惟地居高原，以及地連深谷之處，水旱霜雹，迄不能免，爲邊地恒有之災，收成亦欠〔註86〕」；1918 年夏瀘定遭受暴雨，山洪暴發，烹壩三分之二的土地被沖毀，房屋牲畜遭受損失，河西咱里以下至喇嘛嘴，大春作物悉被沖走〔註87〕；1923 年 3 月 24 日，爐霍、道孚發生 7.25 級地震，全縣傷亡人口三千以上，道孚縣城官署、民房摧圮，孔色、麻孜兩鄉房屋、糧食、牲畜蕩然無存，壓斃 500 餘人〔註88〕；1924 年瀘定各地發生牛瘟，耕牛大多數死亡，百姓耕種時，用人力拉犁〔註89〕。

　　（二）不依法令，官吏舞弊。部分徵收官員利用職務之便，徇私舞弊，中飽私囊，容易出現冒斗浮收、擅自折徵、虛報收數、擅用大秤等方法，嚴重影響賦稅徵收的公平，以及損傷官府在百姓的威信。如 1916 年殷承瓛對川邊折徵之風予以嚴令禁止：「查案各縣地糧，前經劉鎮守使通飭既徵本色，不准折價，如實係邊遠地方，礙難輸納，始准折價徵收，不得超過十分之三。茲據訪問各縣，仍多任意折徵，私行變賣，通令嚴禁，並有本署密查。〔註90〕」還有 1927 年丹巴縣徵收人員擅用大秤，西康財務統籌處嚴令禁止：「查西康各屬徵收地糧，曾有前財政廳製備官斗頒發，該縣歷任徵收官吏違法辦理，擅用大秤收入，該知事毅力革除剔清積弊，恢復舊規，以後徵糧永遠用斗收糧。〔註91〕」

　　（三）劫匪成風，村民出逃，出現逃戶、絕戶。民國前期康區民風剽悍，匪患叢生，部分村民被迫逃離出去，也影響了當地賦稅徵收。1917 年

〔註86〕《一九一六年十二月二十八日察雅縣詳》，載四川省檔案館：《近代康區檔案資料選編》，四川大學出版社，1990 年，第 95 頁。

〔註87〕 中國人民政治協商會議瀘定縣委員會：《瀘定文史資料選輯》（第 3 輯），1988 年，第 4 頁。

〔註88〕 四川省地方志編纂委員會：《四川省地震志》，四川人民出版社，1998 年，第 73 頁。

〔註89〕 中國人民政治協商會議瀘定縣委員會：《瀘定文史資料選輯》（第 3 輯），1988 年，第 5 頁。

〔註90〕《一九一六年十二月七日川邊鎮守使訓令》，載四川省檔案館：《近代康區檔案資料選編》，四川大學出版社，1990 年，第 129 頁。

〔註91〕《丹巴擅用大秤收糧》，載四川省檔案館：《近代康區檔案資料選編》，四川大學出版社，1990 年，第 100 頁。

6月雅江縣馬岩匪患，使得各村糧稅難徵，雅江縣知事呈報：「馬岩娃串通馬岩匪首三人來各村，搶去各村牛馬一千餘頭，糧食銀錢衣物概行搶盡，並將各村房屋折毀甚多，所有地中禾稼亦被該匪等踏盡淨，本年收成無望。本年糧稅，斷難徵收，伏乞大使派員前往該村查看情形，斟酌辦理。〔註92〕」1918年康定縣呈：「那日麻牛廠村長稱，瞻對那日麻村原住戶五十餘家，屢遭土百戶丹珍工布劫奪，數人斃命，上稟瞻對米知事，面諭無法保護，十幾戶逃亡康境，願在康定上納牲稅。」〔註93〕1923年，稻城縣屬協波村慘遭鄉匪洛松登貞等人搶劫，將各戶稞糧搶盡，稻城縣知事王仲炎呈請酌減地糧。〔註94〕

（四）戰亂頻繁，防地縮小。1912年川滇軍西征，之後川軍打退藏軍第二次進攻，接著川軍圍攻定鄉，1914年夏才結束漢藏衝突，百姓苦於軍糧和烏拉差役。1914年9月定鄉發生陳步三叛亂事件，鄉匪串擾到川邊各縣，數地遭受侵擾，莊稼被毀，畜牧被搶，嚴重影響百姓農牧業收成。1917年康藏衝突又起，川邊失地11縣，這是康區賦稅減少的重要原因。1918年始康南數縣經常出現知事不能到任的情況，1919年義敦縣被廢〔註95〕，定鄉、稻城等縣抗糧抗差現象時有發生，康南各縣無力推動政務，只停留在差糧兩項，康北勉強維持政務。

第三節 民國前期康區烏拉差役

一、民國前期康區的烏拉狀況

民國前期烏拉差役在康區繼續推行，下層百姓必須給政府和土司支應烏拉，烏拉是農奴制社會的產物，是康區下層百姓固定的勞役方式。「烏拉」，藏文為 vulg，「烏」意為徭役，「拉」為掌管，即人民向統治者承擔無

〔註92〕《一九一七年六月十九日川邊鎮守使訓令》，載四川省檔案館：《近代康區檔案資料選編》，四川大學出版社，1990年，第158頁。

〔註93〕《一九一八年十月二十五日康定縣呈》，載四川省檔案館：《近代康區檔案資料選編》，四川大學出版社，1990年，第155頁。

〔註94〕四川檔案館館藏檔案：民196－03。

〔註95〕義敦縣，1934年設復治委員，旋即失治，1939年再復治。見李國強：《清末以來康區行政區劃的演變》，載《甘孜州文史資料》（第16輯），1998年，第126～127頁。

償勞役的意思。它是藏族地區封建領主制下，農奴主對農奴的一種強制勞役。〔註 96〕《西藏歷史文化辭典》對「烏拉」的解釋爲：「烏拉」，源於突厥語，也見於蒙語和滿語，專指一定形式的勞役。舊時西藏以及四川、雲南、甘青藏族地區的農奴主及封建統治機構以分派差崗的形式，向農奴強制攤派包括人役、畜役、糧食和其他實物，貨幣的混合負擔約占農奴領種份地的百分之六十以上，其中勞役占家庭勞動的一半以上。藏區民主改革後烏拉被廢除〔註 97〕。還有解釋爲：「烏拉」最初習慣上原作公差出關用的「牛馬」〔註 98〕。

　　烏拉差役按勞役服務對象又可分爲內差和外差，給直接控制的領主服役和繳納的差叫內差；給地方封建政權及其下屬機構繳納和支應的差叫外差〔註 99〕。本文討論的範圍主要指民國前期康區下層百姓給政府支應的外差。

（一）清末趙爾豐、傅嵩林烏拉改革

　　康區的烏拉自元代已產生，而康區按站支應交通烏拉的制度始於清代雍正、乾隆之際。〔註 100〕清朝中央政府對藏採取軍事行動時，無論由青海和四川進入西藏，都須途徑康區。康區地勢高寒，人口稀少，各縣之間相聚數百里，山路崎嶇，除夏季外，霜雪滿地，軍事運輸和官吏往來需支應烏拉，尤其漢人出關，非備烏拉不可，否則極易由於飢寒而死於關外。

　　清末西藏危機頻現，清廷爲加強對康區的控制，任命趙爾豐爲川滇邊務大臣。趙爾豐在川邊「改土歸流」，期間大批軍隊在康區各地征戰，然而糧餉軍械運輸困難，交通烏拉一度成爲康區征戰的棘手問題。1906～1911 年，趙爾豐對康區舊有烏拉制度進行了若干整頓，多次規定和頒佈了《雇用烏拉章程》，其主要內容有：民間照章納糧以後，差徭均已裁革，無論何項官員差使需用烏拉等項，按站發給腳價〔註 101〕；官員雇用烏拉需用柴草遵章給價，房

〔註 96〕　陳一石：《川邊藏區交通烏拉差徭考察》，《西藏研究》，1984 年第 1 期。

〔註 97〕　王堯、陳慶英主編：《西藏歷史文化辭典》，西藏人民出版社，浙江人民出版社，1998 年，第 269 頁。

〔註 98〕　華若飛：《從歷史上看西康烏拉問題》，《邊事研究》，1941 年第 12 期。

〔註 99〕　夏徵龍、陳至立主編：《大辭海 民族卷》，上海辭書出版社，2012 年，第 354 頁。

〔註 100〕　陳一石：《川邊藏區交通烏拉差徭考察》，《西藏研究》，1984 年第 1 期。

〔註 101〕　《趙爾豐諮度支部擬訂巴塘等處徵糧暫行章程》，載四川省民族研究所：《清末川滇邊務檔案史料》（中），中華書局，1989 年，第 457～458 頁。

錢水錢係房主、湯役人等所應得,均須臨時酌給等〔註102〕。不久,烏拉又滋生新的弊端,傅嵩炑由打箭爐至里塘,沿途百姓紛紛泣訴烏拉之苦,於是代理邊務大臣傅嵩炑對先前的烏拉章程做了進一步調整。

1911 年 8 月 28 日(農曆七月初五),傅嵩炑發佈了《新訂烏拉章程》,取消了先前的烏拉章程,《新訂烏拉章程》共有 26 條,其主要內容有:

    1. 各屬烏拉馱價,無論牛馬,暫定每站程途給藏元半元,背夫、湯、打役,每名給銀一咀;

    2. 牛一隻,只准馱庫秤一百二十斤,背夫一名,一里給工資銅錢兩文,只准背六十斤,至多不過加六斤。馬一皮,只准乘一人,隨帶行李,至多不過二十斤;

    3. 蠻民應雇騎馱烏拉,各有疆界,不准官弁差人等將烏拉騎馱過站。

    4. 烏拉腳價,照章發給,凡出入差使,地方官只可爲之催雇烏拉,由各該員自行發給腳價;

    5. 無論大小官弁雇用騎馱,倘在途倒斃,惟索賠銀兩,馬一皮不過二十兩,牛一頭不過十兩;

    6. 村長必須照章公平派定,不准強者少派,弱者多派。凡沿途需用烏拉傳牌,由各處地方官發給,以歸一律。〔註103〕

趙爾豐、傅嵩炑的烏拉改革,使得康區舊有的烏拉狀況得以一定的改善,確立了康區烏拉制度的最終形成,鞏固了康區「改土歸流」的成果。新的烏拉章程限制了官兵在支應交通烏拉中的不法行爲,適當的保護了差民的利益,提高了廣大農牧民的支差積極性,加強了中央政府對康區的統治。趙爾豐時期的烏拉章程爲民國時期康區烏拉的推行奠定了基礎,後期康區主政者都是在此基礎上對烏拉章程做調整。

〔註102〕《示諭出入關各員及軍人等雇用烏拉需用柴草遵章給價房錢水錢亦應酌給》,載四川省民族研究所:《清末川滇邊務檔案史料》(中),中華書局,1989 年,第 580 頁。

〔註103〕《傅嵩炑箚關外各委員發給新訂烏拉章程》,載四川省民族研究所:《清末川滇邊務檔案史料》(中),中華書局,1989 年,第 1057~1061 頁。

（二）民國前期康區烏拉種類

民國前期康區烏拉的特點是種類繁多，烏拉量大。下面簡要介紹康區幾種常見的烏拉：

1. 牛差。供支差者馱物之用，牛一隻只准馱庫秤一百二十斤，但事實上往往超過。〔註104〕

2. 馬差。供支差者乘人之用，馬一匹，無論人之大小，只准乘一人，隨帶行李，至多不過二十斤，但事實上也多不能照此規定。〔註105〕

3. 湯役。替支差者服挑水燒火之勞，多由婦女充任。此項差役因關外人煙稀少，中途無處住宿而設。支差的湯役，要自帶斧頭、背水桶、飯鍋等用具。如果湯役需求多，幾乎全村勞動力都要出動，通宵勞累。〔註106〕

4. 打役。替支差者服砍柴、割草、飼馬之勞。這項差役最初也是由於關外人煙稀少，雇用人夫困難，旅途必須用品無市場購買而設定。之後軍政公務人員出現支應過渡，廣大差民不堪其擾。還有婦女充任者也往往遭受非人之待遇。〔註107〕

5. 人伕差。需靠人力揹運的差役。規定一個人夫差揹運糧食三包，每包30斤負重90斤。部隊的炮彈、電臺等軍用物資亦由人夫差揹運。除此，給軍政官吏背貴重財物，背少爺、小姐和專送文件都是人伕的差事。〔註108〕

6. 柴草差。支應燃料木柴的差役稱「柴差」，支應飼草的差役稱「草差」。部隊往來住站需用燃料木柴，牲畜飼草（有時還要臥鋪墊草），按人畜及住宿時間都要如數支應。凡承擔柴、草差的差民，要隨時準備草柴，支應的柴火要一乾、二勻、三少煙。支應的飼草夏天要青草，冬天要乾草。負擔柴草差的差民所供柴草都要無償支應。〔註109〕

7. 雜役。因關外基本沒有市場組織，一切日用品在途中難以購買，除耐久者由支差者隨身攜帶外，如常用消耗物火盆、墊子、鍋、瓢以及雞、羊、

〔註104〕 華若飛：《從歷史上看西康烏拉問題》，《邊事研究》，1941年第12期。
〔註105〕 華若飛：《從歷史上看西康烏拉問題》，《邊事研究》，1941年第12期。
〔註106〕 華若飛：《從歷史上看西康烏拉問題》，《邊事研究》，1941年第12期。
〔註107〕 華若飛：《從歷史上看西康烏拉問題》，《邊事研究》，1941年第12期。
〔註108〕 楊武斌：《解放前康區烏拉差役紀實》，中國人民政治政協會議甘孜藏族自治州委員會編：《甘孜州文史資料選輯》（第五輯），1986年，第76～77頁。
〔註109〕 楊武斌：《解放前康區烏拉差役紀實》，中國人民政治政協會議甘孜藏族自治州委員會編：《甘孜州文史資料選輯》（第五輯），1986年，第76～77頁。

蛋等，則由當地縣府規定低廉官價，公差人員享受低價購買的特權。但有不少官吏採用強制手段要求百姓無償支應。〔註110〕

（三）民國前期康區烏拉治理

辛亥革命後，康區土司大面積復辟，趙爾豐時期的烏拉章程遭受嚴重破壞，土地權名義上歸國家所有，實際上又回到土司手裏，康區下層百姓需要給土司、頭人和寺院喇嘛三大封建主和地方政府支應烏拉。民國前期康區烏拉已不僅是封建勞役地租的一部分，也是國家差徭的一部分。民國前期康區戰事頻繁，包括兩次康藏戰爭，陳步三鄉城叛亂、傅青雲爐城叛亂、巴塘「民九」事件等，康區烏拉徵用頻繁。一些烏拉弊病又滋生出來，如強迫支差、估拉過站、刻扣腳價、違章濫支、虐待夫役、受賄私免等等。百姓疲於應付，時而出現抗差和逃亡現象，烏拉名副其實地成爲民國時期康區人民最痛苦的差役。

康區主政者面對烏拉日益增長的弊病不得不及時治理，採取了若干措施。1918 年，鄉匪肆擾，兵隊往來，差使浩繁，人民亟待重申禁令，以恤民艱。陳遐齡發佈通令：「照得關外各縣本應烏拉，本有定章，經各前鎮守使暨本使任內，嚴禁需索，不准估支過站，違即立案軍法處辦各案。如有藉端估支烏拉，並敢肆意辱打夷民者，一經察覺或被告發，立案軍法懲辦，決不寬貸。」〔註111〕

1920 年，康區強支過站烏拉又發生，湯、打役前已禁止，又被官吏支用，陳遐齡遂發佈通令：「乃查各縣支應各項公差軍役，率多不由定章，以致強支過站烏拉。而不肖官兵，視此項牛馬爲無主之物，攘爲己有！嗣後無論奉派何項差使，不得估支過站，並應如數歸還，各機關湯打役一律禁止。如期奔走需人，應由各營縣雇用夷民，並日給以口食，其餘如牛羊、雞隻、雞蛋、柴草等項，一概不准再支。」〔註112〕

1921 年，康區官吏多支烏拉和不給腳價的事又屢屢發生，陳遐齡再發通

〔註110〕　華若飛：《從歷史上看西康烏拉問題》，《邊事研究》，1941 年第 12 期。

〔註111〕　黃上成：《西康烏拉差徭制度之史的敘述》，《康導月刊》，第 2 卷第 5 期，載趙心愚、秦和平：《清季民國康區藏族文獻輯要》（上），四川民族出版社，2003 年，第 322 頁。

〔註112〕　黃上成：《西康烏拉差徭制度之史的敘述》，《康導月刊》，第 2 卷第 5 期，載趙心愚、秦和平：《清季民國康區藏族文獻輯要》（上），四川民族出版社，2003 年，第 322 頁。

令：「照得關外百姓支應烏拉，最為艱苦。遇有軍隊開差，無一次不過支數十頭數百頭，甚至不給腳價，估打夷民，不惜牛馬，任意驅馳，致死而不顧，或估騎過站，或視為己有不退，如此種種，實堪可恨！本使已迭經通令禁止，至再而三，有藉事多支烏拉，希圖於中取利者，准其隨時到爐指名控告，合再重申禁令，嗣後無論文武開差，如再違章索烏拉及不給腳價情事，決不姑寬。」〔註113〕

1927 年冬，劉文輝接管康區，鑒於烏拉差徭之積弊也著手整頓，首先飭令各縣調查差徭情形，查清各縣差徭之陋規，然後提出改良辦法。1929 年，劉文輝頒佈各縣支應差徭章程，之後又陸續制定了新的烏拉章程，在一定程度上改善了之前的烏拉狀況，但是烏拉在實際運行時，積弊依然存在。可以說，民國時期的烏拉積弊始終沒有得到徹底根除。

二、民國前期康區烏拉治理評述

民國前期康區政治持續變亂，康藏戰事頻繁，統治者忙於關內爭鬥。康區主政者屢次對烏拉惡習發佈禁令，但好景不長，烏拉章程又敗壞下去，烏拉弊端已成康區的頑疾。康區烏拉徭役是農奴制社會的產物，農奴們依附於土司和寺院的生產關係只要不打破，他們的烏拉痛苦就將繼續承受下去，這也是康區的烏拉一直沒有得到徹底治理的根本原因。

民國前期烏拉治理成效不大，除了農奴制社會導致的深層次原因以外，現實當中還存在其他原因：

（一）康藏衝突頻繁，川邊發生多次兵變，康區烏拉繁重，差民不堪重負。如 1916 年稻城縣知事給川邊鎮守使劉銳恒的呈文，內訴戰亂給稻城縣百姓達帶來烏拉之苦，內容有：「邊民頻年兵荒，牛馬半損失，供應烏拉萬分艱苦，差民多無牛馬，每用民價雇支，每日每頭藏洋二元，以至三元，而承領官價僅得二咀，不勝賠累，相率逃亡，邊南各縣比比皆是〔註114〕。」第二次康藏糾紛期間烏拉徵用頻繁，百姓烏拉繁重，如 1918 年康定縣呈報：「川邊因軍事迭生，轉疏絡繹不絕，烏拉困難自係實情，並經歷任川邊鎮守使通飭

〔註113〕 黃上成：《西康烏拉差徭制度之史的敘述》，《康導月刊》，第 2 卷第 5 期，載趙心愚、秦和平：《清季民國康區藏族文獻輯要》（上），四川民族出版社，2003 年，第 324 頁。

〔註114〕 甘孜州檔案館，全宗號 2，目錄號 34，案卷號 18，轉引胡曉梅：《康區烏拉制度研究》，四川大學碩士學位論文，2003 年，第 26 頁。

嚴禁不准估支過站，用恤民艱〔註115〕。」

（二）康區地方官吏腐敗，徇私舞弊，敗壞烏拉章程。前面已述及，官吏屢次出現強支烏拉過站，將牛馬等物思維己有，湯、打役已明令禁止，但仍有官吏繼續支應湯、打役。各軍官欠發夷民烏拉費，多由長官挪用，仍有官兵刻扣腳價，烏拉流弊眾多，官兵徇私舞弊現象屢禁不止。

（三）地方匪患叢生，牲畜時而被搶被殺，差民烏拉難以保障。如 1916 年，理化縣因匪患導致牛馬被搶劫者甚多，而斃於駄運者亦不少，如遇催調頻繁，無錢催支，即用人力背負，扶老攜幼，觸目酸心。〔註116〕1920 年，稻城縣保正反映鄉匪擾亂烏拉運行，向上稟報：「民等各村迭遭鄉匪蹂躪，所有牲畜財產，被其劫掠一空，無知民等自受匪患後，人民疲敝，烏拉無多，且鄉匪出沒無常，正抵禦不暇，前項差使，實係無力遠運。」〔註117〕

（四）康南數縣經常處於無政府狀態，百姓抗差現象時有發生。趙爾豐時期康南在武力強制下保持暫時穩定，辛亥革命後康南再度不靖，尤其陳步三鄉城叛亂後，康南各縣知事很少能到任，數位知事被逐被殺，如得榮縣自改土歸流後，至 1934 年，先後十二個縣令，僅三人得安全出境，餘則非遭慘殺，即僅以身免，自 1923 年～1934 年得榮縣為無縣令時代。〔註118〕所以，康南政務基本上也就停留在差糧兩項，糧差大致為三種：第一種是糧差均能敷衍的，第二種為抗糧而不當差的和抗差而完糧的，第三種為糧差均不願當，而始終抵抗的。〔註119〕

民國前期康區主政者對烏拉採取了一些措施，發佈了一些禁令，但由於康區戰爭頻繁，政治不穩，匪患叢生，官吏舞弊，烏拉執行過程中違章現象反覆出現，康區百姓的烏拉並沒有得到有效減輕，甚至一度增加了負擔。烏拉造成農牧人口大量逃亡，農村土地荒蕪，牲畜大量倒斃，也制約了康區農

〔註115〕《一九一八年十月十一日康定縣呈》，載四川省檔案館：《近代康區檔案資料選編》，四川大學出版社，1990 年，第 196 頁。

〔註116〕《一九一六年十一月十七日理化縣詳》，載四川省檔案館：《近代康區檔案資料選編》，四川大學出版社，1990 年，第 143 頁。

〔註117〕《一九二〇年六月十五日稻城縣保正等稟》，載四川省檔案館：《近代康區檔案資料選編》，四川大學出版社，1990 年，第 197 頁。

〔註118〕 佚名：《治理康區意見書》，載趙心愚、秦和平、王川：《康區藏族社會珍稀資料輯要》（上），巴蜀書社，2006 年，第 371 頁。

〔註119〕 佚名：《治理康區意見書》，載趙心愚、秦和平、王川：《康區藏族社會珍稀資料輯要》（上），巴蜀書社，2006 年，第 393 頁。

牧業經濟的發展。尤其民七之後，康北各縣在政治上只能維持現狀，康南各縣有抗拒甚至有反抗政府的行動，康區的烏拉治理成效微弱，社會經濟發展低迷。

　　總之，民國前期康區基本處於封建農奴制社會〔註120〕，這嚴重束縛了下層人民的勞動積極性，社會分工簡單，生產力水平低下。再加上康區戰亂、匪患和自然災害等各種因素的制約，民國前期康區的經濟發展緩慢。但是，民國前期康區經濟治理在某些方面也取得過一絲成績，在一定程度上促進了康區經濟的近現代化。如民國前期各地「農事試驗場」不斷推進，對農業進行改良，期間中止後又得以恢復，康區各地引入了內地各種蔬菜、水果等農作物，改善了當地的飲食生活，使康區的農業技術得以一定的提高；還有川邊鎮守使擬定了《川邊徵收田賦暫行章程》，在清末趙爾豐制定的章程基礎上，進一步規範了川邊田賦的徵收，增加了政府田賦收入；川邊鎮守使頒佈了新稅之一的「契稅」，既減少了房屋、田地的侵佔紛爭，又增加了川邊賦稅收入，維護了川邊地方穩定；川邊主政者對烏拉進行改革，雖沒有徹底根治，但在一定程度上增加了農牧民的烏拉積極性等等。

〔註120〕　康區極少數地區還有奴隸制社會存在，甚至有原始社會殘餘。

第六章　民國前期康區的文化教育

第一節　民國前期康區的文化

一、民國前期康區的文化狀況

（一）宗教文化

　　民國前期康區沒有正式的文化機關，喇嘛寺可被視爲當地僅有的文化機關。歷史上康區的文化主要是宗教文化，康區的文化離開宗教就談不了文化。教育是文化傳輸的重要手段，民國前期康區的寺院教育和學校教育都是傳遞文化的重要途徑，而學校教育每況愈下，師資、學生、教育經費皆不足，康民視讀書爲學差的現象依然嚴重，寺院教育仍是康民最主要的受教育方式。同時寺院佛教文化佔據康區文化的主要方面。劉文輝在《建設新西康十講》中提到：「因爲康區藏族人民百分之九十以上皆信奉佛教，五明以外無學術，寺廟以外無學校，喇嘛以外無教師，所謂文化即佛化。〔註1〕」

　　康區宗教大都爲黃教，喇嘛寺林立，寺內喇嘛人數最多可達三四千人。因爲廣大康民信仰宗教，人民概以教主意志爲依歸，教主不願其人民受其他教育，人民也不感其他教育之需要。〔註2〕清末趙爾豐改土歸流前，康區無近

〔註1〕劉文輝：《建設新西康十講》，載趙心愚、秦和平、王川：《康區藏族社會珍稀資料輯要》（下），巴蜀書社，2006年，第528頁。

〔註2〕《西康教育概況》，《西康通志稿・教育志》，第2～12頁，載四川省檔案館：《近代康區檔案資料選編》，四川大學出版社，1990年，第388頁。

代教育可言，康區的文化也只以喇嘛寺中的經典為之代表。趙爾豐川邊興學時，康區學校教育一度盛行，官辦學校達 130 多所，學生 2000 多人。辛亥革命後，康藏衝突和地方匪患不斷，再加川邊數縣時常處於失治狀態，康區教育陷入低谷，寺院在戰亂和匪患中，也削減不少。1928 年康區官辦學校只剩下不到 30 所，寺院也降至約 130 所。關於康區邊疆教育，鑒於過去趙爾豐時代乃至建委會（西康建省委員會）時代之情況，「政府無論如何提倡教育，推廣學校，終不能與寺廟爭衡，入寺為僧者占絕對多數，未入寺廟者無論如何強迫，也不願入學就讀〔註3〕」。可見，民國前期寺院仍是康區傳授教育、文化的主要場所，官辦學校的入學情況不容樂觀，學校教育承載文化的能力還是有限的。

民國前期康區寺院和學校均在減少，民眾以寺院教育為主，幾乎每家均有一人在喇嘛寺院為僧，康區民眾識字整體人數較少。康民稱僧人為喇嘛，喇嘛即以為「無上」之意，僧人為最上等之人物。康俗有子三人，必送其二入寺為僧，以其一承家業；有子二女一，則贅婿承業，而使子全為僧。康人認為佛是人的主宰者，子為喇嘛，佛必祐吾，除吾之病，解吾之痛，且子為最上等之人物，渠輩心目中之佛教，蓋重視至此，要之夷民經典以外無事。〔註4〕據《西康問題》記載，1917 年康區漢人識漢文者約 1500～3500 人，康人之識漢文者約 500 人，康人之識藏文習佛經者約為 20000 人。〔註5〕漢文在康區傳播主要是《千字文》、《三字經》、《百家姓》等書，若有一二人能讀《大學》、《論語》，「則吐辭舉步之昂擴，不啻內地之一班留學生回國時之神氣，且皆有咕嘩咿唔及搖頭晃腦之態度。〔註6〕」藏經在康民腦中潛勢力極大，「不啻一萬寶瓶或檔災牌，無論何人種人家，均可覓出一二頁經文〔註7〕」。康民送子學經次序是：

> 子弟至 5、6 歲，即送入喇嘛寺為札巴（小僧之意），自擇良師，
> 誦習普通經典。至 15、16 歲，即赴拉薩學習。有一年或幾年即返者，
> 也有數十年學成者方歸。正常學習時間分為 4 期，第一期 5、6 年，

〔註3〕 《康區邊疆教育概況》，《西康通志稿·教育志》，第 56～63 頁，載四川省檔案館：《近代康區檔案資料選編》，四川大學出版社，1990 年，第 394 頁。

〔註4〕 董兆孚、萬騰蛟：《西康宗教政況夷性考察報告》，《邊政》，1930 年第 4 期。

〔註5〕 陳重為：《西康問題》，北京中華書局，1930 年，第 160 頁。

〔註6〕 陳重為：《西康問題》，北京中華書局，1930 年，第 160 頁。

〔註7〕 陳重為：《西康問題》，北京中華書局，1930 年，第 160 頁。

純學因明，因明如倫理學，世間一切萬物所以然，通因明而後能明之；第二期7、8年，學法相學，法相學明世間、出世間一切諸法之性質、象狀分別也；第三期6、7年，學龍樹提婆之中論百論等書；第四期5、6年，學天親之俱舍論及五百羅漢所記毗婆等書。在此四期中，尚需附帶學別解脫戒、菩薩戒、密宗戒，此爲普通學習之階段，共需時二三十年。更有甚者取得格西學位，由達賴喇嘛親來督考，使數萬喇嘛咸來詰問法理，如對答無訛，即得爲格西，否則再學。〔註8〕

除了喇嘛寺院，民國前期康區還有天主教、回教等教堂，但是信徒數量較少。民國前期法國傳教士古純仁在康區生活15年，1923年他出版了《川滇之藏邊》，其中記述：「在打箭爐有甚小之回教寺，信徒約兩百家，皆爲中國戍邊兵士之苗裔。天主舊教，有七縣皆已立有教會。七縣爲打箭爐、瀘定、道孚、爐霍、丹巴、鹽井與巴塘，曾受洗者2000人，其中400人爲康藏族。基督新教之打箭爐爲內地會基督復臨會，在巴塘爲基督會，受洗者約100人。〔註9〕」

（二）文學藝術

1. 文學

清末民初，康區隸屬川邊，有經邊大員、幕僚、武官途徑康區各縣，他們寫有記遊、山川民俗散文及古體詩篇。有的寫詩較多，如任川邊分統的劉贊廷，描寫巴塘、康定等縣八景詩近百首。但不少作品未刊印成書留傳後世。

在康區流傳最廣的是藏族文學名著《格薩爾》。據考證，格薩爾出生於德格一帶，原鄧柯林蔥土司就是格薩爾的後裔。歷代林蔥土司製作、保存了《格薩爾》全套刻板及畫板。《格薩爾》是在眞人眞事的基礎上，經過藏族世世代代不斷地藝術加工，逐步形成的長篇巨著。全書共有36部（通稱18部大傳），詩行在32萬行以上，約400百萬字。〔註10〕30年代，法國著名學者大衛·尼爾親自到德格林蔥土司家，收集《格薩爾》史詩手抄本，聆聽說唱藝人傳神的表演〔註11〕。

〔註8〕 董兆孚、萬騰蛟：《西康宗教政況夷性考察報告》，《邊政》，1930年第4期。
〔註9〕 〔法〕古純仁：《川滇之藏邊》，李哲生譯，《康藏研究月刊》，1948年第15期。
〔註10〕 甘孜州志編纂委員會：《甘孜州志》（下），四川人民出版社，1997年，第1784頁。
〔註11〕 康定民族師專編寫組：《甘孜藏族自治州民族志》，當代中國出版社，1994年，第148頁。

2. 藏戲

藏戲是藏族藝術種類之一，康區也是藏戲發展的重要區域。辛亥革命後，土司制度復蘇，藏戲恢復演出。民國前期康區的藏戲，也在創新和完善過程中。由於封建農奴制的統治和寺院文化的壟斷，康區的文學藝術和宗教密切相關。德格更慶寺堪布桑登珠系統地改編了《夏熱巴》、《諾桑法王》、《志美更登》等劇本，正式形成了具有德格特色的系列傳統藏戲劇目，並收到了雅俗共賞、久演不衰的良好效果〔註12〕。1919 年，十四世帕巴拉活佛從拉薩學法返回昌都後，組織昌都寺阿卻扎倉的喇嘛，創建昌都戲。昌都戲不用面具，從昌都的鍋莊和其他民間宗教的藝術表演中，發展出昌都戲的唱腔、舞蹈動作和表演形式，除演出衛藏戲劇的傳統劇目外，還自編了許多新劇目。1927 年，察雅活佛「拉章」的大「仲尼」多貢·土鄧德來江村，將察雅活佛羅旦西繞的傳記改編成藏戲《羅旦西繞》，並組織察雅縣旺卡區新康群眾排演，突出康區特點，受到好評〔註13〕。

3. 漢族曲藝

漢族曲藝在清代就已經流傳到康區，也有是民間評書藝人來康區以此謀生。清末民初，康定、丹巴、道孚、甘孜、理化、巴安等縣城，各類節日到來時，由金錢板、快板、評書、連簫等曲藝者演出。康定的田炳生會漢藏語文，在業餘時間說唱金錢板，為觀眾所稱道。1921 年，康定爐城鎮有譚春霖在詹銀山茶鋪說書，擅講《紅樓夢》、《鏡花緣》、《東周列國》，評說細微，知識界和老人愛聽〔註14〕。民國後期康定評書的內容形式不斷增加，分為長、中、短篇評書，評書中的人物有的根據真人真事創編，有的源於歷史小說，故事情節生動，這在一定程度上豐富了康區民眾的文化生活。

（三）文化社團〔註15〕

華西邊疆學會，1922 年由華西協和大學部分外籍人士創辦於成都，出版《華西邊疆學會雜誌》，1945 年結束。其中對康區藏族研究的論文收錄不少。

〔註12〕 四川省德格縣志編纂委員會：《德格縣志》，四川人民出版社，1995 年，第 410 頁。

〔註13〕 周偉洲主編：《西藏通史》（民國卷），中國藏學出版社，2016 年，第 659 頁。

〔註14〕 甘孜州志編纂委員會：《甘孜州志》（下），四川人民出版社，1997 年，第 1808 頁。

〔註15〕 梅心如：《西康》，正中書局，1934 年，第 167～168 頁；郭卿友：《民國藏事通鑒》，中國藏學出版社，2008 年，第 575～576、587 頁。

西康國民促進會，1926年由格桑澤仁創辦於雅安，倡導「藏人治藏」、「康人之康」。

西康教育研究會，民間學術團體。1927年由張鴻逵等人發起，成立於康定三聖寺，公佈《會章》一份，以研究西康文化、教育，推動各縣開辦小學為主旨，資金來源於會員會金及捐助。

西康國術研究會，民間學術團體。1928年由陳尊權等人發起，成立於康定武侯祠，以發揚國術為宗旨。

康藏邊政研究會，民間學術團體。1928年由蔣顯輝等人發起，成立於康定舊明正土司衙署，遵照二十四軍邊務方針，研究有關西康治邊政策。經費來源於會員會費及社會捐助。

（四）風俗習慣

1. 風俗〔註16〕

（1）婚禮。漢民仍用舊式婚禮與內地相同。土人婚制，有男女相悅自由婚配，也有先通媒妁為中介，以酒醴為初見禮，女子父母飲酒受哈達，則為允許。男家即行聘禮，係哈達、酒醴、金、銀、寶石，也有茶葉絹布、金鐵耳環，繼則定期親迎，近者步行，遠者騎馬，女入門與夫同坐飲茶，大宴親友三日而返，婚禮情況大體如此，也有繁簡之別。有兄弟數人同娶一妻者，也有一夫多妻者，但招贅者也多。對於土司、頭人子女婚配，則非門當戶對不可。

（2）喪事。漢民喪葬仍同內地。土民喪制主要有三類：天葬、火葬和水葬。天葬時，人死以衣被覆蓋，以酥油請喇嘛念經，燒糌粑，婦女去裝飾示哀，不歌舞，不赴宴，占卜出殯日期，用馬馱至喇嘛附近化屍場，割以飼鵬；火葬時，人死則用繩子綁住，使嘴與膝蓋靠近，兩手插入腿中，以衣服遮蓋，請喇嘛誦經，家族環繞屍體坐哭，至念經完畢，將屍體架場地焚燒，收其灰葬土中；水葬時，人死請喇嘛誦經，誦經完畢後投入河流。

（3）祭祀。漢民祭祀與內地相同。土民祭祀略似漢民，清明節也持紙幡男女同往，將幡插入墓上，膜拜而返；中元節，土人準備紙錢、香、燭，在院中焚燒，還有在喇嘛堆祭祀，將六字真言旗竿插入墓頂，旁邊掛有小經幡，喇嘛圍繞喇嘛堆誦經，並燃酥油燈一二日或三四日不等。

〔註16〕　梅心如：《西康》，正中書局，1934年，第261～300頁。

（4）集會。每年各地有跑馬會、跳神會、放生會、娘娘會、城隍會等，時間不一。

（5）服飾。土民居城中者，男子著長大之皮襖，穿長筒靴，束大帶，戴皮帽。也有男子左耳帶耳環，大如玉鐲。女子之袍等於男子，惟衣加鑲緄，以金銀松石爲裝飾，腰束綠帶，髮瓣交互額上，用紅繩紮上，耳墜長環以寶石鑲嵌，腰懸半裙，旁墜鑰匙。

2. 習慣法〔註17〕

設治以前，康區的法律主要是習慣法，據說德格地區成文法，但未找到實證。康區對犯人判罰種類有剝皮、刖足、割鼻、割耳、笞杖、罰金、土牢等各種酷刑。殺人罪，殺人者被政府捕獲，若能照償命價則罪即消除，不像漢人之殺人者要償命。又如偷竊罪，重大犯者根據情節處以挖眼、剁腳、割手，甚至以牛皮包將人縫住投到河裏。西康土地大多在土司和寺院手裏，人民只有領地耕種或放牧，無買賣權，所以田地訴訟者很少。婚姻自由，也很少涉及訴訟。關於繼承權，男女均可繼承，有子爲喇嘛，或親子他徙，招贅女婿以繼承家業。若無子女及宗親之人，其死後遺產則全數歸喇嘛寺或土司，故家產案件也少。

設治以後，趙爾豐將酷刑廢除，民初康區土司大面積復辟，康北一帶沿用酷刑屢見不鮮，當地政府也無可奈何。因此，民國前期康區既實施政府頒佈的法律，習慣法也斟酌使用。凡屬土司和寺院治理之地審判案件，大抵爲土司之大頭人或寺院之鐵棒喇嘛審判，地點就在頭人住處，一般三四樓層上，無公案設備。漢官審判案件，多由縣知事審理，審訊情形如前清之舊制，設置公案，巡兵排列，知事高坐大堂，人民跪於地上，刑具羅列，氣象森嚴。

二、民國前期康區的宗教治理

（一）保護康區寺院

民國前期川邊政府對寺院採取過相關保護措施。第一次康藏戰爭期間，川邊寺廟被川、藏軍焚燒和搶掠，僧人被逐現象時有發生。1914 年 6 月，北洋政府嚴飭川邊鎮守使保護僧人和寺院財產安全，電文曰：「嚴飭駐邊各軍

〔註17〕　楊仲華：《西康紀要》，商務印書館，1937 年，第 370～374 頁，載張羽新、張
　　　　雙志編：《民國藏事史料彙編》（第二十七冊），學苑出版社，2005 年，第 389
　　　　～390 頁。

隊，恪守紀律，秋毫無犯，保護僧俗人等廟宇房屋，及一切財產畜牧，毋得
稍有侵損。各地方官，亦應妥爲拊循，力崇寬大，俾均樂業安居，以堅番人
傾向之心。〔註18〕」張毅鎮守使隨後積極整頓軍隊，保護僧人寺廟，7月9日
張毅致政事堂電文：「嚴令各營縣，申明法紀，責飭體恤夷情，揖睦僧俗，極
力保護人民生命財產，以堅傾向。對於不守紀律，妄事擾累之弁兵，及貪婪
詐索不恤民艱之地方官，均經分別嚴懲，及撤任查辦各在案。〔註19〕」8月至
9月，川滇邊界各寺喇嘛向蒙藏院呈文，主要目的是爲川軍、藏軍焚掠過的廟
宇請求保護，並請派佛教會長管理各廟，並提出：「川邊與西藏宗教息息相通，
柔服藏衛之喇嘛，必先安撫川邊之喇嘛，允其恢復各寺。〔註20〕」10月，蒙
藏院奉大總統令准予辦理。川邊寺院僧人和財產的保護，對於川邊佛教文化
的傳承和漢藏關係的緩和具有一定作用。

（二）成立邊藏佛教總會

殷承瓛擔任鎮守使期間，川邊成立了邊藏佛教總會〔註21〕，係邊藏佛教
各地喇嘛共同組織，其成立目的是進一步振興川邊佛教。總會地址暫設爲川
邊康定縣城之關嶽廟，東寶喇嘛爲會長。東寶喇嘛（1860～1925年），即十五
世東寶・仲巴活佛，藏名白瑪赤烈旺秋，原名木槐青，轉世於麗江木氏土司
家，精通漢藏語言，做過十三世達賴喇嘛的近臣，在藏人中有威信，曾授予

〔註18〕《北洋政府嚴飭川邊鎮守使嚴懲川邊在康巴奸搶妄爲保護僧俗人等有關文電》
　　　　（一九一四年六月～七月），北洋政府蒙藏院檔案（一〇四五）376，載《1899
　　　　～1949有關西藏專題歷史檔案彙編》（上），第165頁。

〔註19〕《北洋政府嚴飭川邊鎮守使嚴懲川邊在康巴奸搶妄爲保護僧俗人等有關文電》
　　　　（一九一四年六月～七月），北洋政府蒙藏院檔案（一〇四五）376，載《1899
　　　　～1949有關西藏專題歷史檔案彙編》（上），第165頁。

〔註20〕《滇藏川邊境各寺喇嘛爲川軍藏兵焚掠廟宇請求保護並請派佛教會長管理各廟
　　　　有關文件》（一九一四年），北洋政府蒙藏院檔案（一〇四五）826，載《1899
　　　　～1949有關西藏專題歷史檔案彙編》（上），第166～168頁。

〔註21〕《康定縣文史資料選輯》（第3輯）推測邊藏佛教總會成立於陳遐齡川邊鎮守
　　　　使時期，而其文中提到「本使……西征與西藏喇嘛人民接洽」（尹昌衡西征時，
　　　　滇軍也參與西征），本使應是殷承瓛，又《近代康區檔案資料選編》提及殷承
　　　　瓛擔任川邊鎮守使時，邊藏佛教總會會長東寶向上提交呈文，故邊藏佛教總
　　　　會成立於殷承瓛時期。見《關於「邊藏佛教總會」的史料》，載中國人民政治
　　　　協商會議甘孜藏族自治州康定縣委會：《康定縣文史資料選輯》（第3輯），1989
　　　　年，第103～107頁；四川省檔案館：《近代康區檔案資料選編》，四川大學出
　　　　版社，1990年，第88頁。

藏傳佛教「四寶法王」的稱號，還擔任過中華佛教總會雲南支會副會長〔註
22〕。邊藏佛教總會成立章程主要內容有：

> 第二條本總會宗旨爲指導邊藏僧俗修明佛教，採取世界文明與
> 漢滿蒙回一致進行；第五條實施教育，應使各喇嘛寺籌設佛教學校
> 一所，選擇通曉藏文，資質純美喇嘛入校肄業，教授國文、國語及
> 大小乘相，華嚴各宗，以爲造就佛學人才基礎。將來辦有成效，並
> 得酌加漢文各科科學，增長普通知識；第七條入會各喇嘛有不規則
> 行爲，經本廟大喇嘛不悛，得送交本總會處理。如有情節較嚴重者，
> 並得由本總會呈請地方長官依法懲辦。〔註23〕

從章程中可以看出，邊藏佛教總會既保護和傳承了川邊佛教文化，也教授邊
民國語和內地佛教文化，邊藏佛教總會受川邊地方政府的保護和約束。殷承
瓛曾親歷邊藏佛教總會，並宣講到：「將被蹂躪之僧俗召回（川邊戰亂中被毀
寺院僧人），務使安居樂業……至於推行佛法，由近而遠，使恢復舊日佛教之
盛。〔註24〕」邊藏佛教總會成立後，發佈布告，包含將「被蹂躪之僧人」召
回的內容，布告明顯得到川邊鎮守使的支持，其內容有：「今鎮守使，發菩薩
心，倡明佛教，普濟群生，邊藏總會，已定名稱，邊藏各僧，共相勸導，迅
除魔障，及早皈依。〔註25〕」

（三）管理康區地方宗教事務

1917年9月，川邊鎮守使殷承瓛在即將卸任前，派遣邊軍分統劉贊廷，
還有理塘知事鳳琪、義敦縣知事楊顯、白玉縣知事古錫鈞，曲登土司、崇喜
土司、毛丫土司與鄉城土頭，在理化噶布可貢生雍河地方簽訂二十一條協定，
稱爲《噶布可條約》。其中規定：「桑披寺由該縣僧俗人等集資培修；該寺寺
主由該縣公舉此稱向秋曲丕令龍大喇嘛、土登宜馬、絨堆哈仁不其三人充任
經理，入寺喇嘛須擇經典熟悉，秉性善良兩種，如不合格，不准入寺，已選

〔註22〕 何明棟：《虛雲和尚傳》，宗教文化出版社，2000年，第46頁：楊福泉：《納西族與藏族歷史關係研究》，民族出版社，2005年，第219～220頁。
〔註23〕 《關於「邊藏佛教總會」的史料》，載中國人民政治協商會議甘孜藏族自治州康定縣委會：《康定縣文史資料選輯》（第3輯），1989年，第103～107頁。
〔註24〕 《關於「邊藏佛教總會」的史料》，載中國人民政治協商會議甘孜藏族自治州康定縣委會：《康定縣文史資料選輯》（第3輯），1989年，第103～107頁。
〔註25〕 《關於「邊藏佛教總會」的史料》，載中國人民政治協商會議甘孜藏族自治州康定縣委會：《康定縣文史資料選輯》（第3輯），1989年，第103～107頁。

入寺不守清規者，由寺主斥革設，有重大不法行為仍報請地方官訊辦；理塘喇嘛寺，前所有鄉城喇嘛仍歸理塘鄉城孔村誦經朝佛，不得改入桑披寺，並不得散處別縣，以便約束」。〔註26〕《噶布可條約》安撫了鄉城僧人和附近信徒，緩解了鄉城寺院僧人和地方政府的關係，對當地佛教文化的恢復和發展具有積極意義。

　　川邊地方政府參與地方佛教事務，這有利於當地漢藏關係的和諧發展，還滿足了民間信徒對佛教的需求。如 1925 年，團總丁正華率道孚縣城漢族佛教居士，積極動員漢人集資在道塢溝口仿漢族禪院模式，修建了一座具有藏漢結合獨特風格的佛教廟宇。正中為供奉佛像的瓦屋大殿，建築面積五百平方米，兩廂供住寺和尚居住的藏式禪房十八間，建築面積一百八十平方米，遠觀為一完整的雄偉寺院。寺廟落成時，逢漢僧大勇法師奉北京政府令〔註27〕，西赴拉薩，路過道孚，駐寺說法。寺名初為聖諭廟，後定為無垢寺，為漢族佛教寺院。〔註28〕道孚縣知事歐陽華還批准將佛教居士組成道孚縣佛教振興會，由佛教振興會主持無垢寺，舉丁子佩（有誤，名為丁正華）為經理。自此，道孚土著始知漢地也有大乘妙法，「藏漢心情日漸融洽，實導與無垢寺也」〔註29〕。

三、「赴藏學法團」入藏對漢藏文化交流的影響

（一）「赴藏學法團」〔註30〕入藏背景

　　民國成立後，西藏地方發生十三世達賴喇嘛驅逐駐藏川軍的事件，英國勢力插手西藏事務，中央駐藏官員陸續被驅逐出西藏，中央政府駐藏官員陸興祺暫時在印度不能入藏，中央政府和西藏地方的關係進入不正常時期。民國前期中央政府和西藏地方政治關係出現鬆弛狀態時，漢藏民間佛教文化交流卻沒有中斷。康區作為佛教興盛之地，培養了一批著名的佛教高僧大德，

〔註26〕　鄉城縣志編纂委員會：《鄉城縣志》，四川大學出版社，1997 年，第 408 頁。
〔註27〕　「奉北京政府命令」說法有誤，大勇法師赴藏學法是民間自發組織的。
〔註28〕　中國人民政治協商會議道孚縣委員會：《道孚文史資料選輯》（第 1 輯），1985 年，第 18 頁。
〔註29〕　中國人民政治協商會議道孚縣委員會：《道孚文史資料選輯》（第 1 輯），1985 年，第 18 頁。
〔註30〕　民國時期有稱之為「留藏學法團」，也有稱之為「赴藏學法團」，本文沿用後者。

且康區是川藏交通要道，還是溝通漢藏關係的重要通道，這些都爲漢藏佛教文化交流提供了充足的條件。

19世紀末至20世紀初，佛教系統逐漸有世界化的發展趨勢，中國漢傳佛教徒中的一些人開始重視保存較多的印度佛教典籍的藏傳佛教〔註31〕。其代表人物太虛法師（1890～1947年）極力推動內地漢傳佛教僧伽制度的改革和佛教的現代化、世界化，主張派人到日本和西藏學習密法，爲其改革之參考〔註32〕。不少人提出求取藏傳佛教來振興和發展傳統佛教的主張，尤其立志於復興密教的僧眾試圖融會藏密、日密來建立圓滿的內地中華密教。於是出現了西上康藏求密的熱潮，其中大勇（1893～1929年）組織「赴藏學法團」進藏求法，創造了中國近代佛教史上的一大壯舉〔註33〕。

另外，民國初年，全國各地掠奪寺產的風潮還時常發生，北洋政府遂以保護寺院完整爲目的，出臺了寺院管理相關條例。1913年6月內務部頒發《寺院管理暫行規則》，寺院財產由其主持管理，不論何人不准強取寺院財產〔註34〕。1921年5月，大總統公佈《修正管理寺廟條例令》，其中規定：「寺廟不得廢止或解散，寺廟財產不得藉端侵佔，寺廟財產及將取得財產須向該管地方官呈請註冊，僧人宣講要以宣揚教義、化導社會、啓發愛國思想爲宗旨〔註35〕」。民國政府對寺院財產的制度化管理是在保護和建設寺院的前提下振興佛教、宣揚佛教的重要保證與必要之舉〔註36〕。此後，各地佛教組織和研修機構就是在此基礎上建立起來，「赴藏學法團」也是在此背景下成立。

1923年11月，九世班禪因與達賴失和離藏，出逃內地。1925年2月，九世班禪達到北京，此時密法大師蒙古族黃教喇嘛白普仁〔註37〕和西康黃教

〔註31〕 周偉洲：《民國時期漢藏佛教文化交流及其意義》，載《藏學學刊》第5輯，四川大學出版社，2009年，第208頁。

〔註32〕 周偉洲：《民國時期漢藏佛教文化交流及其意義》，載《藏學學刊》第5輯，四川大學出版社，2009年，第208頁。

〔註33〕 呂建福：《中國密教史》，中國社會科學出版社，1995年，第636頁。

〔註34〕 《民國治藏政策法規》（上），載張羽新、張雙志編：《民國藏事史料彙編》（第一冊），學苑出版社，2005年，第81頁。

〔註35〕 《民國治藏政策法規》（上），載張羽新、張雙志編：《民國藏事史料彙編》（第一冊），學苑出版社，2005年，第86～88頁。

〔註36〕 王海燕：《民國時期漢藏佛教界文化交流的歷史進程》，《西北民族研究》，2009年第1期。

〔註37〕 白普仁（1870～1927年），名光法，字普仁，熱河東蒙古人，常住北京雍和宮。

喇嘛多傑覺拔〔註 38〕兩人積極推動內地人學習藏密，九世班禪遂成爲內地藏密復興和漢藏文化交流的領軍人物。民國前期漢藏文化交流活動最直接的影響是北京佛教藏文學院的建立和「赴藏學法團」入藏活動〔註 39〕。

（二）「赴藏學法團」途徑康區過程

　　1924 年大勇北上求學藏密〔註 40〕，欲意兼通日、藏兩系密教。他在北京依白普仁喇嘛、多傑尊者學習藏密，進過一段時間的修習，感到學通藏密非進藏不可，於是開始計劃組織一個入藏求法團進藏求法。爲了克服語言上的困難，先召集一班學僧學習藏文，等藏文稍有基礎再進藏求法。這樣大勇在白普仁、多傑尊者的指導和胡子笏、湯鑄新、但怒剛、劉亞休、陶初白等人的贊助下，於 9 月 13 日在北京慈因寺正式成立藏文學院。大勇法師爲院長，第一班學生 16 人，10 月 11 日開學，大勇請出身西藏哲蚌寺的多傑覺拔尊者到院爲導師〔註 41〕，傳授藏密，開示藏地佛教之傳承儀軌、習定法等。1925 年春，藏文學院又招收了十餘人，共約三十人左右，還聘請在西藏多年的康定人充寶琳先生講授藏文和西藏佛法。〔註 42〕由於大勇急於進藏，多傑覺拔爲大勇介紹於康藏各寺院，又函告打箭爐囑其外甥羅桑暨安郤寺各供養大勇師弟一百元〔註 43〕。藏文學院經過半年多的講習後，1925 年 5 月大勇把學院改組爲「赴藏學法團」。

　　關於「赴藏學法團」的名稱，民國報刊有稱之爲「留藏學法團」或「赴藏學法團」，今人還有稱之爲「西藏學法團〔註 44〕」。1926 年 1 月 1 日的《申報》使用「赴藏學法團」一詞，其中記載：「成都大勇法師率赴藏學法團，已

〔註 38〕　多傑覺拔（1874～？），康定人，俗姓李，在哲蚌寺學習，取得格西學位，1933
　　　　　年回哲蚌寺。
〔註 39〕　周偉洲：《民國時期漢藏佛教文化交流及其意義》，載《藏學學刊》第 5 輯，
　　　　　四川大學出版社，2009 年，第 210 頁。
〔註 40〕　大勇，原名李錦章，法名傳眾，字大勇，四川巴縣人。早年畢業於四川法政
　　　　　專科學校，1918 年依太虛法師出家，1921 年到日本學密宗，得大阿闍黎學位。
　　　　　1923 年 10 月回國，先後在上海、杭州、武漢、北京等地開壇傳密法。
〔註 41〕　于凌波：《中國近現代佛教人物志》，北京宗教文化出版社，1995 年，第 187
　　　　　頁。
〔註 42〕　《記留藏學法團》，《海潮音》，1925 年第 6 卷第 6 期。
〔註 43〕　郭又生：《諾門罕大喇嘛多傑覺拔格西事略》，《西南和平法會特刊》，1931 年
　　　　　特刊。
〔註 44〕　于凌波：《中國近現代佛教人物志》，北京宗教文化出版社，1995 年，第 187
　　　　　頁。

抵康定駐鵲安寺，待開春雪解後再啓程前進，省中佛學會已匯款亦去電慰問。
〔註45〕」1926 年《海潮音》刊登了「佛教藏文學院赴藏學法團行程規約及辦
事簡章〔註46〕」，也使用了「赴藏學法團」一詞，其中赴藏學法團行程規約及
辦事簡章共計三章二十二條，除院長外，其餘人分爲三股：總務股、事務股、
法務股，各股設主任一人或兩人，各有任務，股員受主任指導，主任受院長
主管。

1925 年 6 月 3 日〔註47〕（農曆閏四月十三日）赴藏學法團以大勇法師爲
團長，大勇率隊 20 餘人由北京出發赴漢口，再由湖北西上四川，預定 1926
年 4 月從康定入藏。〔註48〕1925 年，學法團途中經過在武漢加入 5 人，到達
四川又有 2 人加入，總計共 30 人〔註49〕。大勇法師率眾徒經過四川省南路，
劉成勳曾請師授皈戒，省中男女授結緣者千人〔註50〕。

1925 年秋，赴藏學法團由嘉定出發雅安，路上有好幾處土匪區域，他們
分成了水陸兩道進行，《現代西藏》記載：「自洪雅以西，就沒有官兵敢作保
障的。〔註51〕」大勇法師一面請當地政府保護，一面電請雅安孫涵總司令設
法幫助。10 月赴藏學法團一行艱難抵達康定，這時川藏軍隊在康藏邊界還是
處於對峙狀態，西藏地方政府懷疑學法團有政治目的，多方阻擾，不允入藏。
此時，能海〔註52〕等人也赴藏求法，首途雅安，因戰亂一時受阻，1926 年 3
月能海等人到達理塘，後從朵哇格西學校藏語文，復往康定跑馬山，依絳巴
格西學菩薩、比丘、密乘諸戒及灌頂。1926 年能海又於理塘南摩寺依絳樣清
丕格西學法。在康定期間，能海與大勇學法團會合，共圖進藏，但因經費不

〔註45〕 《申報》第 18982 號，1926 年 1 月 1 日。

〔註46〕 《佛教藏文學院赴藏學法團行程規約及辦事簡章》，《海潮音》，1926 年第 6 卷
第 11 期。

〔註47〕 根據《記留藏學法團》（《海潮音》，1925 年第 6 卷第 6 期）記載是「1925 年
農曆閏四月十三」，即公曆 6 月 3 日。有著作寫成 6 月 4 日，見于凌波：《中
國近現代佛教人物志》，北京宗教文化出版社，1995 年，第 187 頁。

〔註48〕 《記留藏學法團》，《海潮音》，1925 年第 6 卷第 6 期。

〔註49〕 《佛教藏文學院在康改組及抵藏分住修學之規約》，《海潮音》，1926 年第 7 卷
第 9 期。

〔註50〕 《申報》第 18931 號，1925 年 11 月 11 日。

〔註51〕 法尊法師：《現代西藏》，漢藏教理院，1937 年，第 10 頁。

〔註52〕 能海（1886～1967 年），名學光，字緝熙，俗姓龔，四川綿竹人。四川陸軍速
成學堂畢業，1924 年出家，取法名能海，1928 年 9 月抵達拉薩，在哲蚌寺學
法。

足，返蓉籌措。赴藏學法團乃在西康打箭爐停留下來，修學藏文經典。而大勇法師利用此段時間，將宗喀巴大師的《菩提道次第略論》翻譯成漢文，經過一年的進修，求法團藏文水平得以提高，繼續西進。1926 年《晤一師上太虛法師函》中記述：「晤一先住在康定安雀喇嘛寺，隨後在跑馬山樂壞土登格什處學習蕃典，此師顯密通融，通過此師瞭解藏中佛教情形，理塘一帶已有格什（格西）七十餘人……並請得藏經多種。〔註53〕」1927 年春，大勇法師再率一部分人前進，擬赴拉薩，另一部分團員仍在打箭爐。大勇等人自康定出發，途徑艱險，終抵康藏邊界甘孜。在此求法團受到西藏地方官員的阻止，藏人誤認爲大勇法師是國家特派的大員，西藏政府通知甘孜的商人不准帶漢人進藏〔註54〕，於是大勇法師等人不得不滯留下來。由於入藏中途受阻，求法團只好在當地尋師求法了，這直接影響到求法團的命運。大勇等駐甘孜札迦寺，依止札迦諸古及其上首弟子，廣學顯密教法，尤其鑽研密教，大勇得傳法阿闍黎位。法尊依札迦爲上師，學習釋論和密教教法，摘譯《宗喀巴大師傳》和《阿底峽尊者傳》。1928 年，安多格西自青海果洛來甘孜，法尊又依安多格西學法。在甘孜期間，留藏學法團經費困難，團員生活艱苦，且康藏苦寒，水土不服而罹病及喪命者，已占十之二三。1929 年健存者已不及 20 人。〔註55〕

大勇由於生活艱苦、積勞成疾，於 1929 年 8 月 10 日，在甘孜札迦寺示寂，世壽僅 37 歲，僧臘 10 年〔註56〕。其餘學法團成員大多仍留居於西康學習藏語文和藏密，還有人返回內地，很少一部分人準備入藏。其中密慧、廣潤、觀嚴、密吽、大剛、觀空、嚴定、密悟、密學等先後留康十年，又密慧、大剛常住西康，嚴定、觀空、密吽於 1933、1934 年間返回內地，嚴定任漢藏教理院文系主任，觀空亦在教理院任教，密吽應北京法源寺之請北上弘法。1931 年，法尊、郎禪、常光、慧深四人自甘孜進藏，至昌都時郎禪、常光繼續進藏，首抵拉薩。法尊、慧深留居昌都，親近安多格西，受四十餘部灌頂及顯教經綸，10 月抵達拉薩。1935 年密悟、恒演自康進藏，終至拉薩。這樣

〔註53〕《晤一師上太虛法師函》，《海潮音》，1926 年第 7 卷第 6 期。
〔註54〕 法尊法師：《現代西藏》，漢藏教理院，1937 年，第 13 頁。
〔註55〕 于凌波：《中國近現代佛教人物志》，北京宗教文化出版社，1995 年，第 188 頁。
〔註56〕 于凌波：《中國近現代佛教人物志》，北京宗教文化出版社，1995 年，第 188 頁。

30 餘人的赴藏學法團歷經十年來，備受艱難危亡，終有 6 人到達目的地，而後法尊一人回到內地，傳譯弘法，實現夙願。〔註57〕

（三）民國前期「赴藏學法團」入藏活動影響

民國時期赴藏學法團在內地掀起藏密學習熱潮背景下入藏求法，是中國近代漢藏佛教交流史的一大壯舉。赴藏學法團成員從 1925 年抵達康定，部分人留康達達數年乃至十年，對藏傳佛教經典的學習和西藏佛教發展的認識有了進一步提高，期間內地僧人和康區高僧大德的親密接觸，增進了漢藏佛教文化的交流。赴藏學法團入藏活動影響可以得出以下幾點：

首先，赴藏學法團入藏屬於民間佛教徒和居士們發起和進行的，並得到蒙藏喇嘛的支持和響應。這與歷史上利用藏傳佛教維護封建統治有根本的區別，這些民間佛教徒自發的交流活動，期間學法團途徑康區，雖有電請地方政府派兵護送的情況，還有西康屯墾使劉成勳請大勇法師在川內舉辦了宗教活動，但北洋政府並沒有出面積極支持，故其活動多限於民間，受到一定的限制〔註58〕。

其次，民國前期中央政府與西藏地方關係處於不正常狀態，康區作為漢藏佛教文化交界地帶，在溝通漢藏文化關係起著橋樑作用，內地僧人在康區學習諸多藏傳佛教典籍，增加了對藏傳密教的認識。部分僧人返回內地後，擔任佛教組織和機構重要職務（如漢藏教理院等），對發揚和宣傳藏傳佛教具有重要意義。儘管西藏地方一度阻礙學法團入藏，但其中一小部分僧人最終還是由康區成功入藏學法，開啓了民國時期內地僧人赴藏學法的先河。

最後，民國前期康藏關係惡化，國內軍閥混戰，政局不穩，一度使赴藏學法團在康區受阻。北洋政府對寺院財產保護發佈一系列條例，康區地方政府對喇嘛寺院的保護，以及佛教文化在康區的盛行，這些間接地為赴藏學法團在康停留期間提供了良好的學習環境。民國前期漢藏佛教文化交流是一個復興初起的階段，赴藏學法團入藏活動由民間佛教界發起，並得到了較多群眾的支持，為民國後期更廣泛的漢藏文化交流打下深厚的基礎。

〔註57〕 呂建福：《中國密教史》，中國社會科學出版社，1995 年，第 638～639 頁。
〔註58〕 周偉洲：《民國時期漢藏佛教文化交流及其意義》，載《藏學學刊》第 5 輯，四川大學出版社，2009 年，第 211 頁。

四、民國前期康區的文化治理評述

民國前期康區的文化主要是寺院的宗教文化，藏民崇信佛教，喇嘛寺院是主要的文化傳播地，而官辦學校、外來教會和私塾的受眾人數較少，其影響力較小。康區主政者在任期間對川邊寺院採取了保護措施，成立了邊藏佛教總會，並參與了地方佛教事務。民國前期康區民間也成立了若干文化社團，以推動康區文化和教育研究，康區藏戲繼續得以創新和完善，「赴藏學法團」途徑康區活動等等，這些都在一定程度上推動了康區文化的發展。然而，民國前期政治軍事內容是康區的主題，康藏衝突、地方兵變等大小事件不斷發生，寺院和學校數量銳減，康區文化的發展受到嚴重制約，康區的文化治理整體成效不顯著。

清末至民初，英法等西方列強派遣傳教士到康區傳教，窺探一切，大多實行精神之侵略，然而信奉西教者最爲少數。除了康民對佛教的崇信以外，這也與川邊地方政府對喇嘛寺的保護和維持分不開。1928 年西康政務委員會呈文：「喇嘛各寺既屬輿情所趨，斯應力加維護，因勢利導，潛移其內向之忱，以趨於黨的訓練。邇來漢人經商到康，以及軍政界人士也多有皈依佛法，從事集會研究，抑足聯絡漢藏情愫，不過私人組織力稍薄弱耳〔註59〕」。民國前期康區地方政府意識到喇嘛寺對於漢藏關係的重要性，以及川邊佛教的昌盛，對寺院加以維護。由於康藏衝突和匪患不斷，寺院整體數量還是削減不少，但川邊政府在一定程度上還是保障了康區寺院佛教文化的傳承，康區寺院在抵禦西方分裂勢力和增加漢藏關係方面發揮著重要的作用。

第二節　民國前期康區的教育

一、清末趙爾豐康區興學

清末康區的學校教育是由趙爾豐首先創辦。1906 年 8 月趙爾豐擔任川滇邊務大臣〔註60〕，1907 年趙爾豐在《復陳川滇邊務應辦事宜並擬具章程摺》中明確提出：「所謂興學，亦只先求文字語言相通，然後爲之陳說綱常名教之

〔註59〕《一九二八年西康特區政務委員會呈》，載四川省檔案館：《近代康區檔案資料選編》，四川大學出版社，1990 年，第 323 頁。
〔註60〕《軍機處奏復請以趙爾豐爲川滇邊務大臣摺》，載吳豐培：《趙爾豐川邊奏牘》，四川民族出版社，1984 年，第 45 頁。

理，使其人皆曉然於中土聖化，爲人生不易之歸，則趨向既端，自不爲歧途
所惑，實爲收拾邊地人心第一要務。此興學之似可緩而實不可緩也〔註61〕」。
轟轟烈烈的川邊興學之事就此拉開序幕。

　　趙爾豐在川邊興學，採取了一些措施，主要有以下幾點：1.設立關外學
務局。1907 年 10 月 18 日（農曆）吳嘉謨在巴安正式開辦關外學務局。〔註
62〕關外學務局的主要職能是籌撥學費、考查規制、採購圖書儀器、派員勸
學等事宜，這樣分工明確，責任到人，有利於提高教育辦事效率，關外學務
局是川邊第一個近代教育行政管理機構。2.劃定學區。關外學務局設定後，
趙爾豐在川邊劃定學區，以作爲推行教令辦理學校之單位。學區劃分對當時
學務的推行具有重要意義，「因各區派定人員負責，專負責、便聯繫、有競
爭、有觀摩，殊未可忽也。〔註63〕」3.籌集資金，興辦學校。「籌費爲興學之
要圖」〔註64〕，教育經費是興學的保障，由邊務大臣趙爾豐負責，主要在邊
務經費下支給。1910 年夏，川邊學堂共有 122 所，學生近 2000 人，由於川
邊學校每年遞增，興學經費面臨窘境，1907 至 1911 年國家共撥款了教育經
費 12 萬銀兩，1911 年康區的學堂達到 130 餘所〔註65〕。除了上述國家撥款
之外，康區興學還有其他經費來源，以確保興學的推廣。一是地方稅收、利
息、學田的方式，以及寺院、土司財產的變賣作爲學堂經費〔註66〕；二是社
會捐助和罰款收入。4.培養師資。康區興學以初等教育推廣爲主，還有師範
教育，師範教育的主要目的是培養師資。1906 年底四川藏文學堂在成都開

〔註61〕《復成川滇邊務應辦事宜並擬具章程摺》，載四川省民族研究所：《清末川滇邊
　　　務檔案史料》（中），中華書局，1989 年，第 118～119 頁。
〔註62〕張敬熙：《三十年來之西康教育》，載趙心愚、秦和平：《清季民國康區藏族文
　　　獻輯要》（上），四川民族出版社，2003 年，第 444 頁。
〔註63〕《西康教育概況》，《西康通志稿·教育志》，第 2～12 頁，載四川省檔案館：《近
　　　代康區檔案資料選編》，四川大學出版社，1990 年，第 393 頁。
〔註64〕《王典章稟請抽收面行秤息作泰寧學堂經費》，載四川省民族研究所：《清末川
　　　滇邊務檔案史料》（中），中華書局，1989 年，第 532 頁。
〔註65〕1911 年康區學校數目說法不一，現舉兩例：張敬熙認爲 1911 年康區有 200 餘
　　　所學堂，任乃強在《康藏史地大綱》認爲，1911 年全邊學校 130 餘所，在校
　　　生 2000 名，畢業出校者 2000 餘名。見任乃強：《康藏史地大綱》，載《任乃
　　　強藏學文集》（中冊），中國藏學出版社，2009 年，第 564 頁；張敬熙：《三十
　　　年來之西康教育》，載趙心愚、秦和平：《清季民國康區藏族文獻輯要》（上），
　　　四川民族出版社，2003 年，第 483 頁。
〔註66〕薛建剛：《試論清末趙爾豐川邊興學及其影響（1906～1911）》，中央民族大學
　　　碩士學位論文，2013 年，第 24 頁。

堂，到1908年屆滿四學期，共93人畢業，1909年從其中派遣兩批出關，於是「趙爾豐由川調藏文畢業生七十餘名出關，派充教習〔註67〕」。1906年趙爾豐在爐城創辦了康區最早的師範學校——速成師範學校，以應目前之急需〔註68〕，學制三年，爲近代康區師範教育之開端。1908年四川藏文學堂學生還未畢業，關外急需師資，於是趙爾豐成立臨時師範傳習所，學員在短期訓練後即派任教，一般學習時間爲兩三個月，先後兩批共46人派赴各校任教。〔註69〕1911年，康區教育發展迅速，師資需求更大，五月（農曆）吳嘉謨詳請傅嵩炑在康定正式成立關學師範傳習所，學習時間爲三個月。學生畢業之後留堂補習，遇有開堂處所或撤換地方，即逕行派往。〔註70〕1911年學校又改名爲藏語專修學堂，一切辦法仍未變更。

　　清末趙爾豐在川邊「改土歸流」時，憑藉強大的軍事實力和銳意改革的決心，在康區大力興辦地方學校教育，取得了一系列豐碩成果，爲康區近代教育做出了巨大貢獻。趙爾豐康區興學的積極成效有以下幾點。一是傳播文明，開通風氣，推進了康區教育的近現代化。據記載：「巴塘一隅男女學生等，先學漢語，後學漢文，甫經三年，初等小學堂男女竟能作數百言文字。尤可嘉者，八、九齡學生，見人皆彬彬有禮。草昧初開，驟然變野蠻而歸文化，初非臣意料所及。〔註71〕」二是傳播漢文化，培養忠君愛國意識。關外設學反對宗教，實現教育宗旨所規定之「忠君」、「尊孔」。學生學習的科目有國文、歷史，官話，從官話課本中宣揚王朝統一思想。三促進漢藏之間的文化交流。關外興學語言交流是必不可少的，所難者「文誥之不知，語言之不習。內地漢文教習又不能直接講授，佐以翻譯，乃能通曉」〔註72〕。之後，藏語學堂和師範傳習所培養的學務人員被分派到各地教學，師資充足才可以確保習官

〔註67〕　《推廣關外學務局請添撥經費摺》，載四川省民族研究所：《清末川滇邊務檔案史料》（中），中華書局，1989年，第384頁。

〔註68〕　楊仲華：《西康紀要》，商務印書館，1937年，第377頁，載張羽新、張雙志編：《民國藏事史料彙編》（第二十七冊），學苑出版社，2005年，第391頁。

〔註69〕　張敬熙：《三十年來之西康教育》，載趙心愚、秦和平：《清季民國康區藏族文獻輯要》（上），四川民族出版社，2003年，第482～483頁。

〔註70〕　《吳嘉謨詳傅嵩炑請在爐關開辦關學師範傳習所》，載四川省民族研究所：《清末川滇邊務檔案史料》（下），中華書局，1989年，第958～960頁。

〔註71〕　《關外學務辦有成請添撥經費以便推廣摺》，載四川省民族研究所：《清末川滇邊務檔案史料》（下），中華書局，1989年，第841頁。

〔註72〕　《護理川督趙爾豐諮邊務大臣關外學務事宜》，載四川省民族研究所：《清末川滇邊務檔案史料》（上），中華書局，1989年，第146頁。

話的普及，「蓋必習官話之人多，而後群情可以通；必識漢字之人多，而後文化可以溥〔註73〕」，從而促進了康區漢藏之間的文化交流。

趙爾豐康區興學也存在一些不足。趙爾豐興辦教育採用的是「用夏變夷」的觀念，用武力激進的方式，提高民眾的知識與素養。一是近代教育轉型的不徹底。康區近代教育既有新式教育，也保留了傳統教育部分。如教材中「忠君」、「尊孔」等內容屢見不鮮，宣傳了封建倫理道德，禁錮了人們的思想；二是興學手段激進，大漢族主義嚴重，損害了民族感情。康區民眾崇信宗教，視讀書為學差，趙爾豐在興學過程中不得不採取強制措施，「學齡兒童不學校，罰其家長」〔註74〕，還有課程中經常所見的稱呼如「蠻民」、「蠻族」、「蠻俗」等詞，這一定程度上影響了漢藏民族關係；三是學校課程設置問題。如官話課堂設置的科目有：修身、官話、國文、歷史、地理、習字、體操等，藏族兒童要在三年內修內地需五年完成的課程，這無疑增加了難度，影響了學童的學習積極性。

二、民國前期康區的教育狀況

（一）學校教育

辛亥革命後，康區土司大面積復辟，土司和寺院喇嘛勢力相繼恢復，寺院教育仍佔據康區教育的主要成分，康區學校教育廢弛，趙爾豐時期開辦的學校大多停辦。1915 年 6 月，劉銳恒任川邊鎮守使，康區現存學校有：「康定、瀘定、巴安、道孚等處，兩等小學暨初等官話語小學、女子小學、女子官話小學共約三十餘所。」〔註75〕

1921 年丹巴縣巴底、巴旺、東谷、絨壩溝、三岳溝、梭坡等地辦起了國民學校，經費多為村民攤派，校舍設備簡陋，每校學生僅數十人〔註76〕。1922 年，甘孜縣知事苟萃珍於城區東門行臺內開辦縣立初級小學，至 1927 年縣立初級小學增設高級小學班，全校學生 29 名，其中初小 19 名，高小 10 名〔註77〕。同

〔註73〕 《護理川督趙爾豐諮邊務大臣關外學務事宜》，載四川省民族研究所：《清末川滇邊務檔案史料》（上），中華書局，1989 年，第 146 頁。

〔註74〕 周應奎：《西康教育沿革》，《康導月刊》，1939 年第 12 期。

〔註75〕 《諮四川巡按使核覆川邊教育文》，《教育公報》，1915 年第 2 卷第 3 期。

〔註76〕 中國人民政治協商會議丹巴縣委員會：《甘孜藏族自治州丹巴文史資料選輯》（第 2 輯），1989 年，第 113 頁。

〔註77〕 四川省甘孜縣地方志編纂委員會：《甘孜縣志》，四川科學技術出版社，1999 年，第 325 頁。

年道孚縣在縣城正街修建小學瓦房一幢，設籃球、排球、跳高、跳遠等場地，開創新式教育。〔註78〕1923 年，康定縣知事凌邦本創辦康定兩等女子小學堂，招收女生 69 人。1924 年，康定縣教育科發展國民小學三所：第一國民小學主要收回族子女，首批學生 30 餘人，後發展為初小 4 個班，學生近 80 人；第二國民小學，主要招收藏族子女，增教藏文課，學生免收書籍費，首批學生近 30 餘人，後發展為初級四個班，學生近 50 餘人；第三國民小學首批學生 10 餘人，次年停辦，係全縣一所農村小學〔註79〕。

1926 年劉成勳在雅安開辦了一文一武的兩所短期學校，文校定名為西康文官仕學館，學院名額 50 名，肄業期為一年，畢業後分派到他防區的各縣，充任各級文職官員，此時劉成勳防區包括上川南 23 縣和西康 15 縣。西康 15 縣中，只有兩人進入該仕館，一是末代明正土司甲宜齋的兒子甲聯科，一是康定女子兩等小學校長鄧朝宗；武校定名為西康陸軍軍官學校，學制 2 年，錄取學生名額為 100 名，武校畢業生會派到二十三軍各部隊任用，西康進入武校的人數有末代明正土司的三兒子甲聯芳，巴安王天傑等人〔註80〕。同年，丹巴縣城設立縣立小學，開辦時只有三、四十名學生，後來發展成七、八十名學生，清朝秀才黃秀石、衡登科先後被聘為教員〔註81〕。1927 年，瀘定縣城區辦女子小學一所，地址在聖諭廟，六年後始併入縣小〔註82〕。

1928 年 6 月西康特區政務委員會對康區 12 縣學校教育進行了調查，學校 27 所，學生近 800 人。〔註83〕

（二）寺院教育

康區寺院喇嘛是與土司、頭人並列的傳統三大統治階級，寺院擁有大量的土地可以操縱，有雄厚的資本可以借貸，有武力作為保障，寺院還做一些

〔註78〕　四川省道孚縣志編纂委員會：《道孚縣志》，四川人民出版社，1998 年，第 7 頁。

〔註79〕　四川省康定縣志編纂委員會：《康定縣志》，四川辭書出版社，1995 年，第 473 頁。

〔註80〕　耿俊傑、王杰著：《雅安史略》，四川大學出版社，2010 年，第 174～175 頁。

〔註81〕　中國人民政治協商會議丹巴縣委員會：《甘孜藏族自治州丹巴文史資料選輯》（第 2 輯），1989 年，第 113 頁。

〔註82〕　中國人民政治協商會議瀘定縣委員會：《瀘定文史資料選輯》（第 3 輯），1988 年，第 5 頁。

〔註83〕　定鄉、稻城、得榮縣知事尚未到任，筆者根據《西康特區各縣學校教育調查表（1928 年 6 月）》整理得出，詳見四川省檔案館：《近代康區檔案資料選編》，四川大學出版社，1990 年，第 400～402 頁。

布施和誦經祈禱活動，從經濟、政治、宗教等方面深深影響康區民眾的心理。
1928 年康區十五個縣，因稻城、定鄉、得榮三縣知事未到任，其他十二縣喇
嘛寺院數量共計近 130 所〔註84〕。寺院教育在藏區具有較長的歷史，由於康
區宗教寺院林立，民眾崇信宗教，家有男子必送一個去寺院，或數子均學喇
嘛，以女贅婿繼承。幼年習經，十七八歲即入藏，普通一年即返，有的需數
年或達十年考得學位寺歸者，則其地位甚高。平常喇嘛，多居家料理事務，
寺內會期始往。〔註85〕

寺院教育能夠撫慰康民在惡劣自然條件下生存的心理，藏族的文學、藝
術、哲學、邏輯乃至曆算的成就在寺院得以傳承，康區藏族典章、文物在喇
嘛寺院得到很好的保存。但寺院教育阻礙了廣大民眾接受世俗教育的權力，
禁錮了民眾的思想。寺院教育注重教義，其消極厭世、逃避現實的人生觀，
也阻礙了科學技術知識的傳播，阻礙了社會的進步和發展，是康區社會封閉、
落後的重要原因。

（三）教會教育

近代西方列強不斷派遣各類人滲透到中國邊疆地區，這些外籍人士以考
察、旅行、傳教等名義進入藏區，收集各種情報為列強服務。清末民初進入
康區的傳教士來自英、法、美等國，他們在藏區興建教堂、教會學校以及慈
善機構，愚弄、控制藏族百姓，或吸引藏族貴族子弟赴海外留學，接受西方
殖民教育，變為列強思想的代理人。如 1908 年美籍醫生史德文和基督教會牧
師浩格登夫婦來巴塘，在協傲吉村家樓下開辦漢、藏文學習班。漢文教員從
內地及康定聘請擔任，藏文教員由吉村夫婦擔任，學生僅有十餘人〔註86〕。
後擴大到 6 個班，學校改名為「巴安華西小學」。1911 年史德文與巴安糧務委
員王會同交涉，經川督批准，在架炮頂租得 30 畝土地，準備修建小學教學樓，
後學校前往該地，共有教員 8 人，高初級兩班男女學生 120 餘名。1920～1923
年，該校開設藏文、國文、歷史、聖經等科目，其中新、舊聖經作為必修課，

〔註84〕　筆者根據《西康特區政務委員會彙報各屬喇嘛寺廟調查表（1928）》整理得出，
　　　　　詳見四川省檔案館：《近代康區檔案資料選編》，四川大學出版社，1990 年，
　　　　　第 324～330 頁。
〔註85〕　尹子文：《爐霍概況》，《康導月刊》，1945 年，第 2 卷第 4 期。
〔註86〕　四川省巴塘縣志編纂委員會：《巴塘縣志》，四川民族出版社，1993 年，第 357
　　　　　頁。

1925 年改爲華西學校〔註 87〕；1920 年法國天主教丹巴天主教堂第二任司鐸佘廉靄在任內開辦了一所教會學堂，只收天主教子弟〔註 88〕；1922 年法國天主教堂在康定開辦了康化兩級小學，學生 100 餘人，主要課程爲讀經、講經；1927 年英國傳教士顧福安，在康定設私立華西小學，首批學生約 40 人，多數係教徒子女〔註 89〕。

民國時期在康區爐霍、道孚、康定、巴安等處都有教會學校，這些教會學校經費充足，環境優美，再加上教會救濟窮人，善於治病，信徒不斷增加，部分教會學校「學生既多，成績亦美，反觀政府所辦之兩等學校，內容闃茸、生徒寥寥，不禁感嘆久之。〔註 90〕」康區教會學校教育爲西方列強服務，是對藏族地區進行文化、教育侵略的一種重要手段，但是客觀上也促進了康區的教育的發展，傳播了西方科學技術，培養了一批知識分子，如畢業於華西學校的「巴安三傑」江安西、劉家駒、格桑澤仁等，教會教育爲康區近代文明傳播做出了一定的貢獻。

（四）私塾教育

清末康區就辦有私塾，康定、巴塘、丹巴等處皆有。如爐城有廳城河東、河西義學二堂，這是康定縣境內藏漢雜居區最早的辦學形式，義學爲擴大的私塾，光緒十幾年間停辦，代義學而起的是私塾。私塾童初習《三字經》、《百家姓》等識字啓蒙書，再讀《四書》、《五經》等著作。私塾無學制，學生隨來隨學，停學自由，私塾師資多數是爲生活所迫的窮苦知識分子，康定縣自光緒中期起開設私塾。清末，康定城鎮有私塾 12 處，另有藏族知識分子謝國安在大院壩充家鍋莊設館，專門教授藏語文，有藏漢學生 10 餘人。1894 年康定徐鳳璋在下瓦斯溝家中設館，學生常達 20 餘人，直到 1925 年才停辦。〔註 91〕1927

〔註 87〕　四川省巴塘縣志編纂委員會：《巴塘縣志》，四川民族出版社，1993 年，第 358頁。

〔註 88〕　四川省甘孜藏族自治州丹巴縣志編纂委員會：《丹巴縣志》，民族出版社，1996年，第 144～145 頁。

〔註 89〕　甘孜藏族自治州教育志編纂委員會：《甘孜藏族自治州教育志》，四川民族出版社，1996 年，第 40 頁。

〔註 90〕　任乃強：《西康視察報告》，載《任乃強藏學文集》（中冊），中國藏學出版社，2009 年，第 16 頁。

〔註 91〕　四川省康定縣志編纂委員會編纂：《康定縣志》，四川辭書出版社，1995 年，第 469～470 頁。

年，丹巴縣毛旦、巴旺、三岔溝等地設立過私塾〔註92〕。民國時期，巴塘還有一些熟稔藏文的學者，在家中辦私塾，課程有藏文拼讀基本訓練、書法、文法等，學生一般為家境富裕者，課本自備，內容不一，無一定學制，入學退學均係自願。〔註93〕

民國前期康區私塾數量較少，學生人數也少，傳播範圍有限，私塾是康區官立學校的一個補充。其中，學生對藏文、四書五經的學習，有利於對傳統文化的傳承。私塾成本較低，也有利於辦學，因為影響官立學校生源，私塾曾一段時間被勒令停辦，但康區仍有部分私塾一直維持下去。

三、民國前期康區的教育治理

1912 至 1913 年康區尹昌衡主政時，忙於第一次康藏戰爭，康區教育雖設有機構，在政務處下設教育司長，但教育未實際開展。期間尹昌衡將巴安學務局移到康定，不久藉口經費支絀，將學務局裁撤，各縣學校也多停廢〔註94〕。後期川邊鎮守使、西康屯墾使署皆設有教育科，各縣由縣知事兼任學務監督，設勸學所，然大多有名無實，少有成績。

1915 年，川邊道尹為保證官立學堂學生來源，勒令康定城區私塾學齡兒童入勸學所（官立初等學堂）學習，但是私塾未能全部廢除。〔註95〕

1915 年川邊財政困難，4 月川邊鎮守使向教育部呈報川邊教育狀況，並申請川邊義務教育籌備暫緩，「川邊甫經兵燹，財政支絀，籌備尤為艱窘，此項義務教育擬請暫緩辦」〔註96〕，教育部諮四川巡按使核覆川邊教育：「准此，查核辦理此項義務教育，實為地方一切教育與一切事業之根據，風氣愈塞財力愈窘，辦理愈不容緩。川邊藏番錯處情形複雜，尤應速從教育入手，庶幾言文情感易於溝通，風俗政教可冀統一，前清辦理既有基礎，此時正宜力籌

〔註92〕 中國人民政治協商會議丹巴縣委員會：《甘孜藏族自治州丹巴文史資料選輯》（第 2 輯），1989 年，第 113 頁。

〔註93〕 四川省巴塘縣志編纂委員會：《巴塘縣志》，四川民族出版社，1993 年，第 362 頁。

〔註94〕 楊仲華：《西康紀要》，商務印書館，1937 年，第 377 頁，載張羽新、張雙志編：《民國藏事史料彙編》（第二十七冊），學苑出版社，2005 年，第 391 頁。

〔註95〕 四川省康定縣志編纂委員會編纂：《康定縣志》，四川辭書出版社，1995 年，第 470 頁。

〔註96〕 《諮四川巡按使核覆川邊教育文》，《教育公報》，1915 年第 2 卷第 3 期。

恢復所有康定各屬已設之小學，如何擴充整理其理化、寧靜等十二屬未經設
學之區，如何督率籌設，以及邊款支絀，如何撥助風氣隔閡，如何勸導並應
通盤規劃，貴使綏邊宣化素爲地方所愛戴，諒不至視爲緩圖。」〔註97〕可見，
中央對川邊緩辦義務教育雖然同意，還是飭令四川巡按使核覆川邊教育情
況，應做好義務教育的籌備，盡快實施。

　　1917年殷承瓛擔任川邊鎮守使，計劃整頓教育，籌備經費，於1917年預
算案內，特列教育費三萬餘元（藏洋），惟不久川滇戰起，殷使回雲南，計劃
告吹〔註98〕。1917年10月17日中央派遣鄭權調查川邊學校教育狀況〔註99〕，
正值康藏戰爭又起，此時川邊政府對教育無暇顧及。

　　1920年川邊道道尹康明良鑒於康定、瀘定各縣高小畢業生日多，升學無
地，乃捐廉俸和募捐款項，設立川邊師範講習所一班〔註100〕，兩年畢業，訓
練師資三十餘名，分派到康南康北各縣服務，各縣原有學校稍有恢復，雖數
量與質量與趙爾豐時代相差甚遠，然值此西康學務不絕如縷，也不失爲賢明
措施之一。〔註101〕當時招收入所肄業的，僅有康定學生約二十餘人，其中有
楊仲華、何伯康、彭煥文等人，這些人畢業後楊仲華被派去甘孜辦學，何伯
康被派去道孚辦學，彭煥文被派去雅江辦學，直到抗日戰爭年代，他們都在
教育崗位上爲邊疆教育服務〔註102〕。

　　1925年劉成勳上任，北京政府在西康成立了教育廳，在康定、丹巴、巴
安等縣設立了教育局，其他各縣均由縣政府兼理，康定、瀘定兩縣成立了教
育會。〔註103〕同年康定縣知事梁仁俊利用對商人牟某私鑄造藏洋的罰銀二百
八十兩作爲教育經費，開辦了康定縣師範傳習所一班，女子師範傳習所一班，

〔註97〕　《諮四川巡按使核覆川邊教育文》，《教育公報》，1915年第2卷第3期。
〔註98〕　楊仲華：《西康紀要》，商務印書館，1937年，第379頁，載張羽新、張雙志
　　　　　編：《民國藏事史料彙編》（第二十七冊），學苑出版社，2005年，第391頁。
〔註99〕　《諮川邊鎮守使派鄭權前往川邊調查教育文》，《教育公報》，1916年第3卷第
　　　　　12期。
〔註100〕　康明良，川邊道尹，1918年7月12日署理，1920年1月27日任命，1925
　　　　　年2月7日裁撤，見郭卿友：《中華民國時期軍政職官志》，甘肅人民出版社，
　　　　　1990年，第226頁。
〔註101〕　《西康教育概況》，《西康通志稿·教育志》，第2～12頁，載四川省檔案館：《近
　　　　　代康區檔案資料選編》，四川大學出版社，1990年，第388頁。
〔註102〕　陽昌伯：《民國時期康區師範教育史略》，載中國人民政治協商會議甘孜藏族
　　　　　自治州委員會：《甘孜州文史資料》（第7輯），1988年，第165～166頁。
〔註103〕　郭卿友：《民國藏事通鑒》，中國藏學出版社，2008年，第552頁。

修業時間定為一年，但僅辦六月即告結束〔註104〕。1926 年劉成勳在康定設立初級師範學校，造就關外各縣兩等小學師資，以便改進西康教育。惟限於經費，所有各種計劃，僅能粗具規模，而逐步實施尚有困難。〔註105〕劉成勳還在雅安設立西康文官仕學館、西康陸軍軍官學校，造就邊務人才，試圖整頓西康教育。

1928 年西康政務委員會成立，西康政務委員會主席龍守賢到職後，即以培養師資、發展教育為急務，開辦西康特區師範講習所，龍守賢兼任所長。其招生簡章規定應收學生 60 名，由各縣按大縣 3 名標準選送，如名額不足時再行公開招考。結果保送和招考均未達到計劃名額，實收只有 43 人，這些人入學程度為高小畢業，學習時間為一年，結業時除中途輟學及赴內地升學者外，僅有畢業生 25 人〔註106〕。1928 年後，劉文輝對各縣小學進行整頓，相繼頒佈了各項興學措施，川邊教育形勢逐漸好轉。

四、民國前期康區的學校教育評述

民國前期康區戰爭頻繁，政局動盪不安，邊費緊張，清末創辦的大部分學校都停辦，康區官辦學校數量從清末 130 餘所減為 1928 年的近 30 所。川邊學校教育以小學教育和師範教育為主，學校規模極小。即使是新增設的學校，也有部分學校開辦不久即停頓，康區教育發展嚴重滯後。歷任康區主政者在任期間忙於政治軍事活動，相比較政治、經濟治理，對康區教育疏於治理，或大多無暇顧及。殷承瓛在任期間試圖整頓康區教育，可惜他沒來得及付諸實際就被撤職。陳遐齡、劉成勳在任時，在康區曾開辦過幾所小學和師範學校，然而數量有限。其中，師範學校培養了若干師資，不久分派到各縣地方官學任教，使部分學校得以繼續維持下去。總的來說，民國前期康區的學校教育陷入低谷，相對於清末來說甚至是衰退的。

民國前期康區的學校教育成效不顯著，主要原因有以下幾點：

〔註104〕 陽昌伯：《民國時期康區師範教育史略》，載中國人民政治協商會議甘孜藏族自治州委員會：《甘孜州文史資料》（第 7 輯），1988 年，第 166 頁。

〔註105〕 陳啓圖：《廿年來康政得失概要》，載趙心愚、秦和平：《清季民國康區藏族文獻輯要》（上），四川民族出版社，2003 年，第 222 頁。

〔註106〕 陽昌伯：《民國時期康區師範教育史略》，載中國人民政治協商會議甘孜藏族自治州委員會：《甘孜州文史資料》（第 7 輯），1988 年，第 166 頁。

　　（一）財政困難，稅收減少，教育經費不足，師資缺乏。首先，民國前期康區財政困難。尹昌衡在任時，每月有四川解餉銀 20 萬兩，張毅時期康區的邊款分爲政費和軍費，軍費有四川供給，由於戰亂邊餉常常不能到位，四川撥給川邊每月 14.9 萬兩，政費就地自給，還可以應對。不久，四川供給邊餉降爲每月 13.53 萬元。殷承瓛時期邊餉緊張，遂將爐城常茶兩稅劃爲川邊。陳遐齡時期，與川督熊克武不和，川邊接濟一度沒落實，陳遐齡請求中央調節四川始撥款，並從寧、雅兩屬撥調糧食。劉成勳時期邊地依然不能自給，需要寧、雅兩屬接濟〔註107〕。其次，民七之後邊地失地 11 縣，稅收減少，地方收入隨之減少，政費緊張自然影響教育經費。清末關外學務局常年經費預算 3 萬兩，其後更增加爲 4 萬兩。民國以後，學校減少，經費也減少，未停各校仍由省款劃撥。〔註108〕1914 年張毅時期，康區教育經費撥款共銀 2 萬元〔註109〕，1916 年康區教育經費預算爲 37384 元（1914 年 10 月，改兩爲元）〔註110〕。1919 年康區歲出爲 1733981 元，然而教育經費仍只有 37384 元，其中包含師範學校經費（全邊師範養成所經費）9944 元，川邊學校經費 27440 元〔註111〕。陳遐齡時期，各縣經費，僅能坐支四成〔註112〕。最後，由於教育經費不足，師資缺乏，部分師資是由康定初級師範派遣，而困難時也只能由縣府職員兼盡義務。〔註113〕

　　（二）康藏人民觀念陳舊，視讀書爲學差，入學率低。康區民眾以喇嘛寺院爲其傳統教育場所，清末趙爾豐川邊興學之初，廣大民眾缺乏讀書觀念，視讀書爲學差，民國之後依然存在此現象，富有子弟以錢財雇人去學堂，稱之爲學差。〔註114〕如 1918 年，九龍縣創設縣立國民小學，每保派學差 2 名，

〔註107〕《西康之經濟概況》，《開發西北》，第 2 卷第 2 期，載趙心愚、秦和平、王川：《康區藏族社會珍稀資料輯要》（上），巴蜀書社，2006 年，第 251 頁。

〔註108〕楊仲華：《西康紀要》，商務印書館，1937 年，第 174 頁，載張羽新、張雙志編：《民國藏事史料彙編》（第二十七冊），學苑出版社，2005 年，第 240 頁。

〔註109〕《諮四川巡按使核覆川邊教育文》，《教育公報》，1915 年第 2 卷第 3 期。

〔註110〕翁之藏：《西康之實況》，上海民智書局，1930 年，第 173 頁。

〔註111〕財政部印刷局：《民國八年康區財政預算書》，載趙心愚、秦和平、王川：《康區藏族社會珍稀資料輯要》（上），巴蜀書社，2006 年，第 285～287 頁。

〔註112〕陳啓圖：《廿年來康政得失概要》，載趙心愚、秦和平：《清季民國康區藏族文獻輯要》（上），四川民族出版社，2003 年，第 216 頁。

〔註113〕佚名：《治理康區意見書》，載趙心愚、秦和平、王川：《康區藏族社會珍稀資料輯要》（上），巴蜀書社，2006 年，第 426 頁。

〔註114〕佚名：《治理康區意見書》，載趙心愚、秦和平、王川：《康區藏族社會珍稀資料輯要》（上），巴蜀書社，2006 年，第 361 頁。

湊集學生 27 名〔註115〕。康區民眾認為學校不能滿足其心理之希望，不能求得生產能力，還不如實行農牧勞動，尚可增加生產分子，富有之家更以入喇嘛寺獲得社會之榮譽。人民受土地的限制，一個人在寺院可以解決生活問題，喇嘛寺放糧尤為人民去借貸，一般人以入喇嘛寺為出路，寺院吸收了多數不生產而有妨礙社會秩序的閒散人員〔註116〕，所以康區百姓送子進入寺院絡繹不絕，嚴重影響官立學校的生源。

（三）康藏戰事頻繁，連年兵燹，地方教育管理機構形同虛設，多地學校停辦。辛亥革命後，康區歷任主政者經歷了康藏戰爭、地方叛亂、川內混戰等軍事紛爭，各屆鎮守使署雖皆設有教育科組，然而大多有名無實。民七之後，失地甚多，只有十二縣有教育設施，學校數目銳減，僅剩不到 30 餘學校在維持辦學。

（四）政局不穩，鎮守使和縣知事更換頻繁，康北政令基本維持，康南數縣常處於失治狀態，教育推行難。民七之後，川邊失地過多，民七協議影響全康，政府在地方之威信下降。康北政治尚能服從政府，康南有抗拒甚至違反政府的行動，其中定鄉、得榮、稻城三縣經常處於失治狀態，政務無法推行，學校教育陷入停滯狀態。

〔註115〕　四川省九龍縣志編纂委員會：《九龍縣志》，四川人民出版社，1997 年，第 8 頁。

〔註116〕　佚名：《治理康區意見書》，載趙心愚、秦和平、王川：《康區藏族社會珍稀資料輯要》（上），巴蜀書社，2006 年，第 346～347 頁。

第七章　民國前期康區治理的困難和反思

第一節　民國前期康區治理的困難

一、惡劣的自然條件和災害

　　康區地處高原，有大渡河、雅礱江、金沙江、瀾滄江、怒江自北向南穿越全境。除瀘定縣外，各縣海拔均在 3000 米以上，更有高達 4000 米以上者。在海拔 2500～3000 米之間河谷及平原，均可施以灌溉而有二次收穫。在更高之河谷，則僅能有一次收穫〔註1〕。康區按地勢不同，氣候也不同，農作物生長易受地勢影響。怒江自冷卡以下，金沙江自奔子欄以下，雅礱江自墨地龍以下，盛產稻及玉蜀黍，常年不見霜雪，爲西康次暖區，占西康面積極小。大渡河自丹巴以下，雅礱江自噶喇以下，金沙江自三岩（武成縣）以下，瀾滄江自鹽井以下，各約四五百里間之河谷部分，爲西康最溫和宜人之地，雨量頗大，霜雪甚稀，面積只有全康五六百分之一。海拔 2000 米以上峽谷區域，如打箭爐河谷與查壩、瞻對、德格、白玉、同普、定鄉、昌都、札夷等河谷內，雖有霜雪而無雹災，雨量較稀，而不妨農。海拔 3000 米以上之河谷，如甘孜、爐霍、道孚、泰寧、木雅、乍丫、江卡等地，雨量較小，每易致旱，

〔註 1〕　法國傳教士古純仁 1907 年入藏，在康區待過 15 年，1923 年出版《川滇之藏邊》，後連載於《康藏研究月刊》。見〔法〕古純仁：《川滇之藏邊》，李哲生譯，《康藏研究月刊》，1948 年第 15 期。

秋多雹災，春多霜害。還有 3400～3800 米（有時達 4000 米）之河谷區域，
為西康農地之極限，如雜科、甑科、麻隴、通宵、喇嘛丫等地，農作限於大
麥、蔓菁等耐寒種類，霜雹俱重，農時甚促。4000 米以上之地，為廣大牧場，
如理塘、昌泰、祝靖、納奪、俄洛、色達及寧靜山一帶，降水尚豐，野草甚
茂，不能農作，亦無木類，面積占西康之大部。海拔 4800 以上為雪山，無農
作，無木類，亦無芻畜。〔註2〕可以說，「康地既高，人口稀少，氣候土壤均
不甚好，故生產力有限。〔註3〕」

　　除了自然條件惡劣，康區災害頻繁。西康秋季，幾乎每日午後，皆有雹
降達地，釀成災害。西康多數曠原沃土，放棄不耕者，並非完全由於氣溫太
低，不堪耕植，最大原因為收穫之際常有雹災。〔註4〕康區還時常出現地震，
1923 年 3 月 24 日，爐霍、道孚發生 7.25 級地震，全縣傷亡人口三千以上，
道孚縣城官署、民房摧圮，孔色、麻孜兩鄉房屋、糧食、牲畜蕩然無存，壓
斃 500 餘人〔註5〕；1923 年 6 月 14 日，道孚再發生 6.5 級地震，人民死亡約
有 1300 人〔註6〕。

　　由於康區的自然條件惡劣和災害頻發，康區農業和畜牧產量低下，直接
影響了康區的糧食稅收，康區的農牧業發展極其緩慢。另外，康區地勢高寒，
人口稀少，山路崎嶇，漢人出關非備烏拉不可，且軍資轉運也需烏拉。康區
獨特的地理環境使得交通烏拉必不可少，這進一步增加了康民的負擔。再加
上康區農業耕種還停留在原始階段，生產工具簡單，耕作方法粗陋，致使農
作物產量很低；牧業也是粗放式放養，長期停留在逐草而牧、逐水而居的原
始生產狀態，一旦牲畜突發疫病，牧民束手無策。因此，康區的自然條件惡
劣和災害頻發，嚴重制約了民國前期康區經濟的發展，增加了康區治理的困
難程度。

〔註2〕 此為任乃強先生在 1929～1930 年在康區考察所得材料。見任乃強：《西康圖經》
　　　（地文篇），載《任乃強藏學文集》（上冊），中國藏學出版社，2009 年，第 570
　　　～572 頁。
〔註3〕 佚名：《治理康區意見書》，載趙心愚、秦和平、王川：《康區藏族社會珍稀資
　　　料輯要》（上），巴蜀書社，2006 年，第 319 頁。
〔註4〕 任乃強：《西康圖經》（地文篇），載《任乃強藏學文集》（上冊），中國藏學出
　　　版社，2009 年，第 569 頁。
〔註5〕 四川省地方志編纂委員會：《四川省地震志》，四川人民出版社，1998 年，第
　　　73 頁。
〔註6〕 中國人民政治協商會議道孚縣委員會：《道孚文史資料選輯》（第 1 輯），1985
　　　年，第 17～18 頁。

二、動盪的川邊局勢

首先，康藏邊界局勢不穩，兵變、匪患不時發生。1912 至 1914 年，川邊發生第一次康藏戰爭，康藏邊界直到 1914 年才基本平靜下來。1917 年 7 月，川邊又發生第二次康藏戰爭，1918 年川藏兩軍簽訂停戰協定，然而康藏邊界小衝突不斷，一直持續到 1923 年。1923 年藏人不遵守條件（絨壩岔停戰條件）在康藏沿線增兵勒稅，8 月川邊鎮守使呈報：「江卡番官馬康提吉唋使夷匪南康喇嘛糾黨，四出搶劫，恃眾拘捕，4 月 25 日在鹽屬寧岩與我軍激戰五晝夜，該馬康提吉並暗派藏兵負槍助援，眾目共睹，幸我官兵奮力猛擊斃匪二百餘名，始行潰退。今日藏番在雜科增加番兵三百餘名，又於玉隆添駐番兵，似有意開釁。〔註7〕」期間康區還發生爐城張煦之變（1913 年 8 月）、定鄉陳步三叛亂（1914 年 9 月）、爐城傅青雲叛亂（1916 年 8 月）、巴塘「民九」事件等，這些皆給康區數縣民眾帶來了沉重的災難。

其次，康區主政者更替頻繁，或來不及實施治邊計劃，或無暇經營。川邊經略使尹昌衡在任不到 2 年就被調離入京，川邊鎮守使張毅、劉銳恒、殷承瓛、西康屯墾使劉成勳在任只有 1 年左右，陳遐齡在任時間最長，約有 7 年，然而其目標聚焦於關內，據記載：「1920 年後，陳使對川內漸有染指於鼎之思，對於邊藏殊少專注精神，所謂恢復失地之計，亦即此沉寂無聲。〔註8〕」另外，川邊各支統領互不統屬，爭權奪利、相互討伐，地方軍隊時而叛亂，康區主政者力不從心。張毅在陳步三叛亂中被解職，劉銳恒因滇軍入川，不安其位，赴省辭職，殷承瓛在川滇混戰中被辭退。後任康區主政者還參與關內混戰，陳遐齡、劉成勳分別在川內混戰中敗退。

最後，由於關內糧餉稅收來源充足，後任康區主政者多將目光集中於四川內地。陳遐齡在任期間，「居康定者十之三四，居雅州者十之六七。垂涎百尺於四川之地盤，而棄關外各縣如敝屣〔註9〕」。在陳遐齡看來，「奪四川一縣勝於關外十縣〔註10〕」。而邊外各統領也覬覦川邊鎮守使的職位，彭日升分統

〔註7〕《藏人不遵守條件增兵勒稅有關文件》（1923 年 8～10 月），北洋蒙藏院檔案（一○四五）393，載《1899～1949 有關西藏專題歷史檔案彙編》（上），第 196 頁。

〔註8〕楊仲華：《西康紀要》，商務印書館，1937 年，第 61 頁，載張羽新、張雙志編：《民國藏事史料彙編》（第二十七冊），學苑出版社，2005 年，第 312 頁。

〔註9〕任乃強：《西康圖經》，載《任乃強藏學文集》（上冊），中國藏學出版社，2009 年，第 50 頁。

〔註10〕劉贊廷：《三十年遊藏記》第 8 卷，載張羽新、張雙志編：《民國藏事史料彙編》（第 20 冊），學苑出版社，2005 年，第 137 頁。

在 1917 年 8 月至 10 月派數營逼近爐城，造成康藏邊界空虛，這是藏軍敢於大舉東犯的重要原因。當然川邊鎮守使常駐康定也有其自身原因，正統、幫統、分統三統分駐昌都、德格、巴塘，「各專決用事，勢不相下，軍政委任，各私其黨，僅備文呈報川邊鎮守使而已。歷任川邊鎮守使如張毅、劉銳恒、殷承瓛，皆畏邊軍驕縱，統帥跋扈，不肯輕易駐昌都，易居康定，勢使然也〔註11〕」。劉成勳受命西康屯墾使時，「實未嘗除出雅州一步。雅州距離康定約 500 里，於是鄉、稻等四縣，完全脫離西康政府之管束〔註12〕」。

三、內亂不已的北洋政府

北洋政府時期內亂不已，政潮動蕩。川邊地處偏僻，北洋政府鞭長莫及，對川邊時有無暇顧及。袁世凱時期，北洋政府對川邊政令基本暢通，期間北洋政府雖被迫派遣代表參加中英藏西姆拉會議，但會議並沒達成一致意見，康藏實際邊界仍然維持在瓦合山一帶。袁世凱去世後，國內進入軍閥割據時代，各派軍閥相互爭奪中央政府權位。1917 年「府院之爭」發生，接著是張勳復辟事件，隨後孫中山在廣州成立軍政府與北洋政府分庭抗禮，南北分裂，中央政府式微。如第二次康藏戰爭發生已有數月，中央政府對川邊毫無知情，1918 年 3 月陳遐齡先後拍了三四十通電報，向中央求援，但終究無效〔註13〕。1918 年 7 月 17 日至 31 日陳遐齡又屢電北京及四川政府，都無以應〔註14〕。當時南北分裂，中央政令不能下達，後援不濟，這也是邊軍在第二次康藏糾紛中挫敗的重要原因。1920 年直皖戰爭爆發，據記載：「陸軍部軍儲悉被直奉兩軍分取一空，中央經此大變，財政亦萬分竭蹶，對邊藏之事，兼顧無力，對允撥川邊之款械，亦無從領取〔註15〕」。1922 年春，第一次直奉戰爭起，梁士詒內閣倒臺，「籌備藏事，直如電光火石一瞥耳。〔註16〕」可以說，民九（1920

〔註11〕　查騫：《邊藏風土記》（卷三），中國藏學出版社，1990 年，第 15 頁。
〔註12〕　任乃強：《西康圖經》，載《任乃強藏學文集》（上冊），中國藏學出版社，2009 年，第 50 頁。
〔註13〕　馮明珠：《中英西藏交涉與川藏邊情：1774～1925》，中國藏學出版社，2007 年，第 330 頁。
〔註14〕　韓光鈞、甲宜齋：《民國七年漢藏構兵交戰紀實》，《邊政》，1931 年第 7 期。
〔註15〕　楊仲華：《西康紀要》，商務印書館，1937 年，第 61 頁，載張羽新、張雙志編：《民國藏事史料彙編》（第二十七冊），學苑出版社，2005 年，第 312 頁。
〔註16〕　陳啓圖：《十二年藏事見聞錄》，載趙心愚、秦和平：《清季民國康區藏族文獻輯要》（上），四川民族出版社，2003 年，第 230 頁。

年）以後，「北平徒擁中央政府之名，而威權日替，國帑日絀，自身且不能保政令不出國門，何能遠及於荒寒之川邊？〔註 17〕」顯然，民國前期北洋政府對川邊的後援不足，康區治理難有顯著成效。

四、時常失治的康南

　　康南係雅江、理化、義敦、巴安、得榮、定鄉、稻城七縣。趙爾豐時期，康南土司基本被消滅，民國時期康區土司復辟，康南除崇西、毛丫、曲登三土司復辟外，其他地區土劣分子開始滋生。土劣大多為亡命之強匪，迅速成為地方政府與土司的代替者。康南各縣新興土劣分子，抵抗地方政府，剝削人民。在民七民八後，土劣反而可以要挾地方政府，以至於今日（1936 年左右），亦不能徹底整理〔註 18〕。自 1914 年陳步三定鄉叛亂後五年內，康藏地區戰火頻繁，匪患嚴重，人民生活不得安寧。康南各縣由於戰爭和災荒，藏民家破人亡，妻離子散，「十室九空，危慘萬狀。」〔註 19〕

　　康南在第二次康藏戰爭後，駐軍時而被人民提槍，知事時而被害，開啓康南治安不可收拾之局。康南之鄉城、稻城、得榮三縣治理尤為困難，其縣知事時常被驅逐，甚至有被殺現象發生，這些縣域經常處於失治狀態。如得榮縣，自改流後，至廿三年（1934 年）先後有十二縣令，僅三任可以安全出境，餘則非遭慘殺，即僅以身免。1923 年～1932 年得榮為無縣令時代〔註 20〕。而稻城和鄉城，1918 年川邊政府「僅能委派一無權力之縣長，充以代表而已〔註 21〕」。稻城上、下兩區及木龍區皆為土劣勢力，人民習於搶劫，視政府為有若無，歷任縣長長期不敢到縣赴任。1912 年～1927 年定鄉縣有五位縣長，其中兩位沒有到任，民國前期定鄉時常處於失治和復治狀態，其政務主要是徵收賦稅、成立團防、禁煙禁毒、開墾修渠等，後期開辦有學校〔註 22〕。

〔註 17〕　陳啓圖：《廿年來康政得失概要》，載趙心愚、秦和平：《清季民國康區藏族文獻輯要》（上），四川民族出版社，2003 年，第 218 頁。
〔註 18〕　此書撰寫於 1936 年左右。見佚名：《治理康區意見書》，載趙心愚、秦和平、王川：《康區藏族社會珍稀資料輯要》（上），巴蜀書社，2006 年，第 379 頁。
〔註 19〕　格勒：《康巴史話》，四川美術出版社，2014 年，第 284 頁。
〔註 20〕　佚名：《治理康區意見書》，載趙心愚、秦和平、王川：《康區藏族社會珍稀資料輯要》（上），巴蜀書社，2006 年，第 371 頁。
〔註 21〕　〔法〕古純仁：《里塘與巴塘》，李哲生譯，《康藏研究月刊》，1948 年第 19 期。
〔註 22〕　鄉城縣志編纂委員會：《鄉城縣志》，四川大學出版社，1997 年，第 213 頁。

康區各縣公署在民國前期一直面臨著生活艱苦、經費拮据和辦公人員極少的處境，再加上沒有武力保障，地方治安難以維持，縣公署與地方駐軍是獨立的，各地駐軍並無意願幫助縣公署推行政令，甚至時常為縣知事帶來不利影響，這也是康南各縣時而失治而無力整頓的重要原因。

五、土司、頭人和寺院喇嘛勢力

土司、頭人和寺院喇嘛一直是康區傳統的地方統治階級，康區土司、頭人和寺院喇嘛勢力給康區治理帶來挑戰。民國前期川邊土司勢力依舊存在，和寺院喇嘛一樣在地方社會中具有權威，依然紮根於川邊百姓的心裏。土司是以政治權利為基礎，直接支配民眾；喇嘛寺院是以宗教信仰為基礎，以其政治和經濟作用間接支配社會。土司下面是頭人，所謂頭人者，「即土官不辦事頭目，更或小部落附庸於大部落，則其尤者以管理之，或大部落衰微，各小部落脫離自立，未獲朝中封號，如是數者，皆作頭人〔註23〕」。頭人不屬於土官職務，原為地方土酋之意，清初演變為土司封置部署的世襲貴族稱號。頭人多為土司家族在政治勢力擴張過程中，征戰有功的下屬將領和招降納叛的各部落土酋，經土司認定委以頭人稱號後，便成為土司轄區的世襲貴族，並獲得土司封賞土地、百姓和各類土職官員的資格〔註24〕。歷任川邊主政者對於土司、頭人，「皆因其勢而撫之，假以軍職名義〔註25〕」，委任為保正、村長等職。喇嘛寺院和土司之間，在平時尚無若何衝突，土司佔有直接的政治地位。康北土司基於治權較穩定，對政府不敢有違背之舉，康南民初以來，政府尚未有大的整治成績，故土司對於政府，只可有敷衍之現狀。

康區喇嘛寺院一般至少具有幾百以上的群眾，有巨大的號召力。普通喇嘛寺院具有幾百條快槍的，也不在少數。可以說喇嘛寺院也是武力集團，對康區地方政務既可以推動政令也可以是一大障礙。如1924年理塘駐軍撤退授權喇嘛寺後，於是喇嘛寺開始作威作福，行政司法濫加干涉，地方無駐軍，人民偏靠攏喇嘛寺，縱有賢吏，以無武力之故，也不能行使職權〔註26〕。

〔註23〕　文階：《康區土司頭人問題之探索》，《康導月刊》，1941年第3卷第5、6、7期。

〔註24〕　四川省德格縣志編纂委員會：《德格縣志》，四川人民出版社，1995年，第461頁。

〔註25〕　任乃強：《康藏史地大綱》，載《任乃強藏學文集》（中冊），中國藏學出版社，2009年，第567頁。

〔註26〕　賀覺非：《理化喇嘛寺之面面觀》，《新西康》創刊號，1938年。

土司、頭人和寺院喇嘛與地方縣知事並不總是處於友好的關係，有時也不服從地方政府的命令。康區地方縣知事在實際推行政令時，還需要借助寺院喇嘛和土司、頭人勢力。當川邊政局穩定時，土司、頭人和寺院喇嘛尚能安分守己，聽從於地方政府；當川邊政局紊亂時，土司、頭人和寺院喇嘛便趁機擴充勢力，與地方政府抗衡。因此，民國前期土司、頭人和寺院喇嘛勢力給川邊治理帶來嚴峻的挑戰。

第二節　民國前期康區治理的反思

一、民國前期「治藏必先安康」戰略的歷史實踐

康區作爲地理區域，是藏族三大聚居區之一，地理上屬青藏高原東南部和青藏高原向川西臺地的過渡地帶。康區地處橫斷山區，由西向東依次排列著高山與河流，怒江、瀾滄江、金沙江、雅礱江、大渡河自北向南穿越這一地帶，形成兩山夾一澗，兩澗夾一川的局面。〔註27〕康區是內地西藏的交通紐帶，傳統的青藏道、川藏道、滇藏道皆經過康區，自古以來這裡也是民族遷徙頻往之地，北接甘青，南達滇西北，昌都、甘孜、康定、德格等地成爲康區控扼內地與西藏聯繫的重鎮。從戰略意義上講，穩定了康區，既能有效地影響甘、青，進而影響西藏。

康區不僅地理位置獨特，而且在政治、經濟、宗教等方面也有重要特點。土司、寺院喇嘛勢力是康區傳統統治階級，民國前期他們勢力依然存在，在康區地方政治中發揮著重要作用；康區在西藏與內地貿易中起著橋樑作用，近代尤其是茶的貿易最爲顯著，民國前期內地茶入藏途徑由於康藏衝突而基本中斷，康區商業日趨蕭條；康區宗教呈現多元化特點，康區寺院林立、教派眾多，不少寺院與西藏寺院有著千絲萬縷的關係，近代還有西方天主教進入康區。因此，康區具有重要的戰略地位。

近代以來，英國勢力不斷滲透西藏和插手康藏事務，隨著「西藏問題」的出現和西藏分裂分子努力將康區納入「大西藏」圖謀的發展，康區便成爲西藏地方政府與內地省區爭奪之地，康藏局勢變得動蕩不安，藏區發生的許

〔註27〕《論歷史上的「治藏必先安康」》，載張云：《西藏歷史問題研究》，中國藏學出版社，2008 年，第 235 頁。

多重大事件與康區有關，如瞻對事件、鳳全事件、川邊「改土歸流」、尹昌衡西征、康藏衝突等一系列重大事件，以致清代以來有「治藏必先安康」之說的出現〔註28〕。光緒二十年（1894年），四川總督鹿傳霖首先提出了「安康穩藏」的策略，但受到駐藏大臣文海爲首的利益集團堅決反對，未能實施。〔註29〕李紹明認爲清末時人總結出了「治藏必先安康」的歷史經驗〔註30〕，1906年軍機處交部覆議錫良等奏設川滇邊務大臣奏摺時提到：「經部覆議：現西藏紛亂未靖，邊境多事，所擬設置邊務大臣，駐紮巴塘練兵，以爲聲援，事以可行。〔註31〕」時人簡稱之爲「治藏必先安康」。1906至1911年，趙爾豐在川邊「改土歸流」，積極經營康區，極力化邊地爲腹地，使康區成爲「固川保藏」之「依託」。1911年（農曆）閏6月代理邊務大臣傅嵩炑奏請西康建省，目的就是達到「守康境，衛四川，援西藏，一舉而三善備。〔註32〕」

民國時期中央治藏戰略與清末是一脈相承，北洋政府繼續踐行「治藏必先安康」戰略，「安康可以促進治藏，而治藏又必先安康」〔註33〕。民國前期中央政府努力恢復康區的穩定，1912年北洋政府派遣川滇軍西征，1913年初川軍擊退藏軍第二次進攻，平定鄉城，1914年夏川邊平靜下來，川邊基本恢復了趙爾豐時期所轄區域。1913年10月北洋政府還被迫參加中英藏西姆拉會議，西姆拉會議的焦點是康藏劃界，1914年7月西姆拉會議宣告失敗，英國分裂西藏的醜劇沒能成功。1914年北洋政府設立川邊鎮守使，劃定川邊特別行政區，川邊和熱河、察哈爾、綏遠一樣成爲準省一級行政區，以加強對康區的控制。不過，由於中央政府式微，南北分裂，川內軍閥混戰等因素的影

〔註28〕 任新建：《論康藏的歷史關係》，《中國藏學》，2004年第4期。

〔註29〕 《我國治藏的歷史經驗與教訓——兼評歷代治藏方略利弊》，載任新建：《康巴歷史與文化》，巴蜀書社，2012年，第106頁。

〔註30〕 李紹明、羅勇：《論「治藏必先安康」的歷史經驗和現實意義》，《民族論叢》第九輯，1991年，載李紹明：《李紹明民族學文選》，成都出版社，1995年，第581頁。

〔註31〕 《軍機處遵旨交部議覆錫良等奏設川滇邊務大臣請以趙爾豐充任》（1906年農曆6月）載四川民族研究所：《清末川滇邊務檔案史料》（上），中華書局，1989年，第91頁。

〔註32〕 《傅嵩炑請建西康行省摺》（1911年農曆閏6月16日），載四川民族研究所：《清末川滇邊務檔案史料》（下），中華書局，1989年，第1034頁。

〔註33〕 李紹明、羅勇：《論「治藏必先安康」的歷史經驗和現實意義》，《民族論叢》第九輯，1991年，載李紹明：《李紹明民族學文選》，成都出版社，1995年，第587頁。

響，「治藏必先安康」戰略難以有效貫徹。1917年康藏衝突又起，康區持續出現動蕩，邊軍沒能完全控制康區，1919年川邊政府實際控制區域只爲15縣。

　　1913～1918年中央政府在西姆拉會議和之後的康藏交涉中都努力捍衛主權和領土完整。1919～1922年，中央政府對英國不斷催議藏案的態度越來越強硬，一改過去妥協、退讓的政策，對英國駐華公使朱爾典屢次催議藏案的要求予以決絕。民國前期中英關於康藏邊界交涉持續近十年，最後以無果而告終，英國企圖將西藏分裂出去的圖謀始終沒有得逞。另外，民國前期康區土司勢力恢復，康區主政者實施「土流並置」，是努力「安康」的重要舉措，對土司委以軍職，授予保正、保長、村長之類，協助徵糧和烏拉派遣。康區主政者借助土司勢力協助管理，客觀上加重了民眾負擔，但是對於維護康區穩定也起到了一定的積極作用。

　　「治藏必先安康」一直貫穿整個民國時期，中央政府努力恢復康區的穩定。儘管受到各種因素制約，「安康」戰略難以全面貫徹，但還是有力地挫敗了西藏地方圖謀「大藏區」的計劃，有效地遏制了在英國支持下的西藏地方分裂祖國的活動。

　　「治藏必先安康」對當今也有借鑒作用，尤其在新世紀甘孜藏區出現的宗教極端活動，如2013年甘孜藏族自治州色達縣發生藏人自焚未遂事件。康區寺院歷來和西藏寺院有宗教關係，自焚事件正是境外的達賴集團策劃、煽動和組織的結果。國外敵對和分裂勢力在康區進行宗教滲透和製造民族衝突，達賴集團試圖把自焚事件歸咎到中央政府對西藏的政策，試圖影響康區的穩定和西藏的發展。因此，「治藏必先安康」戰略在當今依然具有現實意義。

二、民國前期康區治理的教訓

　　民國前期北洋政府在康區先後設置了川邊經略使、川邊鎮守使、西康屯墾使、川康邊防總指揮，劃定了川邊特別行政區（後爲西康特別行政區），以加強對康區的治理。然而，中央政局不穩，尤其在1917年康藏衝突後，南北分裂，中央政府對川邊時而無暇顧及，康北各縣尚能維持政務運行，康南數縣常無縣知事到任，康區社會發展緩慢。民國前期歷任康區主政者在任期間採取過一些有限的措施，在政治、經濟、文化、教育方取得過微小的成績，但由於各種因素的制約，康區治理整體成效不顯著，從而給我們留下了諸多教訓，值得我們認眞地反思。

民國前期康區治理最大的教訓就是中央權力式微，國力不濟，中央政府對西藏和川邊地方控制不力，英國趁機插手西藏事務，不斷從事各種分裂西藏的活動，使得中央政府在康藏邊界交涉中長期處於妥協、退讓的地位，因而民國中央政府對西南邊疆治理表現得力不從心。民國前期康區發生的一系列重大政治事件告誡我們：只有國家強大、民族團結，才能抵禦一切外來敵對勢力，西南邊疆才能長治久安。

民國前期康區治理的教訓還有其他幾點：

第一，康區主政者治邊缺乏決心與恒心，治邊經驗不足，吏治整頓不徹底。

首先，康區主政者治邊經驗不足，缺乏決心和毅力。民國後期擔任西康省主席的劉文輝總結到：「川邊鎮守使時期屬於西康逆轉時期，歷任川邊鎮守使或以缺乏政治經驗，或以處境異常惡劣，或以處理事變無方，或以無力兼顧邊地、或以無心經營事業，16 年（從 1912 到 1927 年劉文輝接管川邊）來康事一蹶不振〔註34〕。」

其次，自張毅時期川邊吏治滋生腐敗，且一直沒有得到根除。部分縣知事和邊軍將領中飽私囊，大失民心，一遇地方暴動縣知事就面臨被驅逐的遭遇。鎮守邊地者多非其人，道尹仰承鎮守使鼻息，不能行使職權。行政官吏多出自防軍故舊或書錄參副，「專以搜刮為事，不知其他，土司勢力因以復活，後來之官吏非借重土司，則職權無由行使。〔註 35〕」自民國五年以後，省內多故，邊事一以聽之於鎮守使。而歷任鎮守使「一步不出爐關，蟄守爐城，一任關外諸將士縱兵虐民，且邊民對邊軍也痛恨，藏人乘隙要結，嗾其背叛〔註36〕」，漢藏一經開戰，邊軍尤為不利。

第二，糧餉問題始終是隱患，川邊欠餉現象經常發生，造成邊軍和邊防不穩定。

糧餉問題主要是軍糧和軍餉欠發而引起的問題。川邊貧瘠，物產甚少，地不足以養民，民不足以養官，更無以養兵，所以自清末趙爾豐經營川邊以來，邊務經費就全靠四川協濟。自張毅時期起，軍餉一直依靠四川接濟，民

〔註34〕 劉文輝：《西康過去經營之得失與建省之經過》，《康導月刊》，1945 年第 6 卷 56 期。

〔註35〕 馮雲仙：《目前西康興革之要點》，《新亞細亞》，1931 年第 2 卷第 5 期。

〔註36〕 劉禹九：《擬設籌邊處經營邊藏策略》，載張羽新、張雙志編：《民國藏事史料彙編》（第 14 冊），學苑出版社，2005 年，第 237 頁。

餉就地解決，然而川內政局不穩，四川對邊地無暇顧及，邊地欠餉現象經常發生，這就很容易導致邊軍兵變。《邊藏風土記》記載：「至於糧餉軍需，邊外各縣糧賦不能接濟。三統（統領、幫統、分統）則請鎮守使運援，火稍遲誤，立稱邊軍嘩變〔註37〕」。1916 年 8 月 31 日，爐城（康定）發生傅青雲叛亂事件，首因就是索餉劫商，「駐守康定的邊軍第一營營長傅青雲率部嘩變，大肆搶劫，全城商民無一幸免，財政廳保存的四川協濟的現金及美豐銀行的鈔票，亦全數被劫〔註38〕」。1917 年川滇交惡時，川邊接濟又斷，邊餉愈竭，彭日升在派其侄彭鬥勝率邊軍進窺爐城，除意奪鎮守使之位，扣關索餉也是其重要目的。陳遐齡、劉成勳在任期間都竭力向川內發展，擴展防地，以達到自給，從而疏於邊藏戍防。因此，川邊糧餉的解決與否，關係到康區邊軍和邊防的穩定。川邊政府、四川政府和中央政府均沒有妥善解決川邊糧餉問題，致使邊軍時亂、邊防空疏。

第三，在康藏衝突的背景下，川邊將領各懷私心，缺乏團結力，在應對來自西藏地方的壓力不夠，劉贊廷、陳遐齡更有失職之過。

張毅、劉銳恒、殷承瓛三人「雖無進取之雄心，尚能扼守我防地〔註39〕」，陳遐齡在任期間守土不力，劉贊廷和陳遐齡派人相繼和藏方簽訂停戰協議，任乃強稱之為「盜賣之地界」〔註40〕，雖然川邊失地有多種因素導致，且 1918 年 6 至 9 月陳遐齡派兵與藏軍在絨壩岔激戰，但 1917 年 11 月至 1918 年 3 月陳遐齡引邊軍入川作戰，逗遛建昌，錯失戰機，陳遐齡難辭其咎。1919 年川邊實際控制區域縮小為 15 縣，康藏線東移至金沙江東岸，藏軍基本上達到了以西姆拉會議要求的川藏界線範圍，導致後期中央政府在中英關於藏案交涉中處於不利地位。川邊統領互不統屬，互相攻伐，在面對藏軍的進攻時，缺乏團結意識，沒有形成整體戰鬥力。1917 年適逢川滇混戰，彭日升統領於 8、9、10 等月，抽調所部各營，大舉入爐，攻擊殷使（川邊鎮守使殷承瓛），國防為之一空。〔註41〕1917 年類烏齊事件爆發時，彭日升向陳遐齡求援，任乃

〔註37〕　查騫：《邊藏風土記》（卷三），中國藏學出版社，1990 年，第 14 頁。

〔註38〕　馮有志：《西康史拾遺》，甘孜藏族自治州政協文史資料委員會，1993 年，第 78 頁。

〔註39〕　劉贊廷：《邊藏芻言》，上海聚珍仿宋印書局，1921 年，第 3 頁。

〔註40〕　任乃強：《西康圖經》，載《任乃強藏學文集》（上冊），中國藏學出版社，2009 年，第 110 頁。

〔註41〕　查騫：《邊藏風土記》（卷三），中國藏學出版社，1990 年，第 21 頁。

強認爲：「陳遐齡素嫉邊軍，欲藉藏軍消滅之，飭川軍不許進援。劉贊廷無賴，又利巴塘之苟安也，」〔註 42〕當時劉贊廷之志，在保存自己地盤，以便將來與陳遐齡爭西康政權。1920 年 11 月，邊軍分統劉贊廷爲唐繼堯之心腹，深悉西藏邊情，自統率一軍與各地藏人遙相呼應，以擾亂川邊地方〔註 43〕。可見川邊將領各懷私心，圖謀自身發展，不顧川邊大局，這也是邊軍在康藏衝突中失敗的原因之一。

〔註42〕 任乃強：《西康圖經》，載《任乃強藏學文集》（上冊），中國藏學出版社，2009 年，第 110 頁。

〔註43〕 洪滌塵：《西藏史地大綱》，南京正中書局，1936 年，第 228 頁。

結　語

　　縱觀民國前期康區的政治史，我們可以得出民國前期康區的歷史主線是反侵略反分裂和康區的近現代化。本文的主題是民國前期康區的政治態勢及治理研究，其內容也貫徹這兩條歷史主線。本文通過對民國前期康藏衝突和中英關於康藏邊界交涉活動的梳理，進一步提高我們對民國前期康區政治態勢的認識；通過論述民國前期康區的政治、經濟、文化、教育等方面的治理，試圖對民國前期康區治理措施和成效有一個較大把握。本文研究的最終目的是加強我們全面認識民國前期康區的政治態勢和治理成效，對當今藏區的治理提供借鑒價值和歷史依據。

一、康藏衝突和中英關於康藏邊界交涉活動主導了民國前期康區的政治態勢。

　　民國前期康區的政治態勢是持續變亂的，這對康區的治理產生了嚴重的影響，從而在一定程度上制約了康區的政治、經濟、文化、教育治理成效。英國和西藏分裂勢力與國家反侵略反分裂力量之間的矛盾是這一時期的主要矛盾。辛亥革命後，康區局勢動盪，康藏衝突和中英關於康藏邊界交涉活動主導了康區政治態勢的發展，具體表現為：兩次康藏戰爭、西姆拉會議、鄂羅勒默札布入藏、甘肅代表團入藏、貝爾使團入藏等等，這些都是與康區密切相關的政治事件。中、英政府和川、康、藏等地方政府都不同程度的參與康區政治博弈和互動，各自扮演著重要的角色。

　　辛亥革命後，十三世達賴喇嘛發動藏軍東犯，康區局勢動盪，中央政府命令川滇軍西征。在英國的阻擾下，1912 年 9 月西征軍停止西征，但第一次

康藏戰爭並未結束，接著川軍擊退藏軍第二次進攻，再平定鄉城，直到 1914
年上半年才結束。西姆拉會議前康藏歷史上的邊界糾紛已經產生，尤其在英
國勢力將魔抓伸向西藏後，不斷從事各種分裂活動，康區便成了西藏地方政
府與內地省份爭奪之地。西姆拉會議時，中英關於康藏邊界交涉的意見相去
甚遠，會議宣告失敗，中英關於康藏邊界的聲索差距過大也是後期康藏交涉
無果的癥結所在。1917 年第二次康藏戰爭爆發，藏軍將康藏邊界推至金沙江
以東，西藏地方基本實現了在西姆拉會議上所要求的區域。1918 年中央政府
派遣鄂羅勒默札布郡王赴察木多調停康藏戰爭，鄂郡王作出了不懈努力，但
未取得明顯成效，1919 年鄂郡王成功入藏，也未取得滿意成績。同年中央政
府派遣甘肅代表團成功入藏，改善了民國以來西藏地方與中央政府之間的關
係，緩和了康藏邊界的緊張局勢。1920 年英國派遣貝爾等人入藏，貝爾唆使
十三世達賴喇嘛通過了擴軍計劃，並承諾提供武器支持，這些都給康藏邊界
的川軍形成巨大壓力。1919～1922 年中英關於康藏邊界交涉活動繼續進行。
華盛頓會議前後，英國不斷催議藏案，中央政府對英使朱爾典催議的態度變
爲強硬，1922 年中英關於康藏邊界交涉基本結束，至此中英關於康藏邊界交
涉持續近十年，最後還是以無果而告終。英國分裂西藏的活動始終沒有得逞，
西藏地方分裂勢力企圖實現「大西藏」的圖謀也注定失敗。

二、民國前期康區的治理主要圍繞康區的政治、經濟、宗教、教育治理。

1906～1911 年趙爾豐在川邊「改土歸流」，極力化邊地爲腹地，開啓了康
區近現代化的先河，對之後歷任康區主政者的川邊治理產生了深遠影響。民
國前期康區主政者在清末康區治理已有的基礎上，繼續推行「治藏必先安康」
戰略。康區的治理主體主要是康區主政者，其次是中央政府和地方縣知事，
由於各種因素的制約和影響，民國前期康區的治理整體成效不顯著。

1912～1928 年，康區先後由川邊鎮撫使、川邊鎮守使（4 位）〔註1〕、西
康屯墾使、川康邊防總指揮主政，期間康區主政者先後經歷了兩次康藏戰爭、

〔註 1〕 期間還有短暫的護理鎮守使和代理鎮守使，1917 年熊克武擔任護理鎮守使沒
上任，1923 年起劉成勳部與陳遐齡部爭奪寧雅防區，後劉成勳部進攻爐城，
1924 年 5 月建昌道尹孫兆鸞任代理鎮守使，但他一直逗遛成都，孫涵實際代
理鎮守使，孫涵代理時間短暫且持續參與川邊混戰，故其治邊成績可忽略。

多次兵變、滇黔軍入川、邊軍內訌、康南盜匪作亂等大小事件，平均在任時間 2 年多，都具備一定的治軍才幹。然而，令人唏噓不已的是，大多數人在下屬叛亂或軍閥混戰中被撤職。尹昌衡受四川都督胡景伊排擠，又遭袁世凱忌憚，奉調北京被禁錮，張毅在下屬叛亂中結束川邊任期，劉銳恒因滇軍入川而辭職，殷承瓛、陳遐齡、劉成勳分別在川滇軍激戰或川內混戰中離職。他們在任期間基本遵循了北洋政府的治邊政策，在川邊經營各有得失，但是康區主政者更替頻繁，要麼沒有及時將治邊計劃付諸實施，要麼無暇經營。

政治治理主要體現在康區實施「土流並置」。民國前期康區土司經歷兩次復辟高潮，各地縣知事需要依靠土司、頭人和寺院喇嘛勢力，使政令得以推行順利。「土流並置」通過委以土司職權，緩和了土流關係，是對這些「廢不掉」土司的羈縻和妥協，土司幫助政府徵收百姓賦稅和催派烏拉，加強了對地方百姓的管理。然而，由於康區的土司特權再次恢復，百姓需給政府和土司同時繳納糧稅和徭役，這無疑又增加了百姓的負擔。民國前期康區實施「土流並置」，在一定程度上有利於漢藏民族關係的緩和，也有利於川邊政治的穩定。但是，1918 年絨壩岔和議簽訂後，川邊失地過多，川邊政府權威在百姓的心理發生變化，再加上川邊持續動盪，康北土司基於治權之較穩定，對政府不敢有違背之舉，政務基本維持，百姓尚能服從政府；而康南十幾年來，政府尚未有大的治理成績，甚至一度出現數縣失治狀態，土司對於政府只有敷衍的情況，百姓時而出現抗糧抗差現象。當康區政局穩定，土司和喇嘛便能安分守己，聽從指揮；當康區政局紊亂，土司和喇嘛便趁機擴充勢力，與政府抗衡。

「土流並置」成為民國時期康區基層政權的範式，中央批准西康建省以後康區依然實施「土流並置」，土司、頭人繼續被委任職務，可以說康區基層「雙軌政治」直到 1956 年西藏民主改革才逐漸退出歷史舞臺。另外，民國前期川邊地方或有駐軍營長兼任縣知事，或有駐軍首長插手地方行政，權責混淆，互相推諉，劉文輝時期康區實施軍政分離，軍政人員和行政人員各有專責，使康區政治步入正軌。

經濟治理主要體現在「農事試驗場」的推行，賦稅徵收和烏拉改革方面。歷任康區主政者在任期間，對農業進行改良，在一定程度上促進了康區農業的現代化，但是僅處於實驗階段，推廣程度不高，因而農業技術取得的進步有限；康區主政者頒佈了一些賦稅徵收章程，在一定程度上維護了賦稅徵收

秩序，還增加了一些新稅，比如契稅，既減少了土地侵佔紛爭，也增加稅款，對於康區的經濟治理具有積極意義。但由於川邊執政者和縣知事更替頻繁，很多措施沒有完全落實下去。尤其是民七之後，防軍內調，失地甚多，川邊政治失常，關外各縣抗糧抗差相習成風，應徵地糧和牲稅愈來愈少，康區賦稅徵收成效不佳；民國前期烏拉差役在康區繼續推行，下層百姓必須給政府和土司支應烏拉，烏拉是農奴制社會的產物，是康區下層百姓固定的勞役方式。歷任川邊主政者對烏拉章程進行過改革和發佈禁令，但期間康區軍事頻繁徵用烏拉，政局不穩，地方官吏徇私舞弊、中飽私囊的行為未徹底根除，康區百姓的烏拉負擔並沒得到有效減輕，致使康區農牧業經濟發展緩慢。

民國前期康區的文化和宗教是緊密相關的，所謂「康區離開宗教不能談文化」，康區文化主要是以喇嘛寺的經典為代表的宗教文化，文化治理主要體現在宗教方面，寺院教育仍佔據康民受教育的主要方式。

宗教治理主要表現為保護康區寺院，成立邊藏佛教總會和管理地方宗教事務。民國前期康區的文化主要是佛教文化，康區主政者對寺院採取保護措施，在一定程度上保障了康區佛教文化的傳承。由於康藏衝突和地方匪患不斷，寺院總體數量還是削減不少。民國前期內地大勇法師率領的赴藏學法團途徑康區，部分學法團成員在康區停留數年至十年不等，學法團成員在康區向高僧大德學習藏傳佛教經典，增進了漢藏佛教文化交流。

教育治理僅僅體現為增設了若干學校。民國前期康區戰爭頻繁，政局動盪不安，邊費緊張，清末創辦的學校大部分停辦，康區官辦學校數量從清末130 餘所減為 1928 年的近 30 所。歷任康區主政者在任期間忙於政治軍事活動，相比較政治、經濟治理，對康區教育疏於治理，或大多無暇顧及。劉銳恒時期川邊官立小學數量僅有約 30 餘所，殷承瓛在任期間試圖整頓康區教育，可惜他沒來得及付出實際就被撤職。陳遐齡、劉成勳在任時，在康區曾開辦過幾所小學和師範學校，然而數量有限。其中，師範學校培養了若干師資，不久分派到各縣地方官學任教，使部分學校得以繼續維持下去。總的來說，民國前期康區的學校教育少有成績，相對於清末來說甚至是衰退的。

三、民國前期康區治理的困難和反思。

民國前期康區治理成效不大，必然是由諸多治理的困難導致。民國前期康區治理的困難主要有以下幾點因素：一、康區的自然條件惡劣，災害頻發；

二、川邊局勢動蕩，治邊者陷於戰爭泥潭，歷任康區主政者難有作爲；三、中央政府內政不穩，對川邊時而無暇顧及；四、康南土劣滋長，康南數縣時常處於失治狀態；五、土司、頭人和寺院喇嘛勢力給康區治理帶來挑戰。

　　值得一提的是，民國前期康區的交通狀況也是制約康區治理成效不容忽視的一個因素。康區地勢高寒，空氣稀薄，道路崎嶇，交通梗阻。民國前期康區軍事頻繁，道路建設未有進展，郵傳系統日益衰敗。1912 年尹昌衡西征，成都和瀘定間公路分 16 段開工建築，未幾尹昌衡和胡景伊爭權，路款停頓，已修之路復爲農田。1923 年陳遐齡爲謀交通便利，發展川邊實業文化，發起修築康甘、康雅兩汽車路計劃，計長一千二百十九里〔註 2〕，不久陳遐齡陷入川內混戰，修路計劃遂作罷。劉成勳上任時，計劃重新開建成都和瀘定間的公路，後因路款無著落而作罷。康區陸路交通完全以牛馬代步，公務人員進關內需提供烏拉，一遇軍事活動，官商人民交困，百姓承受交通烏拉之痛。民元以後臺站撤廢，往來者要麼投宿村民要麼露宿道旁。郵局和電線業務滯後，公務信件郵局投遞時間過長，有線電報邊地久已失修，加上在戰亂和匪患中被割毀，只剩下雅安至康定一線。可以說，康區交通滯後，邊民與內地幾乎隔絕，束縛了邊民的眼界和思想，與內地相比邊民還是用落後的生產工具維持生計，社會生產力低下。同時，川邊鎮守使署與各縣之間道路信息不暢通，影響川邊政令的傳達，加重了康民的差役負擔，這些必然給康區治理帶來較大的困難。西康省建成後康區交通才逐漸改善，如 1938 年川康公路動工，於 1940 年通車。1941 年西康省政府修建康青公路，1943 年該路修成。這大大縮短了康定與成都、甘孜等地往來的時間，提高了運輸效率。

　　民國前期中央政府繼承清末的「治藏必先安康」戰略。北洋政府努力去「安康」，試圖恢復康區的穩定。1912 年北洋政府派遣川滇軍西征，1914 年夏川邊平靜下來，川邊基本恢復了趙爾豐時期所轄區域。1913 年 10 月北洋政府還被迫參加中英藏西姆拉會議，西姆拉會議宣告失敗，英國分裂西藏的醜劇沒能完成。1914 年北洋政府設立川邊鎮守使，劃定川邊特別行政區，川邊和熱河、察哈爾、綏遠一樣成爲準省一級行政區，以加強對康區的控制。1917 年康藏衝突又起，康區持續出現動蕩，邊軍沒能完全控制康區，1919 年川邊政府實際控制區域只爲 15 縣。由於中央政府式微，南北分裂，川內軍閥混戰

<hr>

〔註 2〕《申報》第 18027 號，1923 年 5 月 5 日。

等因素的影響，民國前期「治藏必先安康」戰略難以有效貫徹，但仍然遏制了在英國支持下的西藏地方分離祖國的活動。

民國前期康區治理最大的教訓就是中央權力式微，國力不濟，中央政府對西藏和川邊地方控制不力，英國趁機插手西藏事務，不斷從事各種分裂西藏的活動，使得中央政府在康藏邊界交涉中長期處於妥協、退讓的地位，從而使中央政府對西南邊疆治理力不從心。民國前期康區發生的一系列政治事件告誡我們：只有國家強大、民族團結，才能抵禦一切外來敵對勢力，西南邊疆才能長治久安。民國前期康區治理的教訓還有其他幾點：康區主政者治邊缺乏決心與恒心，治邊經驗不足，吏治整頓不徹底；糧餉問題始終是隱患，川邊欠餉現象經常發生，造成邊軍和邊防不穩；在康藏衝突的背景下，川邊將領各懷私心，缺乏團結力，在應對來自西藏地方的壓力不夠，劉贊廷、陳遐齡更有失職之過。

1927 年劉文輝接手西康後，開始對西康十五縣進行整頓。首先成立了邊務處，延攬一些熟悉川邊的學者和政治家，為川邊各縣區施政設計和領導的機構。不久，劉文輝又設立西康財務統籌處，負責管理西康十五縣的財務行政與賦稅徵收事宜。1928 年始劉文輝積極開辦各種短期培訓班，對幹部進行培訓。同年西康特區政務委員會在康定正式成立，其擔負著西康行政事務，先後頒佈了一系列施政措施。此後西康政務逐漸好轉，康區治理成效越來越顯著，西康從而進入一個新的歷史時期。

參考文獻

一、歷史檔案及地方文獻

1. 清實錄（1～60 冊）〔G〕，北京：中華書局，1987 年。

2. 衛藏通志〔M〕，上海：商務印書館，1937 年。

3. 《西藏研究》編輯部，西藏志衛藏通志〔M〕，拉薩：西藏人民出版社，1982 年。

4. 黃奮生，蒙藏新志〔M〕，北京：中華書局，1938 年。

5. 陳登龍，里塘志略〔M〕，臺灣：成文出版社，1970 年。

6. 中國第二歷史檔案館，中華民國史檔案資料彙編（第 1，2，3，4，5 輯）〔G〕，南京：江蘇人民出版社、江蘇古籍出版社，1979～1998 年。

7. 張羽新、張雙志，民國藏事史料彙編〔G〕，北京：學苑出版社，2005 年。

8. 中國藏學研究中心、中國第二歷史檔案館，民國時期西藏及藏區開發建設檔案選編》〔G〕，北京：中國藏學出版社，2005 年。

9. 1899～1949 年有關西藏專題歷史檔案彙編〔G〕，西藏民族大學圖書館館藏，內部資料。

10. 四川省檔案館、四川民族研究所，近代康區檔案資料選編〔G〕，成都：四川大學出版社，1992 年。

11. 中國藏學研究中心、中國第二歷史檔案館，康藏糾紛檔案選編〔G〕，北京：中國藏學出版社，2000 年。

12. 中國藏學研究中心、中國第二歷史檔案館，西藏亞東關檔案選編〔G〕，北京：中國藏學出版社，1996 年。

13. 顧祖成等，清實錄藏族史料〔G〕，拉薩：西藏人民出版社，1982 年。

14. 四川民族研究所，清末川滇邊務檔案史料〔M〕，北京：中華書局，1989年。

15. 趙心愚、秦和平，清季民國康區藏族文獻輯要〔M〕，成都：四川民族出版社，2003年。

16. 趙心愚、秦和平、王川，康區藏族社會珍稀資料輯要〔M〕，成都：巴蜀書社，2006年。

17. 郭廷以，中華民國史事誌〔M〕，臺灣中央研究院近代史研究所，1979年。

18. 北京大學歷史系，西藏地方歷史資料選輯〔G〕，北京：生活・讀書・新知三聯書店，1963年。

19. 西藏社會科學院、中國第二歷史檔案館等，西藏地方是中國不可分割的一部分〔G〕，拉薩：西藏人民出版社，1986年。

20. 陳乃文、陳燮章，藏族編年史料集（一、二集）〔G〕，北京：民族出版社，1989～1990年。

21. 中國社會科學院民族研究所、西藏自治區歷史檔案館，藏族史料譯文集〔C〕，1985年。

22. 中國藏學研究中心等，元以來西藏地方與中央政府的關係檔案史料彙編〔G〕，北京：中國藏學出版社，1992年。

23. 中國藏學研究中心、中國第一歷史檔案館，清末十三世達賴喇嘛檔案史料選編〔G〕，北京：中國藏學出版社，2002年。

24. 復旦大學歷史系中國近代史教研組，中國近代對外關係史資料選輯〔G〕，上海：上海人民出版社，1997年。

25. 程道德，中華民國外交史資料選輯〔G〕，北京：北京大學出版社，1988年。

26. 《西藏研究》編輯部，民元藏事電稿 藏亂始末見聞記四種〔M〕，拉薩：西藏人民出版社，1983年。

27. 中國第二歷史檔案館、中國藏學研究中心，中國第二歷史檔案館所存西藏和藏事檔案目錄〔M〕，北京：中國藏學出版社，2000年。

28. 中國第二歷史檔案館、中國藏學研究中心，中國第二歷史檔案館所存西藏和藏事檔案選編（1～10冊）〔G〕，北京：中國藏學出版社，2010年。

29. 四川省檔案館、中國藏學研究中心，四川省所存西藏和藏事檔案史料目錄〔M〕，北京：中國藏學出版社，2000年。

30. 縣志昌都地區地方志編纂委員會，昌都地區志〔M〕，北京：方志出版社，2005年。

31. 尹昌衡，西征紀略〔M〕，1912年。

32. 西藏外交文件〔M〕，王光祈譯，上海：中華書局，1930年。

33. 北京政府外交部，西藏問題〔M〕，1919年。

34. 西康省政府秘書處，西康概況〔M〕，1939年。

35. 陸秀章，清末民初藏事資料選編〔G〕，北京：中國藏學出版社，2005年。

36. 許廣智、達瓦，西藏地方近代史資料選輯〔G〕，拉薩：西藏人民出版社，2007年。

37. 中國社會科學院民族研究所、西藏自治區檔案館，西藏社會歷史藏文檔資料譯文集〔C〕，北京：中國藏學出版社，1997年。

38. 馬大正，民國邊政史料彙編〔G〕，北京：國家圖書館出版社，2009年。

39. 馬大正，民國邊政史料續編〔G〕，北京：國家圖書館出版社，2010年。

40. 劉贊廷，民國巴安縣圖志〔M〕，成都：巴蜀書社，1992年。

41. 劉贊廷，民國爐霍縣圖志〔M〕，成都：巴蜀書社，1992年。

42. 劉贊廷，民國石渠縣圖志〔M〕，成都：巴蜀書社，1992年。

43. 劉贊廷，民國康定縣圖志〔M〕，成都：巴蜀書社，1992年。

44. 得榮縣地方志編纂委員會，得榮縣志〔M〕，成都：四川大學出版社，1992年。

45. 四川省甘孜藏族自治州新龍縣志編纂委員會，新龍縣志〔M〕，成都：四川人民出版社，1992年。

46. 四川省巴塘縣志編纂委員會，巴塘縣志〔M〕，成都：四川民族出版社，1993年。

47. 四川省德格縣志編纂委員會，德格縣志〔M〕，成都：四川人民出版社，1995年。

48. 木里藏族自治縣志編纂委員會，木里縣志〔M〕，成都：四川人民出版社，1995年。

49. 四川省康定縣志編纂委員會，康定縣志〔M〕，成都：四川辭書出版社，1995年。

50. 四川省雅安市志編纂委員會，雅安市志〔M〕，成都：四川人民出版社，1996年。

51. 四川省理塘縣志編纂委員會，理塘縣志〔M〕，成都：四川人民出版社，1996年。

52. 西藏自治區芒康縣地方志編纂委員會，芒康縣志〔M〕，成都：巴蜀書社，2008年。

53. 四川省甘孜藏族自治州丹巴縣志編纂委員會，丹巴縣志〔M〕，北京：民族出版社，1996年。

54. 四川省九龍縣志編纂委員會，九龍縣志〔M〕，成都：四川人民出版社，1997 年。

55. 四川省稻城縣志編纂委員會，稻城縣志〔M〕，成都：四川人民出版社，1997 年。

56. 四川省道孚縣志編纂委員會，道孚縣志〔M〕，成都：四川人民出版社，1998 年。

57. 鄉城縣志編纂委員會，鄉城縣志〔M〕，成都：四川大學出版社，1997 年。

58. 瀘定縣縣志編纂委員會，瀘定縣志〔M〕，成都：四川科學技術出版社，1999 年。

59. 四川省甘孜縣志編纂委員會，甘孜縣志〔M〕，成都：四川科學技術出版社，1999 年。

60. 石渠縣志編纂委員會，石渠縣志〔M〕，成都：四川人民出版社，2000 年。

61. 爐霍縣志編纂委員會，爐霍縣志〔M〕，成都：四川人民出版社，2000 年。

62. 雅江縣志編纂委員會，雅江縣志〔M〕，成都：巴蜀書社，2000 年。

63. 雲南省陸良縣志編纂委員會，陸良縣志〔M〕，上海：上海科學普及出版社，1991 年。

64. 漵浦縣志編纂委員會.漵浦縣志〔M〕，北京：社會科學文獻出版社，1993 年。

65. 西藏社會科學院，西藏地方志資料集成（第 1 集）〔M〕，北京：中國藏學出版社，1999 年。

66. 西藏社會科學院，西藏地方志資料集成（第 2 集）〔M〕，北京：中國藏學出版社，1997 年。

67. 西藏社會科學院，西藏地方志資料集成（第 3 集）〔M〕，北京：中國藏學出版社，2001 年。

68. 張羽新主編，中國西藏及甘青川滇藏區方志彙編（全 54 冊）〔G〕，北京：學苑出版社，2003 年。

69. 四川文史研究館，四川軍閥史料（第 1 輯）〔G〕，成都：四川人民出版社，1981 年。

70. 四川文史研究館，四川軍閥史料（第 2 輯）〔G〕，成都：四川人民出版社，1983 年。

71. 四川文史研究館，四川軍閥史料（第 3 輯）〔G〕，成都：四川人民出版社，1985 年。

72. 四川文史研究館，四川軍閥史料（第 4 輯）〔G〕，成都：四川人民出版社，1987 年。

73. 四川文史研究館，四川軍閥史料（第 5 輯）〔G〕，成都：四川人民出版社，1988 年。

74. 中國科學院民族研究所、四川少數民族社會歷史調查組，北洋軍閥與國民黨統治下的西康藏區檔案資料（第 1 分冊）〔G〕，1962 年。

75. 中國科學院民族研究所、四川少數民族社會歷史調查組，北洋軍閥與國民黨統治下的西康藏區檔案資料（第 2 分冊）〔G〕，1963 年。

76. 西藏社會歷史調查資料叢刊編輯組，藏族社會歷史調查（四）〔G〕，拉薩：西藏人民出版社，1989 年。

77. 沃丘仲子，近代中國史料叢刊三編（當代名人小傳 2）〔M〕，臺北：臺灣文海出版社，1986 年。

78. 全國人民代表大會民族委員會辦公室，甘孜藏區社會調查資料匯輯〔G〕，1957 年。

79. 四川省編輯組，四川省甘孜藏族自治州藏族社會歷史調查〔G〕，四川省社會科學院出版社，1985 年。

80. 四川省甘孜軍分區《軍事志》編纂委員會，甘孜藏族自治州軍事志〔M〕，1999 年。

81. 康定民族師專編寫組，甘孜藏族自治州民族志〔M〕，北京：當代中國出版社，1994 年。

82. 甘孜藏族自治州教育志編纂委員會，甘孜藏族自治州教育志〔M〕，成都：四川民族出版社，1996 年。

83. 甘孜州志編纂委員會，甘孜州志〔M〕，成都：四川人民出版社，1997 年。

84. 西藏自治區昌都縣志編纂委員會，昌都縣志〔M〕，成都：巴蜀書社，2010 年。

85. 四川省地方志編纂委員會，四川省地震志〔M〕，成都：四川人民出版社，1998 年。

86. 四川省地方志編纂委員會，四川省志・人物志（上）〔M〕，成都：四川人民出版社，2001 年。

87. 李景煜主編，雲南省志卷 80・人物志〔M〕，昆明：雲南人民出版社，2002 年。

88. 英國印度事務部檔案館有關西藏檔案題解及選譯〔M〕，中國藏學研究中心歷史所內部刊物，2005 年。

89. 張皓、張雙智，民國時期藏事問題英文檔案選編〔G〕，北京：學苑出版

社，2016 年。

90. 四川省檔案館館藏檔案。

二、民國時期報刊雜誌

《康導月刊》　　　　　　《申報》

《開發西北》　　　　　　《邊政公論》

《邊疆通訊》　　　　　　《西北問題季刊》

《川邊季刊》　　　　　　《軍事雜誌》

《邊事研究》　　　　　　《時事彙報》

《新亞細亞月刊》　　　　《四川月報》

《邊政》　　　　　　　　《康藏前鋒》

《康導月刊》　　　　　　《康藏研究月刊》

《戍聲週報》　　　　　　《東方雜誌》

《西北研究》　　　　　　《禹貢半月刊》

《邊疆半月刊》　　　　　《新中國》

《學生》　　　　　　　　《政府公報》

《協和報》　　　　　　　《西北半月刊》

《蜀風報》　　　　　　　《浙江公報》

《新西康》　　　　　　　《教育公報》

《海潮音》　　　　　　　《兵事雜誌》

《創進月刊》　　　　　　《浙江兵事雜誌》

三、外文論著類

1. 〔英〕柏爾，十三世達賴喇嘛傳〔M〕，倫敦，1946；馮其友等譯，西藏
   社會科學院西藏學漢文文獻編輯室印，1985 年。

2. 〔英〕柏爾，西藏的過去和現在〔M〕，牛津，1929；宮廷璋譯，西藏史
   〔M〕，上海：商務印書館，1934 年。

3. 〔英〕達斯，英國在西藏的擴張〔M〕，加爾各答，1929 年。

4. 〔美〕梅‧戈爾斯坦，喇嘛王國的覆滅〔M〕，杜永彬譯，北京：中國藏
   學出版社，2005 年。

5. 〔加拿大〕譚‧戈倫夫，現代西藏的誕生〔M〕，倫敦，1987；伍昆明、
   王寶玉譯，拉薩：中國藏學出版社，1990 年。

6. 〔英〕麥克唐納，旅藏二十年〔M〕，倫敦，1932；孫梅生譯，上海：商務印書館，1935 年。

7. 〔英〕黎吉生，西藏簡史〔M〕，倫敦，1962 年。

8. 〔俄〕列昂節夫，外國在西藏的擴張（1888～1919）〔M〕，莫斯科，1956；北京：民族出版社，1960 年。

9. 〔俄〕崔比科夫，佛教香客在聖地西藏〔M〕，彼得堡，1919 王獻軍譯，拉薩：西藏人民出版社，1993 年。

10. 〔英〕哈利生，亞洲之再生〔M〕，華企雲譯，新亞細亞會，1932 年。

11. 〔瑞士〕米歇爾‧泰勒，發現西藏〔M〕，耿昇譯，北京：中國藏學出版社，2005 年。

12. 〔英〕柏爾，西藏志〔M〕，董之學、傅家勤譯，商務印書館，1936 年。

13. 李鐵錚，西藏歷史上的法律地位〔M〕，紐約，1956.夏敏娟譯，湖南人民出版社，1986 年。

14. 〔英〕瓦特（James Ward），西康之神秘水道記〔M〕，楊慶鵬譯，南京蒙藏委員會，1933 年。

15. 〔意〕畢達克，西藏的貴族和政府（1728～1959）〔M〕，沈衛榮、宋黎明譯，北京：中國藏學出版社，1990 年。

16. 〔法〕古純仁（Francis Goré），川滇之藏邊〔M〕，康藏研究月刊，1947（15）～1949（29），分十一期連載。

17. 〔日〕青木文教，秘密之國西藏遊記〔M〕，1920 年。

18. 〔英〕臺克滿（Teichman），西藏東部旅行記〔M〕，康藏前鋒，1934（8）～1936Vol.3.（89）.

19. 國外藏學研究譯文集〔M〕，（1～20 集），拉薩：西藏人民出版社，1986～2013.

20. 〔英〕蘭姆（Lamb），藏東與英中談判〔J〕，中國邊疆史地研究，胡岩譯，1998（4）.

21. Epstein, Khams Pa Histories: Visions of People, Place, and Authority〔C〕，Leiden: Brill, 2002.

22. Alex McKay, Tibet and British Raj: The Frontier Cadre, 1904~1947〔M〕，Richmond, Surrey: Curzon, 1997.

23. Alex McKay, The History of Tibet〔M〕，London: New York: Routledge Curzon, 2003.

24. Wendy Palace, The British Empire and Tibet, 1900~1922〔M〕， Routledge Curzon, 2005.

25. Sam van Schaik, Tibet: a History〔M〕， Yale University Press. 2011.

26. Joseph D. Lawson, Warlord Colonialism: State Fragmentation and Chinese Rule in Kham, 1911~1949〔J〕，The Journal of Asian Studies, Volume 72, Issue 02, May 2013.

27. Van Spengen, Studies in the History of Eastern Tibet〔C〕，PLATS2006.

28. Scott Relyea, Conceiving the「West」:Early Twentieth-Century Visions Of Kham, Twentieth-Century China〔J〕，Vol. 40, No.3, pp181~200, October 2015.

29. Shelton, Pioneering in Tibet〔M〕，New York: Fleming H. Revell Company, 1921.

30. Louis Magrath King, China in Turmoil, Studies in Personality〔M〕，Heath Cranton limitied, 1927.

31. Gray Tuttle, Tibet Buddhists in the Making of Modern China〔M〕，Columbia University Press, 2005.

四、中文專著類

1. 白瑪朗傑、孫勇、仲布‧次仁多傑，西藏百年史研究（全三冊）〔M〕，北京：社會科學文獻出版社，2015 年。

2. 白眉初，西藏始末紀要〔M〕，北京：北平圖書館，1930 年。

3. 包桂芹，清代蒙古官吏傳〔M〕，北京：民族出版社，1995 年。

4. 查騫，邊藏風土記〔M〕，林超校點，北京：中國藏學出版社，1991 年。

5. 陳志明，西康沿革考〔M〕，成都：拔提書店，1936 年。

6. 陳重爲，西康問題〔M〕，上海：中華書局，1936 年。

7. 陳觀潯，西藏志〔M〕，成都：巴蜀書社，1986 年。

8. 陳慶英、高淑芬主編，西藏通史〔M〕，北京：中州古籍出版社，2003 年。

9. 陳渠珍，艽野塵夢〔M〕，任乃強譯，拉薩：西藏人民出版社，1999 年。

10. 陳予歡，中國留學日本陸軍士官學校將帥錄〔M〕，廣州：廣州出版社，2013 年。

11. 陳予歡，雲南講武堂將帥錄〔M〕，廣州：廣州出版社，2011 年。

12.《爨鄉驕子‧陸良人名錄》編委會，爨鄉驕子‧陸良人名錄〔M〕，昆明：雲南科技出版社，2009 年。

13. 多傑才旦主編，元以來西藏地方與中央政府關係研究〔M〕，北京：中國藏學出版社，2005 年。

14. 法尊，現代西藏〔M〕，重慶漢藏教理院，1937 年。

15. 馮明珠，中英西藏交涉與川藏邊情（1774～1925）〔M〕，北京：中國藏學出版社，2007 年。

16. 馮有志，西康史拾遺〔M〕，甘孜藏族自治州政協文史資料委員會，1994年。

17. 傅嵩炑，西康建省記〔M〕，北京：中華印刷公司，1932 年。

18. 傅林翔、鄭寶恒，中國行政區劃通史中華民國卷〔M〕，上海：復旦大學出版社，2007 年。

19. 甘孜藏族自治州文史資料選輯（1～6）〔C〕，政協四川省甘孜藏族自治州委員會，1982～1987 年。

20. 甘孜州文史資料選輯（7～18）〔C〕，中國人民政治政協會議甘孜藏族自治州委員會，1988～2000 年。

21. 高魁梧、崔銳鋒主編，和布克賽爾蒙古自治縣志〔M〕，烏魯木齊：新疆人民出版社，1999 年。

22. 格桑澤仁，康藏概況報告〔M〕，1932 年。

23. 格勒，甘孜藏族自治州史話〔M〕，成都：四川民族出版社，1984 年。

24. 格勒，康巴史話〔M〕，成都：四川美術出版社，2014 年。

25. 葛赤峰，藏邊采風記〔M〕，重慶：商務印書館，1942 年。

26. 根敦群培，白史〔M〕，法尊譯，西北民族學院研究所，1981 年。

27. 耿俊傑、王杰，雅安史略〔M〕，成都：四川大學出版社，2010 年。

28. 桂雲劍主編，五華文史資料（21）〔M〕，昆明市五華區政協文史委員會，2009 年。

29. 郭茲文，西藏大事記〔M〕，北京：民族出版社，1959 年。

30. 郭卿友，民國藏事通鑒〔M〕，北京：中國藏學出版社，2008 年。

31. 郭卿友，中華民國時期軍政職官志〔M〕，甘肅人民出版社，1990 年。

32. 賀覺非，西康紀事詩本事注〔M〕，成都：四川人民出版社，1988 年。

33. 洪滌塵，西藏史地大綱〔M〕，南京：正中書局，1936 年。

34. 胡吉盧，西康疆域溯古錄〔M〕，上海：商務出版社，1928 年。

35. 華企雲，中國邊疆〔M〕，新亞細亞學會，1933 年。

36. 黃天華，國家整合與邊疆政治：以西康建省為考察中心（1906～1949）〔M〕，人民出版社，2014 年。

37. 黃沛翹，西藏圖考〔M〕，申榮堂刊本，1894 年。

38. 黃慕松，黃慕松奉使新疆、西藏日記〔M〕，鉛印本。

39. 黃奮生，邊疆政教之研究〔M〕，上海：商務印書館，1947 年。

40. 黃奮生，西藏情況〔M〕，北京：地圖出版社，1954 年。

41. 黃奮生，藏族史略〔M〕，北京：民族出版社，1985 年。

42. 軍事科學院《中國近代戰爭史》編寫組，中國近代戰爭史（第三冊）〔M〕，軍事科學出版社，1987 年。

43. 柯象峰，西康社會之鳥瞰〔M〕，南京：正中書局，1944 年。

44. 來新夏，北洋軍閥史〔M〕，上海：東方出版中心，2011 年。

45. 賈霄鋒，藏區土司制度研究〔M〕，西寧：青海人民出版社，2010 年。

46. 李有義，今日的西藏〔M〕，北京：知識出版社，1951 年。

47. 李紹明，李紹明民族學文選〔M〕，成都：成都出版社，1995 年。

48. 李亦人，西康綜覽〔M〕，南京：正中書局，1941 年。

49. 李志農，民國時期西藏政治格局研究〔M〕，昆明：雲南大學出版社，2009 年。

50. 劉國銘，中國國民黨百年人物全書（下冊）〔M〕，北京：團結出版社，2005 年。

51. 劉虎如，青海西康兩省〔M〕，上海：商務印書館，1931 年。

52. 劉曼卿，邊疆教育〔M〕，上海：商務印書館，1937 年。

53. 劉曼卿，康藏軺徵〔M〕，上海：商務印書館，1938 年。

54. 劉紹唐，民國大事日誌〔M〕，臺北：傳記文學出版社，1979 年。

55. 劉紹唐主編，民國人物小傳第 4 冊〔M〕，上海：上海三聯書店，2014 年。

56. 劉紹唐主編，民國人物小傳第 5 冊〔M〕，上海：上海三聯書店，2015 年。

57. 劉紹唐主編，民國人物小傳第 10 冊〔M〕，上海：上海三聯書店，2015 年。

58. 劉洪記、孫雨志，中國藏學論文資料索引（1872～1995）〔M〕，北京：中國藏學出版社，1999 年。

59. 劉家駒，康藏之過去與今後建設〔M〕，南京：建業印刷社，1932 年。

60. 劉贊廷，邊藏芻言〔M〕，上海：聚珍仿宋印書局，1921 年。

61. 羅布江村、趙心愚，康藏研究新思路：文化、歷史與經濟發展〔M〕，北京：民族出版社，2008 年。

62. 呂建福，中國密教史〔M〕，北京：中國社會科學出版社，1995 年。

63. 呂秋文，清末民初西藏地方與中央關係惡化原因之研究〔M〕，蒙藏委員會，1986 年。

64. 馬鶴天，甘青藏邊區考察記（1、2、3）〔M〕，上海：商務印書館，1947年。

65. 馬菁林，清末川邊藏區改土歸流考〔M〕，成都：巴蜀書社，2004年。

66. 梅心如，西康〔M〕，南京：正中書局，1934年年。

67. 錢端升，民國政制史〔M〕，上海：上海書店出版社，1989年。

68. 任乃強，康藏史地大綱〔M〕，健康日報社，1942年。

69. 任乃強，西康圖經（境域篇）〔M〕，拉薩：西藏古籍出版社，2002年。

70. 任乃強，民國川邊遊蹤之瀘定考察記〔M〕，北京：中國藏學出版社，2009年。

71. 任新建，康巴歷史與文化〔M〕，成都：巴蜀書社，2012年。

72. 石源華，中華民國外交史〔M〕，上海：上海人民出版社，1994年。

73. 四川文史資料（1）、（6）、（12）、（27）〔C〕，成都：四川人民出版社，1979～1982年。

74. 四川省人民政府文史研究館編，四川保路風雲錄〔M〕，成都：四川人民出版社，1981年。

75. 孫宏年，中國西南邊疆的治理〔M〕，長沙：湖南人民出版社，2015年。

76. 孫子和，西藏史事與人物〔M〕，臺北：臺灣商務印書館，1995年。

77. 王川，西藏昌都近代社會研究〔M〕，成都：四川人民出版社，2006年。

78. 王川，西康地區近代社會研究〔M〕，北京：人民出版社，2009年。

79. 王娟，化邊之困：20世紀上半期川邊康區政治、社會與族群〔M〕，北京：社會科學文獻出版社，2016年。

80. 王堯、陳慶英，西藏曆史文化辭典〔M〕，杭州：浙江人民出版社，1998年。

81. 王堯等，中國藏學史（1949年以前）〔M〕，北京：中國社會科學出版社，2013年。

82. 王啓龍等，中國藏學史（1950～2005）〔M〕，北京：中國社會科學出版社，2013年。

83. 王遠大，近代俄國與中國西藏〔M〕，北京：三聯書店，1993年。

84. 王振剛，民國學人西南邊疆問題研究〔M〕，北京：人民出版社，2013年。

85. 王新生、孫啓泰主編，中國軍閥史詞典〔M〕，北京：國防大學出版社，1992年。

86. 王曉天、王國宇，湖南古今人物辭典〔M〕，長沙：湖南人民出版社，2013年。

87. 王哲新等編，保定陸軍軍官學校史研究〔M〕，北京：中國社會出版社，2005 年。

88. 翁之藏，西藏之實況〔M〕，民智書局，1930 年。

89. 隗瀛濤，四川近代史〔M〕，成都：四川社會科學院出版社，1985 年。

90. 隗瀛濤，四川近代史稿〔M〕，成都：四川人民出版社，1990 年。

91. 隗瀛濤，四川保路運動史〔M〕，成都：四川人民出版社，1981 年。

92. 隗瀛濤、趙清，四川辛亥革命史料（下冊）〔M〕，成都：四川人民出版社，1982 年。

93. 吳忠信，西藏紀要〔M〕，臺北：臺北中央文物供應社，1953 年。

94. 吳豐培，趙爾豐川邊奏牘〔M〕，成都：四川民族出版社，1984 年。

95. 吳於廑、齊世榮主編，世界史・現代史編（上卷）〔M〕，北京：高等教育出版社，2011 年。

96. 喜饒尼瑪，近代藏事研究〔M〕，拉薩：西藏人民出版社；上海：上海書店出版社，2000 年。

97. 西藏文史資料選輯（1～24）〔C〕，北京：民族出版社，1981～2008 年。

98. 夏格巴・旺秋德丹，西藏政治史〔M〕，李有義譯，中國社會科學院民族研究所歷史教研室，1978 年。

99. 夏徵龍、陳至立主編，大辭海民族卷〔M〕，上海：上海辭書出版社，2012 年。

100. 謝彬，西藏問題〔M〕，上海：商務印書館，1930 年。

101. 謝彬，西藏交涉史略〔M〕，上海：中華書局，1926 年。

102. 謝本書、馮祖貽主編，西南軍閥史（1）〔M〕，貴陽：貴州人民出版社，1991 年。

103. 謝本書、馮祖貽主編，西南軍閥史（2）〔M〕，貴陽：貴州人民出版社，1994 年。

104. 謝本書、馮祖貽主編，西南軍閥史（3）〔M〕，貴陽：貴州人民出版社，1994 年。

105. 熊志勇、蘇浩，中國近現代外交史〔M〕，北京：世界知識學出版社，2005 年。

106. 徐金源，川邊遊記〔M〕，北平京城印書局，1932 年。

107. 薛紹銘，黔川滇旅行記〔M〕，上海：中華書局 1938 年。

108. 楊嶺多吉主編，四川藏學研究（二）〔M〕，北京：中國藏學出版社，1994 年。

109. 楊仲華，西康紀要〔M〕，上海：商務印書館，1937 年。

110. 楊公素，中國西藏地方的涉外問題〔M〕，拉薩印，1985 年。

111. 于凌波，中國近現代佛教人物志〔M〕，北京：宗教文化出版社，1995 年。

112. 尹扶一，西藏紀要〔M〕，蒙藏委員會刊印，1930 年。

113. 易君左，川康遊蹤〔M〕，中國旅行社，1943 年。

114. 永青巴姆，中國藏學論文資料索引（1996～2004）〔M〕，北京：中國藏學出版社，2006 年。

115. 岳探主編，中國農業經濟史〔M〕，北京：中國人民大學出版社，1989 年。

116. 雲南省文史研究館，雲南省文史研究館館員名錄〔M〕，2004 年。

117. 藏族史論文集〔C〕，成都：四川民族出版社，1988 年。

118. 藏學研究論叢〔G〕，拉薩：西藏人民出版社，1994 年。

119. 張雲俠，康藏大事紀年〔M〕，重慶：重慶人民出版社，1986 年。

120. 張智榮主編，二十世紀的西藏——國外藏學譯文集〔C〕，拉薩：西藏人民出版社，1993 年。

121. 張雲，西藏曆史問題研究〔M〕，北京：中國藏學出版社，2008 年。

122. 張雲，西藏曆史與現實問題論集〔M〕，北京：中國藏學出版社，2014 年。

123. 張雲，西藏曆代的邊事邊政與邊吏〔M〕，北京：社會科學文獻出版社，2015 年。

124. 張憲文，中華民國史〔M〕，南京：南京大學出版社，2009 年。

125. 張憲文主編，中華民國史大辭典〔M〕，南京：江蘇古籍出版社，2001 年。

126. 張忠紱，中華民國外交史〔M〕，北京：華文出版社，2011 年。

122. 趙宏，康區土司〔M〕，北京：中國文化出版社，2011 年。

127. 鄭汕，西藏發展史〔M〕，昆明：雲南民族出版社，1992 年。

128. 周開慶，民國川事紀要〔M〕，臺北：四川文獻研究社，1977 年。

129. 周偉洲，英俄侵略我國西藏史略〔M〕，西安：陝西人民出版社，1984 年。

130. 周偉洲，唐代吐蕃與近代西藏史論稿〔M〕，北京：中國藏學出版社，2006 年。

131. 周偉洲主編，西藏通史·民國卷〔M〕，北京：中國藏學出版社，2016 年。

132. 周智生，晚晴民國時期滇藏川毗連地區的治理開發〔M〕，北京：社會科學文獻出版社，2014 年。

133. 朱繡，西藏六十年大事記〔M〕，鉛印本，1925 年。

134. 祝啟源、喜饒尼瑪，中華民國時期中央政府與西藏地方關係〔M〕，北京：中國藏學出版社，1991 年。

五、藏文類

1. 彭措才讓，西藏曆史年表（藏文版）〔M〕，北京：民族出版社，1987 年。

2. 普覺雍增強巴楚臣，第十三世達賴喇嘛土登嘉措傳（1876～1933 年）（藏文版）〔M〕，雪巴康印刷，1940 年。

3. 恰白·次旦平措、諾昌·吳堅，西藏簡明通史（藏文版）〔M〕，拉薩：西藏藏文古籍出版社，1989 年。

4. 土登彭措，藏史綱要（藏文版）〔M〕，成都：四川民族出版社，1996 年。

5. 周華，藏族簡史（藏文版）〔M〕，北京：民族出版社，1995 年。

六、中文期刊類

1. 陳啓圖，廿年來康政得失概要〔J〕，康導月刊，創刊號，1938 年。

2. 陳啓圖，十二年藏事見聞錄〔J〕，康導月刊，1938 第 1 卷（3）。

3. 陳啓圖，三十年康政之檢討〔J〕，康導月刊，1944 第 6 卷（1）。

4. 陳東府，治康籌藏芻議〔J〕，康導月刊，1939 第 1 卷（5）。

5. 陳春華，俄國外交文書選譯——關於「英中藏」西姆拉會議〔J〕，中國藏學，2012（3）。

6. 陳一石，川邊藏區交通烏拉差徭考察〔J〕，西藏研究，1984（1）。

7. 董兆孚、萬騰蛟，西康宗教政況夷性考察報告〔J〕，邊政，1930（4）。

8. 馮明珠，川青藏邊域史地察——近代中英康藏議界之再釋（上）、（下）〔J〕，中國藏學，2007（4）、2008（1）。

9. 馮雲仙，目前西康興革之要點〔J〕，新亞細亞，1931 第 2 卷（5）。

10. 佛教藏文學院在康改組及抵藏分住修學之規約〔J〕，海潮音，1926 第 7 卷（9）。

11. 佛教藏文學院赴藏學法團行程規約及辦事簡章〔J〕，海潮音，1926 第 6 卷（11）。

12. 國內大事記〔J〕，新中國，1920 年第 2 卷（3）。

13. 郭衛平，民國藏事輯要（一）〔J〕，西藏民族學院學報，1986（3）。

14. 郭衛平，民國藏事輯要（二）〔J〕，西藏民族學院學報，1986（4）。

15. 郭衛平，民國藏事輯要（三）〔J〕，西藏民族學院學報，1987（1）。

16. 郭衛平，民國藏事輯要（四）〔J〕，西藏民族學院學報，1987（2）。

17. 郭又生，諾門罕大喇嘛多傑覺拔格西事略〔J〕，西南和平法會特刊，1931 特刊。

18. 胡巨川，西康土司考〔J〕，西北問題季刊，1936 第 2 卷（12）。

19. 胡曉梅，康區烏拉制度研究〔D〕，四川大學碩士學位論文，2003 年。

20. 賀覺非，整理康南與建省〔J〕，戌聲週報 1〜30 期合訂本，1936〜1937年。

21. 賀覺非，理化喇嘛寺之面面觀〔J〕，新西康，1938 創刊號。

22. 黃天華，民初川邊治理及其成效〔J〕，四川師範大學學報，2012（3）。

23. 黃舉安，西康的畜牧事業〔J〕，開發西北，1934 第 2 卷（2）。

24. 記留藏學法團〔J〕，海潮音，1925 第 6 卷（6）。

25. 韓光鈞，民國七年漢藏構兵停戰交涉記實〔J〕，邊政，1931（7）。

26. 華若飛，從歷史上看西康烏拉問題〔J〕，邊事研究，1941 第 12 卷（5〜6）。

27. 李國政，「治藏必先安康」國家戰略：歷史脈絡與當代審視〔J〕，雲南民族大學學報，2016（2）。

28. 梁甌第，民國以來的西康邊民教育〔J〕，邊政公論，1942 第 1 卷（7〜8）。

29. 梁俊豔，20 世紀初英國官員路易斯‧金及其涉藏活動〔J〕，中國藏學，2016（2）。

30. 盧梅，土官、流官與地方控制——康區藏族土司制度研究〔D〕，中國人民大學博士學位論文，2006 年。

31. 劉先強，20 世紀上半葉康區學校教育研究〔D〕，四川大學博士學位論文，2008 年。

32. 劉贊廷，民六民七康藏戰事及交涉之實況〔J〕，康藏前鋒，1934 第 2 卷（1）。

33. 劉文輝，西康過去經營之得失與建省之經過〔J〕，康導月刊，1945 第 6 卷（56）。

34. 劉君，康區外國教會覽析〔J〕，西藏研究，1991（1）。

35. 劉君，康區近代商業初析〔J〕，中國藏學，1990（3）。

36. 羅紹明，1913〜1933 年西藏上層的政治選擇〔J〕，西藏研究，2013（2）。

37. 羅紹明，民國時期西藏政策研究——兼論涉藏事務中的藏族精英〔D〕，西南民族大學，2013 年。

38. 羅肅華，西康之交通及商業概況〔J〕，四川月報，1938 第 12 卷（34）。

39. 馬毓英，差徭問題通論：西康烏拉問題〔J〕，康導月刊，1940 第 2 卷（5）。

40. 馬廷中，論民國時期甘孜地區的學校教育〔J〕，西南民族大學學報，2008（5）。

41. 潘瑞國，1917 年康藏糾紛後英國對民國政府的干涉〔J〕，學理論，2014（8）。

42. 裴儒弟，略論民初康區「陳步三兵變」事件，周偉洲主編，西北民族論叢（17）〔C〕，北京：社會科學文獻出版社，2018 年。

43. 裴儒弟，民國時期西藏地方兩次「驅漢」事件的比較分析〔J〕，中國藏學，2015（3）。

44. 裴儒弟，論論民國前期康區「土流並置」的成效〔J〕，西藏民族大學學報，2017（2）。

45. 裴儒弟，民國時期川邊鎮守使的治邊活動〔J〕，中國邊疆史地研究，2017（2）。

46. 彭文斌，近年來西方對中國邊疆與西南土司的研究〔J〕，青海民族研究，2014（2）。

47. 彭文斌，邊疆化、建省政治與民國時期康區精英分子的主體性建構〔J〕，湯雲譯，青海民族研究，2013（4）。

48. 彭曉丹，晚清民國時期西康區域變遷研究〔D〕，復旦大學碩士學位論文，2012 年。

49. 邱熠華，1919～1920 年甘肅代表團入藏史事探析〔J〕中國藏學，2013（S2）。

50. 任新建，論康藏的歷史關係〔J〕，中國藏學，2004（4）。

51. 任新建，任乃強先生對西康建省的貢獻〔J〕，西南民族大學學報，2010（10）。

52. 石碩，論康區的地域特點〔J〕，西南民族大學學報，2012（12）。

53. 沈月書，西康財政之過去與現在〔J〕，四川月報，1938 第 12 卷（56）。

54. 任漢光，康南的土頭〔J〕，康導月刊第 3 卷（5～7 合刊），1941 年。

55. 任乃強，「朵甘思」考略〔J〕，中國藏學，1989（1）。

56. 宋黎明，西姆拉會議召開的歷史背景述略〔J〕，中國藏學，1992（2）。

57. 孫宏年，20 世紀上半葉的西康建省與「藏彝走廊」地區的發展初探.藏學學刊〔C〕，成都：四川大學出版社，2005 年。

58. 孫林，康區烏拉制〔J〕，西南民族學院學報，1981（2）。

59. 孫明明，近代康區政治權利結構演變〔D〕，中央民族大學博士學位論文，2012 年。

60. 三十年來西康建省經費〔J〕，四川月報，1938 第 12 卷（34）。

61. 騰蛟，西康領域伸縮之史蹟〔J〕，康藏前鋒，1936 第 3 卷（11）。

62. 王娟，流官進入邊疆：清初以降川邊康區的行政體制建設〔J〕，中南民族大學學報，2014（1）。

63. 王海燕，民國時期漢藏佛教界文化交流的歷史進程〔J〕，西北民族研究，2009（1）。

64. 王海燕、喜饒尼瑪，「留藏學法團」與民國時期漢藏文化交流〔J〕，中國邊疆史地研究，2010（2）。

65. 王海兵，康藏邊疆政治格局演進中的戰爭與權力——1912～1939年康藏糾紛考察〔D〕，四川大學博士學位論文，2008年。

66. 王曙明、周偉洲，清末川邊藏區近代教育研究〔J〕，中國藏學，2013（2）。

67. 文階，康區土司頭人問題之探索〔J〕，康導月刊，1941第3卷（5、6、7）。

68. 文階，德格土司之過去和現在〔J〕，康導月刊，1938創刊號。

69. 晤一師上太虛法師函〔J〕，海潮音，1926第7卷（6）。

70. 西藏交涉事件〔J〕，學生，1919第6卷（11）。

71. 西康農業狀況〔J〕，新西康月刊（南京），1930（6～7）。

72. 西康經濟調查：過去之西康經濟狀況〔J〕，聚星，1934第2卷（3）。

73. 喜饒尼瑪，試論1917年～1918年川藏糾紛的性質〔J〕，西藏研究，1991（4）。

74. 喜饒尼瑪、央珍，民國時期的漢藏文化交流述評〔J〕，中國藏學，2009（1）。

75. 喜饒尼瑪、塔娜，尹昌衡西征與西姆拉會議〔J〕，西藏民族學院學報，2012（1）。

76. 向玉成、肖萍，近代入康活動之部分外國人及其重要史事考述〔J〕，樂山師範學院學報，2013（9）。

77. 徐君，近代天主教在康區的傳播探析〔J〕，史林，2004（3）。

78. 薛建剛，試論清末趙爾豐川邊興學及其影響（1906～1911）〔D〕，中央民族大學碩士學位論文，2013年。

79. 楊嘉銘，民國時期中央在西藏統治勢力消長原因之探究〔D〕，臺灣中國文化大學博士學位論文，2004年。

80. 楊作山，民國時期中央政府對藏政策述論〔J〕，西北第二民族學院學報，1993（4）。

81. 楊健吾，民國時期康區的金融財政〔J〕，西藏研究，2006（3）。

82. 幼愚，西康過去政治與今後應革新的途徑〔J〕，康藏前鋒，1935第2卷（6）。

83. 張皓，1920年前後貝爾入藏與中英兩國關於川藏界務之爭論〔J〕，歷史教學問題，2014（6）。

84. 尹子文，爐霍概況〔J〕，康導月刊，1945第2卷（4）。

85. 張北根，1919 至 1921 年間英國與北京政府的關係〔D〕，中國社會科學院研究生院博士學位論文，2001 年。

86. 張萬根，西康教育之回顧〔J〕，康藏前鋒，1935 第 2 卷（10、11）。

87. 張龍，二十世紀前期的西康農業發展〔D〕，西南師範大學碩士學位論文，2005 年。

88. 張羽新，民國治藏要略〔J〕，中國藏學，2000（4）。

89. 張羽新，蒙藏事務局及其對藏政的管理（上、下）〔J〕，中國藏學，2003（1）、（3）。

90. 趙艾東，美國傳教士史德文在 1917～1918 年康藏糾紛中的活動與角色〔J〕，西藏研究，2008（6）。

91. 趙艾東，1846～1919 年傳教士在康區活動考述〔J〕，貴州民族研究，2011（5）。

92. 趙艾東，情報搜集與外交推進：1913～1922 年英帝國在康定設領事館之用意及啓示〔J〕，西藏大學學報，2017（2）。

93. 趙海軍、徐黎麗，1904～1933 年西藏危機原因探析〔J〕，黑龍江民族叢刊，2011（5）。

94. 周應奎，西康教育沿革〔J〕，康導月刊，1939 第 1 卷（12）。

95. 周融冰，1919 年甘肅代表團赴藏曆史背景述略〔J〕，西藏民族學院學報，2008（1）。

96. 周偉洲、唐洪波，1919 至 1925 年的西藏政局及英國分裂西藏的侵略活動〔J〕，1993（2）。

97. 周偉洲，民國時期漢藏佛教文化交流及其意義，四川大學中國藏學研究所，藏學學刊（第 5 輯）〔C〕，成都：四川大學出版社，2009 年。

98. 周偉洲，1919～1920 年李仲蓮、朱繡等奉命入藏事件論析〔J〕，西藏民族學院學報，2015（2）。

99. 周偉洲，民國時期三次康藏戰爭研究，周偉洲主編，西北民族論叢（第 11 輯）〔C〕，北京：社會科學文獻出版社，2015 年。

100. 諮四川巡按使核覆川邊教育文〔J〕，教育公報，1915 第 2 卷（3）。

101. 諮川邊鎮守使派鄭權前往川邊調查教育文〔J〕，教育公報，1916 第 3 卷（12）。

102. 朱繡，海藏紀行：自湟源至結古〔J〕，新青海，1932 第 1 卷（2）。

103. 朱繡，海藏紀行：由結古至拉薩〔J〕，新青海，1933 第 1 卷（5）。

附　錄

附錄一　川邊徵收田賦暫行章程 [註1]

第一章　總綱

1. 本章程為整理徵收川邊田賦而設，於川邊特別行政區適用之。

2. 凡田賦徵收考核事宜，除遵照徵收田賦考成條例，暨田賦報告兩表辦理外，本章程得適用之。

3. 川邊改流未久，各履行政公署設置簡單，事繁人簡，實難兼務。暫以習慣，照舊章將民間應徵牲稅，附於田賦冊查造，取便稽徵，而省繁難。其詳報總分各冊共印票，仍照牲稅專則另案辦理。

第二章　通則

4. 每年於開徵前一月，地方官查照核定應徵額，造具丁口田賦暨牲稅冊，詳報冊式附後。

5. 徵收田賦由地方官核收，填給三聯印單，一存縣公案，一存納賦人，一送財政分廳。印單附後。

6. 各屬照完納田賦期限掃數後，應查照所造糧稅冊目，匯造徵收報告書三分，清冊一分，宗冊二分，詳報財政分廳，其期限不得逾完徵之次日。報告書式另定之，總清冊式附後。

7. 財政分廳查核各屬詳報徵收報告書，遵照徵收田賦考成條例核定分數，匯成全邊徵收田賦總報告書，分別詳報。擬具經徵各官吏獎勵懲戒，列摺送請鎮署核辦。

〔註1〕　1916 年 4 月 21 日川邊財政分廳頒佈該章程。見四川民族調查組：《北洋政府與國民黨統治下的西康藏區檔案資料》（第二分冊），1963 年，第 51～56 頁。

8. 凡新墾升科地糧開徵時，另爲一冊。專案詳報。徵收後，應另造報告中隨同詳報。凡查出隱漏糧稅者，同一辦理。

9. 凡開徵後，如有舊日隱漏地糧來及完納，自行報明地方官署，從寬追究已往，自本年始一律註冊起徵。

10. 凡隱漏地糧，經地方官吏或保正村長查出者，除照完本年應徵糧數外，並罰補完三年糧數，以示□懲。此外不得科罰他項，違者官吏，保正村長一律重懲。按舊章隱漏糧稅者，有科罰之條。不肖官吏因緣爲奸，得賄則□級，不與則苛罰。本年早經通告，取消舊章，擬定辦法如上條。

第三章　賦則

11. 川邊田賦應按左列三種徵收：

一、上地，下種一斗，徵糧一斗二升。

二、中地，下種一斗，徵糧一斗。

三、下地，下種一斗，徵糧八升。

12. 地糧概徵本色，不得折徵。如有改種他色情事，僅以本年所獲者上納，按邊（地）土質磽瘦，多係一易之地。如有原係稞麥之地，因天年氣候不宜，改種他色者，仍准以本年所收穫著上納。

13. 地糧如遇荒欠偏災或他項情事，詳准徵收折色者，照左列辦理。惟向徵折色者，不在此限。荒欠偏災之村詳准折徵者：

向係產出蕎麥、粟米、大麥、元根各地者。

距縣治所在過遠之村詳准在案者。

支應烏拉差徭逾額者。

按全邊惟瀘定一縣向徵折色。

地糧折徵官價，仍照左列舊章所定辦理：

紅米每斗折徵藏元 4 元。

青稞、小麥、豌豆、玉麥每斗折徵藏元 2 元。

大麥每斗折徵藏元 1 元 2 咀。

蕎麥、粟米、元根每斗折徵藏元 1 元。

以上係關外舊章折徵官價。

稻穀、玉麥每斗折徵錢 540 文。

蕎麥每斗折徵錢 460 文。

四季豆、燕麥每斗折徵錢 360 文。

以上係瀘定舊章折徵官價。

15. 邊地每年約收分發在五分以下者，地方官得詳情折徵，其折徵成數至多不得逾五分。奉准後由地方官錄案譯夷曉諭，並報鎮守使。

16. 川邊徵糧概以舊定 30 斤官斗量收，平量平收，不得尖斗浮收，違者重究。

17. 收儲本色地糧，除折色不計外，清倉時得報折耗一次。每石照舊章准折耗 3 升，零數照算。

18. 徵糧悉照舊章，就縣治官倉上納。如有任便存粗，一經失事，經徵官除懲戒外，照數賠償。

第四章　徵收期限

19. 徵收地糧每年開徵，自本年陰曆七月初一日起，至次年四月底止，一律掃數完徵。

20. 徵糧係分上下忙完納，起止時間如左：

上忙截至十月底止。

下忙截至四月底止。

按邊地耕種地，有水地、旱地之分，水地收穫兩季，徵糧兩次，故有上下忙之別。旱地收穫一次，因氣候奇寒，每年陰曆九月後始收穫登場，故掃數必在次年四月。

21. 各屬開徵應具文通報鎮署財政分廳。

第五章　徵收人員

22. 各屬田賦，地方官員完全負徵收之責。

23. 各屬公署，設徵收一科，經營徵收事宜。

24. 各屬轄地分為數區、數路，每區照章設保正一名。除督催調烏拉及公差事宜外，兼有催收本路糧稅之責。

25. 每路分為若干村，每村設村長一名，經營戶口糧稅事宜。本年糧稅催完清結後，照舊章得支口食。

第六章　田賦減免

26. 川邊土質蹺瘦，旱、澇、霜、雹無歲不有。凡遇災欠，經鎮署派員勘驗，擬具減免清冊，知照分廳核議後，應行減免，分別飭行各屬並匯案報部。

27. 川邊徵糧最重，如遇荒欠，經地方官呈報，派勘屬實，得分四等辦理：重災至無一分收成者，除豁免外，酌議賑恤；僅一分收成者，豁免徵數；次

災自二三分以上至五分以下收成者，酌減分數徵收；輕災在五分以下者議折徵，自五成以下起分數；輕災在五分以下，或有他項情事，得准緩徵，其期限以至次年徵收爲止，一律補納，完全不得再有拖欠。按川邊開化未久，夷民愚蠢，言語不通，政令貴於簡單，庶免猾點官吏，因緣爲奸，夷民亦易瞭解。

28. 川邊田賦業准減徵、折徵後，不得再有欠收數，違者經徵官吏應受懲罰。

29. 川邊災情得照川邊災款條例辦理。

30. 勘災委員得照川邊災款條例辦理。

31. 凡災勘確實核定減免分數後，地方官應錄案譯夷曉諭徵收後，並將減免分數取具各村首人夷結，另造減免花戶名冊，隨同徵收冊詳報。

第七章　經費

32. 各屬糧稅，以保正催收各路，以村長催收各村，除照章得領薪水口食外，不得私向民間需索分文，違者嚴辦。

33. 各屬村長催收糧稅完畢後，照舊章每官一戶給藏銀八分，照所管戶數計算，由糧稅項下作正報銷。

34. 各屬糧票冊所需紙張工料費，於徵收完畢後，得作正報銷。

第八章　附　則

35. 本章程經本廳長詳報財政部核准施行，並諮陳鎮署立案。

附錄二　噶不可條約 ^{〔註1〕}

斷牌

五等嘉禾章川邊鎮署軍事諮謀官調署理化縣知事蔣

五等文虎章陸軍步兵少校川邊邊軍八營營長兼白玉縣知事古

川邊邊軍分統部參謀官兼署義敦縣知事楊

發給新牌事，照得定鄉夷民不根洛松丁曾等藉口糧重差繁，糾眾擾民，半壁邊南瘡痍滿目，現蒙鎮守使念民塗炭，不忍久用兵力，電准本知事等派理化呼圖克圖宣教師，土司保正等，會同定鄉公舉明理僧俗甲工嘉饒、沙家登巴、登朱曲丕、吉洛松郎翁諸人往前甄科開誠招撫，感皆革面洗心，願來理化噶不可貢生雍通地方，全體投誠，所有要求修復寺院，減糧賦，減差徭，切經電奉

鎮府八月內寒電照准予以自新，合行擬打條件，給發斷牌，仰該不根洛松丁曾等及全縣人民一體遵守，永為良民，切切特牌

計黏條件二十一條

右牌給下鄉誠燃學村收執

民國六年九月　　號

〔註1〕　鄉城縣志編纂委員會：《鄉城縣志》，四川人民大學出版社，1997年，第407～410頁。

斷牌

一、桑披寺已毀未毀房舍照原存基址由該縣僧俗人等集資培修，不得再行推廣，不得募捐他縣，如有鄰縣僧俗自願樂捐贊成善舉者聽之。

二、該縣公署現借住寺廟，將來動工培修，該縣人民另建衙署，以資辦公。

三、該死寺主准由該縣公舉稱向秋曲丕令大喇嘛、土登宜馬、絨堆哈者仁不其三人充任經理，入寺喇嘛須擇經典熟悉，秉性善良兩種，如不合格，不准入寺，已選入寺不守清規者，由寺主斥革設，有重大不法行為仍報請地方官訊辦。

四、該寺前清未毀之先，原由地主三百家供應眾僧瞻給，自清臣改流設官，地戶均歸國有，達部立案，現雖修復，原寺不能提歸，茲由本知事等規定，縣民夏秋兩季，每納官糧一斗，即由納糧之戶另納寺內瞻給糧，兩批完一斗至一石二石三石者，每斗均以兩批推算，此項瞻給糧每年至納完官糧後，即由寺主直向各村頭人索取，不得多索，亦不准短繳。

五、趙大臣毀寺之後，所有寺內借給縣民帳項，因禁止復寺院，出示禁收此次寺院修復，如有崇信宗教，自願還款縣民，只准收本不准收利。

六、寺內教規從前該寺向有定章，此次復寺院，仍照向規由寺主整理，寺內僧眾不得違抗，寺中誦經需用，向由百姓供給，尤須明定限制，以免苛求此。

七、理塘喇嘛寺，前所有鄉城喇嘛仍歸理塘鄉城孔村誦經朝佛，不得改入桑披寺，並不得散處別縣，以便約束，此項喇嘛均照，理寺眾僧不支差徭。

八、水旱地完納官糧既稱比較邊地各縣過重，自應減徵，查定鄉旱地完糧同於理化，勿庸再減，惟水地官糧比較巴安水地較重，應照比巴水地官糧上納，以免偏枯，本知事等現呈請。

鎮守使轉飭巴安知事諮送巴安水地糧章，由本縣知事自本年起查明減徵，一視同仁，如遇天災，准由百姓等呈請本縣知事查勘轉請減免。

九、百姓供應湯打役柴草及騎馬等項，仍照前清趙大臣章程，只支官長書記記錄事各員，由支用之員自給賞需腳價，士兵雜役及其所配夷婦不得支用，至馱牛一項每兵夫一棚開差只支三頭，如有特別公物不在此例，官長軍佐各員亦照趙大臣向章支給馱牛不得違章派支，雲售貨物每騎馬馱牛一頭，

每站照章發給腳價藏元半元，長差短差烏拉應有交換一定地點，如有佔支過站不給腳價等事，即由夷民報請本營官長及本知事查究懲辦。

十、應支各項差役，無論貧富有無勢力一律均平攤派，不准保正村長偏袒人情任意派支，更不准藉差多派柴草馬料圖飽私囊，如有上項情弊准保知事懲辦。

十一、此次投誠除現繳邊軍第八營快槍三十支陸軍快槍十五支外，其餘認繳邊軍第八營快槍三十支照結算，回鄉後繳由縣署招收轉交，勿得違誤干究。

十二、本縣知事經營性牲稅糧賦，民刑訴訟案件應由知事按章按法辦理，不得違抗干預，署內辦公人等，由此次投誠不根洛絨、丁曾然雍、頂曾降錯、自批札喜、射基宜忍、頂曾松基及全縣人民等完全保護，遇有卸任知事，亦須保護出境，如知事有苛虐人民情事，准稟鎮守供查明辦理，不得證稟於咎，倘有糾眾恐嚇滋生他故全縣同罪。

十三、百姓等此投誠後，永為良民，不再為亂，復不被匪騷擾，即不再行駐軍，所有縣署徵收官糧，即無處消耗應行運濟鄰縣，其裝糧皮袋運糧烏拉均有百姓支應，無論運濟何縣，不得短少糧數，每站每馱由本縣知事發給腳價藏洋半元，如鄰縣不照章接運，佔支過站遇有烏拉皮袋損失，即由佔運過站鄰縣賠償，以昭公允。

十四、定鄉向設上下村，保正各一名，村長各四名年滿公舉更換，並由本知事等刊發圖記，會委總保一名，以甲工喜繞充任，其總保月薪八兩，散保月薪六兩，由縣署給發，村長月薪由本村人民酌給，另由公家酌給雜糧二斗，免繳糧價，其保正三名公家給有薪水，按月照備官價各有縣署給領雜糧二斗以資辦公。

十五、定鄉現無軍隊駐防，該民等自願上下兩村各招土兵五十名，設隊長四名，什長十名，餉由人民自行籌給，作為巡察隊保護地方應准成立，其隊長什長由眾公舉報由知事考查委充節制調遣，年滿後劣者責換，優者加委留充，並由知事刊發圖記以資遵守。

十六、各村有細微糾葛事件，先由本村明理鄉老理說不准保正村長通事人等從中播弄，如難理斷，仍呈請知事作主訊斷。

十七、各村百姓如有暗謀不法及勾結窩留匪人等事，查有確據，報請知事訊明按律懲辦，房屋財產充公，所沒房地由知事另招本村良善頭人百姓承

佃，照章納糧，所沒財產由知事酌獎舉發或緝捕之民以示激勸，如有私仇虛誣照律反坐。

十八、查夷民命案有私行說合賠償命價辦法，若不明訂章程，則民不知畏，遇有此事甘願雙方合息命案，每命價銀著訂六百兩，仍報請縣署立案了息，如不照價賠償，即稟由知事按律懲辦，如事出倉促不及報官，傷斃確係匪人，不在此列。

十九、縣中夷女如配漢人，須有媒約雙方說合，報由縣署立案，不得故聚私配。

二十、現時各縣流匪十八處，既經具結承認全體招撫，即責成不根洛松丁曾等從速辦理，以期廓清邊宇。

二十一、此次斷牌本知事等呈請

鎮守使立案轉飭定鄉公署備案辦理，該縣人民務宜嚴格遵守不得違抗。

附錄三　邊藏佛教總會章程（摘錄）〔註1〕

第一章　總則（三條，編者加，下同）

第一條　名義

本總會係合邊藏各地喇嘛共同組織，定名曰邊藏佛教總會。

第二條　宗旨

本總會以指導邊藏僧俗修明佛教，採取世界文明與漢滿蒙回一致進行，以謀求中國共和幸福為宗旨。

第三條　機關

本總會暫設於川邊康定縣城之關嶽廟，刊用圖記一顆文曰「邊藏佛教總會」。並妥籌辦法或呈請增設分支會，以期共收一致進行之效。

第二章　事業（三條）

第四條　闡揚佛理（略）

第五條　施教育

……須從教育入手，應飭各喇嘛寺籌設佛教學校一所，延聘會中品學兼優年長僧人充當校長，選擇通曉藏文，資質純美喇嘛入校肄業，教授國文、國語及大小乘性相，華嚴各宗，以為造就佛學人才基礎。將來辦有成效，並得酌加漢文各科科學，增長普通知識。

第六條　教規

……欲振興宗教，必須嚴定規律，茲列備喇嘛寺及本會會員應守規則如左：（具體規定六項略）

第三章　權限（一條）

〔註1〕《關於「邊藏佛教總會」的史料》，載中國人民政治協商會議甘孜藏族自治州康定縣委會：《康定縣文史資料選輯》（第3輯），1989年，第103～105頁。

　　第七條　本總會所在權限如左（具體項目九項）。其中（二）項，「本總會範圍內喇嘛，除犯國家法律，得由官廳提歸裁判外，其犯佛教清規及不守叢林規則者，本會有管理之權。」（三）項，「入會各喇嘛有不規則行為，經本廟大喇嘛戒責不悛，得送交本總會處理。如有情節較重者，並得由本總會呈請地方長官依法懲辦。」

　　（按：其餘各項具體規定了對寺廟喇嘛的保護或取消會籍之權略）

　　第四章（會員及職員四條）、第五章（經費二條）、第六章（會期二條）、第七章（附則一條）均略。

後　記

　　本書是在我的博士學位論文基礎上修改而成，其中補充了一些新材料，增加了一些新內容。自 2010 年起我和藏學結緣，主要從事藏族近現代史研究。在求學的路上，我得到過許多良師益友的關懷和幫助。本書能得以出版，也是如此。

　　首先，感謝我在陝西師範大學攻讀博士期間的導師張雲研究員以及周偉洲教授，兩位老師嚴謹的治學態度和淵博的學識令人欽佩，他們對我的關懷和幫助使我受益匪淺，令我終生難忘，他們還對我的博士論文提出了諸多非常寶貴的意見，進而使我的博士論文在答辯時有幸被評爲院優秀博士學位論文。

　　其次，感謝陝西師範大學中國西部邊疆院諸位老師和同班同學，在陝師大近三年半的時間裡學院濃厚的學風一直感染和激勵著我不斷上進，我既汲取了大量的專業知識，也收穫了珍貴的友誼。

　　再次，感謝我現在的博士後合作導師張皓教授，一位令人敬佩的學術大咖，張老師醉心學術、潛心科研，對學生關懷備至，自博士後入站以來他對我學業上進行了精心的指導，並對本書的出版給予支持和幫助。

　　另外，感謝我的愛人、父母、岳父岳母、姐姐、姐夫和親友，正是由於他們一直以來的理解、鼓勵和支持，使我能夠安心完成學業，繼續從事博士後研究工作。

　　最後，感謝楊嘉樂女士和臺灣花木蘭文化事業有限公司，使本書能夠順利出版。

　　因個人能力和時間有限，本書還存在不成熟之處，敬請各位方家批評指正。

裴儒弟

2018 年 11 月 19 日於

北京師範大學